로스쿨 국제거래법 강의

최혜선 저

INTERNATIONAL BUSINESS TRANSACTIONS LAW

전남대학교출판문화원

로스쿨 국제거래법 강의

2023년 2월 10일 인쇄
2023년 2월 15일 발행

저 자 최혜선
발행인 정성택

발행처 전남대학교출판문화원
주 소 61186 광주광역시 북구 용봉로 77
전 화 (062) 530-0571~3
팩 스 (062) 530-0579
등 록 1981. 5. 21. 제53호
홈페이지 http://www.cnup.co.kr
이메일 cnup0571@hanmail.net

값 15,000 원

ISBN 978-89-6849-933-3 (93360)

■ 머리말

이 책은 법학전문대학원에서 국제거래법 강의를 위하여 만들어졌습니다. 변호사 시험에서 국제거래법을 선택하는 학생들의 편의를 위하여 시험 준비에 활용할 수 있는 교재를 만들고자 노력하였습니다.

하나님께 감사드리고, 전남대학교와 지도교수님, 그리고 부모님과 가족에게도 감사합니다.

이 책은 이미 출판된 여러 교수님의 저서, 특히 석광현 교수님의 국제재판관할법, 국제사법 해설, 국제물품매매계약의 법리, 안강현 교수님의 로스쿨 국제거래법과 노태악 님의 논문 등을 참조하여 만들었습니다.

감사드립니다.

2023년 2월

저자 최혜선

▪ 목차

제1부 국제사법 ___ 11

제3부 최신 판례 ___ 183

제4부 법조문 ___ 191

국제사법

CISG

제1부 국제사법

- 국제사법은 국제재판관할과 준거법을 지정해 주는 법률이다. 제1장에서는 모든 장에 적용되는 관할 및 준거법 규칙을 정리하고 있다. 각칙에 해당하는 개별 장에서는 제3장(법률행위) 및 제4장(물권)을 제외하고 1절에서는 관할을, 2절에서는 준거법에 대해서 규정하고 있다.

제1장 총칙

제1절 목적

제1조(목적) 이 법은 외국과 관련된 요소가 있는 법률관계에 관하여 국제재판관할과 준거법을 정함을 목적으로 한다.

- 국제사법은 국제재판관할권이 어느 국가의 법원에 있는지 여부 및 어느 국가의 법이 해당 법률관계에 적용될 것인지 여부를 결정하는 법률이다.

제2절 국제재판관할

- 국제재판관할의 의의 : 문제된 외국적 요소가 있는 사법관계에 대하여 특정 국가의 법원이 이를 재판할 수 있는 자격 내지 권한을 의미한다.

1. 제2조 : 일반원칙

제2조(일반원칙) ① 대한민국 법원(이하 "법원"이라 한다)은 당사자 또는 분쟁이 된 사안이 대한민국과 실질적 관련이 있는 경우에 국제재판관할을 가진다. 이 경우 법원은 실질적 관련의 유무를 판단할 때에는 당사자 간의 공평, 재판의 적성, 신속 및 경제를 꾀한다는 국제재판관할 배분의 이념에 부합하는 합리적인 원칙에 따라야 한다.

② 이 법이나 그 밖의 대한민국 법령 또는 조약에 국제재판관할에 관한 규정이 없는 경우 법원은 국내법의 관할규정을 참작하여 국제재판관할권의 유무를 판단하되, 제1항의 취지에 비추어 국제재판관할의 특수성을 충분히 고려하여야 한다.

- 제1항은 실질적 관련의 원칙을, 제2항은 국내법의 관할규정을 참작하도록 규정하고 있다.
- 제1항은 개정을 통해 국제재판관할 배분의 이념을 구체적으로 열거하였다.
- 이번 개정을 통해서도 관련 관할규정이 없는 경우 종래의 일반원칙이 적용됨

을 선언하고 있다.

2. 제3조 : 일반관할

제3조(일반관할) ① 대한민국에 일상거소가 있는 사람에 대한 소에 관하여는 법원에 국제재판관할이 있다. 일상거소가 어느 국가에도 없거나 일상거소를 알 수 없는 사람의 거소가 대한민국에 있는 경우에도 또한 같다.

② 제1항에도 불구하고 대사·공사, 그 밖에 외국의 재판권 행사대상에서 제외되는 대한민국 국민에 대한 소에 관하여는 법원에 국제재판관할이 있다.

③ 주된 사무소·영업소 또는 정관상의 본거지나 경영의 중심지가 대한민국에 있는 법인 또는 단체와 대한민국법에 따라 설립된 법인 또는 단체에 대한 소에 관하여는 법원에 국제재판관할이 있다.

- 제3조는 자연인, 법인이나 단체에 대한 소에 관하여 일상거소 등을 기준으로 신설된 일반관할 규정이다.
- 제1항 : 자연인인 피고의 경우 대한민국에 일상거소가 있으면 대한민국 법원에 관할을 인정하고 있다.
- 제3항 : 법인 또는 단체에 대하여 주된 사무소·영업소뿐만 아니라 정관상의 본거지나 경영의 중심지가 대한민국에 있는 경우에 대한민국 법원에 관할을 인정하고 있다.
  - 제4조에서 사무소·영업소 소재지의 특별관할을 규정하고 있으므로 제3조 제3항의 사무소·영업소는 일반적인 사무소·영업소가 아닌 자연인의 일상거소에 대응하는 "주된" 사무소·영업소일 것이 요구된다 할 것이다.

3. 제4조 : 사무소·영업소 소재지 등의 특별관할

제4조(사무소·영업소 소재지 등의 특별관할) ① 대한민국에 사무소·영업소가 있는 사람·법인 또는 단체에 대한 대한민국에 있는 사무소 또는 영업소의 업무와 관련된 소는 법원에 제기할 수 있다.

② 대한민국에서 또는 대한민국을 향하여 계속적이고 조직적인 사업 또는 영업활동을 하는 사람·법인 또는 단체에 대하여 그 사업 또는 영업활동과 관련이 있는 소는 법원에 제기할 수 있다.

◉ 제1항 : 사무소·영업소 소재지를 그 사무소 또는 영업소의 업무에 관한 경우에만 인정되는 특별관할의 근거로 인정하고 있다.

◉ 제2항 : 피고의 사업 또는 영업활동에 근거하여 대한민국에서 또는 대한민국을 향하여 계속적이고 조직적인 사업 또는 영업활동을 하는 경우에 대한민국 법원에 특별관할을 인정하고 있다.

- 특히 인터넷을 통한 전자거래에서 한국어로 된 웹사이트를 개설·운영하면서 국내에 사무소를 두지 아니한 경우 제4조 제2항에 따라 대한민국 법원에 관할권이 인정될 여지가 많다.

4. 제5조 : 재산소재지의 특별관할

제5조(재산소재지의 특별관할) 재산권에 관한 소는 다음 각 호의 어느 하나에 해당하는 경우 법원에 제기할 수 있다.

1. 청구의 목적 또는 담보의 목적인 재산이 대한민국에 있는 경우
2. 압류할 수 있는 피고의 재산이 대한민국에 있는 경우. 다만 분쟁이 된 사안이 대한민국과 아무런 관련이 없거나 근소한 관련만 있는 경우 또는 그 재산의 가액이 현저하게 적은 경우는 제외한다.

◉ 1호 : 청구의 목적 또는 담보의 목적인 재산이 대한민국에 있는 경우 대한민국 법원에 특별관할을 인정하고 있다. 이 경우 재산의 소유권자가 피고가 아니어도 상관없다.

◉ 2호 : 압류할 수 있는 피고의 재산이 대한민국에 있는 경우 당해 재산에 관한 분쟁이 아니어도 대한민국 법원에 특별관할을 인정하고 있는데, 과잉관할 인정 우려가 있어 단서를 두었다.

◉ A국 기업이 B국 선박을 대한민국에서 가압류하고 이를 근거로 B국 기업을 상대로 대한민국 법원에 소를 제기한 경우 만일 분쟁이 된 사안이 대한민국과 아무런 관련이 없다면 제5조를 근거로는 대한민국 법원에 관할이 인정되지 않으나, 제10장에서 규정하는 선박 가압류관할을 주장할 수 있을 것이다.[1)]

---

1) 석광현, 2022년 개정 국제사법 해설 국제재판관할법, 박영사, 2022, 89쪽.

5. 제6조 : 관련사건의 관할

제6조(관련사건의 관할) ① 상호 밀접한 관련이 있는 여러 개의 청구 가운데 하나에 대하여 법원에 국제재판관할이 있으면 그 여러 개의 청구를 하나의 소로 법원에 제기할 수 있다.

② 공동피고 가운데 1인의 피고에 대하여 법원이 제3조에 따른 일반관할을 가지는 때에는 그 피고에 대한 청구와 다른 공동피고에 대한 청구 사이에 밀접한 관련이 있어서 모순된 재판의 위험을 피할 필요가 있는 경우에만 공동피고에 대한 소를 하나의 소로 법원에 제기할 수 있다.

③ 다음 각 호의 사건의 주된 청구에 대하여 제56조부터 제61조까지의 규정에 따라 법원에 국제재판관할이 있는 경우에는 친권자·양육자 지정, 부양료 지급 등 해당 주된 청구에 부수되는 부수적 청구에 대해서도 법원에 소를 제기할 수 있다.

1. 혼인관계 사건
2. 친생자관계 사건
3. 입양관계 사건
4. 부모·자녀 간 관계 사건
5. 부양관계 사건
6. 후견관계 사건

④ 제3항 각 호에 따른 사건의 주된 청구에 부수되는 부수적 청구에 대해서만 법원에 국제재판관할이 있는 경우에는 그 주된 청구에 대한 소를 법원에 제기할 수 없다.

- 가사사건의 경우 특수성을 고려하여 이혼, 파양 등 주된 청구에 대하여 관할을 가지는 법원에 부수적 청구에 대하여도 관할을 인정하고 있는데, 반대의 경우까지 관할을 인정하는 것은 아니다.

2022년도 6월 모의고사

甲은 한국과 미국 국적을 가지고 있는 남성이고, 乙은 한국 국적을 가지고 있는 여성이다. 甲과 乙은 2018. 6. 미국 네바다주 라스베이거스에서 비밀리에 혼인한 후 서울에 함께 거주하였다. 혼인 전에 甲은 미국 캘리포니아주 로스앤젤레스에 거주하였고, 乙은 서울에 거주하였다. 그런데 乙은 甲이 혼인 후에도 다른 여성과 외도하고 있었다는 사실을 2020. 6. 알게 되었다. 그 직후부터 甲은 미국 캘리포니아주 샌프란시스코에, 乙은 서울에 따로 거주하고 있다. 결국 乙은 2022. 3. 甲을 상대로 서울중앙지방법원에 이혼 청구의 소를 제기하였고, 이후 2022. 5. 청구취지로 위자료, 재산분할, 부양 청구를 추가하였다.

질문 乙이 甲을 상대로 제기한 소에 관하여 서울중앙지방법원에 국제재판관할이 있는가? (20점)

1. 문제제기

이혼 청구의 경우 제56조에 따른 혼인관계사건의 특별관할이 인정되는지, 위자료, 재산분할, 부양 각 청구의 경우 제6조 제3항에 따른 관련사건의 관할이 인정되는지가 문제.

2. 이혼 청구에 대한 국제재판관할 인정 여부

사안의 경우 乙의 상거소가 대한민국에 있고 甲과 乙의 마지막 공동 상거소가 대한민국에 있었으므로 제56조 제1항 제1호에 의하여 대한민국 법원에 특별관할이 인정되고, 甲과 乙이 모두 대한민국 국민이므로 제56조 제1항 제3호에 의하여도 대한민국 법원에 특별관할이 인정된다.

당사자 또는 분쟁 사안이 대한민국과 실질적 관련이 있는 경우 대한민국 법원에 국제재판관할이 인정되는데(제2조 제1항), 甲과 乙이 대한민국 국적을 가지고 있고, 甲과 乙의 혼인 후 별거 전까지 공동 상거소지가 대한민국이었으므로, 제2조의 일반원칙에 비추어 보더라도 대한민국 법원에 국제재판관할이 인정된다.

3. 이혼 청구에 부수하는 위자료, 재산분할, 부양 청구에 대한 국제재판관할 인정 여부

사안의 경우 위자료, 재산분할, 부양 청구는 혼인관계사건의 주된 청구인 이혼 청구에 부수되는 부수적 청구이어서 제6조 제3항에 따라서 대한민국 법원에 소를 제기할 수 있으므로 위자료, 재산분할, 부양 청구에 대하여도 대한민국 법원에 국제재판관할이 인정된다.

4. 결론

대한민국 법원인 서울중앙지방법원에 국제재판관할이 인정된다.

6. 제7조 : 반소관할

제7조(반소관할) 본소(本訴)에 대하여 법원에 국제재판관할이 있고 소송절차를 현저히 지연시키지 아니하는 경우 피고는 본소의 청구 또는 방어방법과 밀접한 관련이 있는 청구를 목적으로 하는 반소(反訴)를 본소가 계속(係屬)된 법원에 제기할 수 있다.

- 제10조 제2항의 예외가 존재함을 주의

7. 제8조 : 합의관할

제8조(합의관할) ① 당사자는 일정한 법률관계로 말미암은 소에 관하여 국제재판관할의 합의(이하 이 조에서 "합의"라 한다)를 할 수 있다. 다만, 합의가 다음 각 호의 어느 하나에 해당하는 경우에는 효력이 없다.

1. 합의에 따라 국제재판관할을 가지는 국가의 법(준거법의 지정에 관한 법규를 포함한다)에 따를 때 그 합의가 효력이 없는 경우
2. 합의를 한 당사자가 합의를 할 능력이 없었던 경우
3. 대한민국의 법령 또는 조약에 따를 때 합의의 대상이 된 소가 합의로 정한 국가가 아닌 다른 국가의 국제재판관할에 전속하는 경우
4. 합의의 효력을 인정하면 소가 계속된 국가의 선량한 풍속이나 그 밖의 사회질서에 명백히 위반되는 경우

② 합의는 서면[전보(電報), 전신(電信), 팩스, 전자우편 또는 그 밖의 통신수단에 의하여 교환된 전자적(電子的) 의사표시를 포함한다]으로 하여야 한다.

③ 합의로 정해진 관할은 전속적인 것으로 추정한다.

④ 합의가 당사자 간의 계약 조항의 형식으로 되어 있는 경우 계약 중 다른 조항의 효력은 합의 조항의 효력에 영향을 미치지 아니한다.

⑤ 당사자 간에 일정한 법률관계로 말미암은 소에 관하여 외국법원을 선택하는 전속적 합의가 있는 경우 법원에 그 소가 제기된 때에는 법원은 해당 소를 각하하여야 한다. 다만, 다음 각 호의 어느 하나에 해당하는 경우에는 그러하지 아니하다.

1. 합의가 제1항 각 호의 사유로 효력이 없는 경우
2. 제9조에 따라 변론관할이 발생하는 경우
3. 합의에 따라 국제재판관할을 가지는 국가의 법원이 사건을 심리하지 아니하기로 하는 경우
4. 합의가 제대로 이행될 수 없는 명백한 사정이 있는 경우

- 국제재판관할합의의 의의 : 특정한 국가의 법원에게 당사자간의 국제소송을 심판할 자격 내지 권한을 부여하기로 하는 합의를 의미한다.
- 유형 : 전속적 관할합의와 부가적(비전속적) 관할합의가 있다. 개정 국제사법 제8조 제3항에 따라 합의로 정해진 관할은 전속적인 것으로 추정한다.
- 제1항(관할합의의 유효요건) : 관할합의는 제1항 각 호 어느 하나에 해당하는 경우에는 효력이 없다.
- 제4항 : 관할합의조항을 포함하는 주된 계약 중 다른 조항의 효력은 관할합의조항의 효력에 영향을 미치지 않는다고 규정하여 관할합의 조항의 독립성 명시
- 제5항 : 외국법원에 전속관할을 인정하는 관할합의가 유효한 경우 원칙적으로 대한민국 법원에 소가 제기된 경우 소를 각하하여야 하나, 각 호의 어느 하나에 해당하는 경우에는 각하하지 않는다.
- 대법원은 최근까지 관할합의 유효요건으로 법원이 당해 사건과 합리적 관련성을 가질 것이 필요하다고 보고 있었으나, 개정안에서는 '합리적 관련성' 요건을 요구하지 않았다.

8. 제9조 : 변론관할

제9조(변론관할) 피고가 국제재판관할이 없음을 주장하지 아니하고 본안에 대하여 변론하거나 변론준비기일에서 진술하면 법원에 그 사건에 대한 국제재판관할이 있다.

9. 제10조 : 전속관할

제10조(전속관할) ① 다음 각 호의 소는 법원에만 제기할 수 있다.

1. 대한민국의 공적 장부의 등기 또는 등록에 관한 소. 다만, 당사자 간의 계약에 따른 이전이나 그 밖의 처분에 관한 소로서 등기 또는 등록의 이행을 청구하는 경우는 제외한다.
2. 대한민국 법령에 따라 설립된 법인 또는 단체의 설립 무효, 해산 또는 그 기관의 결의의 유효 또는 무효에 관한 소
3. 대한민국에 있는 부동산의 물권에 관한 소 또는 부동산의 사용을 목적으로 하는 권리로서 공적 장부에 등기나 등록이 된 것에 관한 소

4. 등록 또는 기탁에 의하여 창설되는 지식재산권이 대한민국에 등록되어 있거나 등록이 신청된 경우 그 지식재산권의 성립, 유효성 또는 소멸에 관한 소
5. 대한민국에서 재판의 집행을 하려는 경우 그 집행에 관한 소

② 대한민국의 법령 또는 조약에 따른 국제재판관할의 원칙상 외국법원의 국제재판관할에 전속하는 소에 대해서는 제3조부터 제7조까지 및 제9조를 적용하지 아니한다.

③ 제1항 각 호에 따라 법원의 전속관할에 속하는 사항이 다른 소의 선결문제가 되는 경우에는 제1항을 적용하지 아니한다.

- 당해 분쟁과 밀접한 관련이 있는 특정 국가의 법원에 전속국제재판관할을 인정함으로써 법률관계를 획일적으로 처리할 필요가 있다.
- 제1항 1호 : 한국의 공적 장부의 등기 또는 등록에 관한 소. 공적 장부는 물권에 관한 부동산등기부만이 아니라 법인등기부, 가족관계등록부, 선박등기부도 포함한다.

대법원 2011. 4. 28. 선고 2009다19093 판결 【특허권이전등록】

제1항 1호 단서는 다음의 판결의 취지에 따라 작성됨

당해사건이 외국 법원의 전속관할에 속하는지 여부와 관련하여 특허권은 등록국법에 의하여 발생하는 권리로서 법원은 다른 국가의 특허권 부여행위와 그 행위의 유효성에 대하여 판단할 수 없으므로 등록을 요하는 특허권의 성립에 관한 것이거나 유·무효 또는 취소 등을 구하는 소는 일반적으로 등록국 또는 등록이 청구된 국가 법원의 전속관할에 속하는 것으로 볼 수 있으나, 그 주된 분쟁 및 심리의 대상이 특허권의 성립, 유·무효 또는 취소와 관계없는 특허권 등을 양도하는 계약의 해석과 효력 유무일 뿐인 그 양도계약의 이행을 구하는 소는 등록국이나 등록이 청구된 국가 법원의 전속관할에 속하는 것으로 볼 수 없다.

갑이 을에게서, 을이 특허권자 또는 출원인으로 된 일본국 내 특허권 또는 특허출원과 그 특허발명들에 대응하는 일본국 외에서의 특허출원 및 등록된 특허권 일체와 관련한 모든 권리를 무상양도받기로 하는 계약을 체결하면서, 위 양도계약과 관련한 분쟁이 발생할 경우 관할법원을 대한민국 법원으로 하기로 약정한 사안에서, 위 양도계약에 기하여 특허권의 이전등록 또는 특허출원인 명의변경을 구하는 소는 주된 분쟁 및 심리의 대상이 위 양도계약의 해석 및 효력의 유무일 뿐 위 특허권의 성립, 유·무효 또는 취소를 구하는 것과 무관하므로 위 특허권의 등록국이나 출원국인 일본국 등 법원의 전속관할에 속한다고 볼 수 없다.

- 제1항 3호 : 용익물권의 경우 당연히 물권에 포함. 주로 등기된 임대차를 목적으로 하는 소를 의미한다.

※ 어떠한 원인에 근거하여 소유권을 이미 취득하였음을 주장하는 경우 이는 부동산 물권에 관한 소이므로 부동산 소재지국이 전속관할을 가짐(3호)

반면 매매계약에 근거 이전등기청구를 하는 경우에는 부동산 물권에 관한 소가 아니라 부동산에 관한 채권의 소이므로 전속관할에 속하지 않음. 다만, 이 경우 1호의 등기에 관한 소에 해당할 여지가 있으나 제1항 단서에 의하여 전속관할에 속하지 않음

- 제1항 4호 : 특허권처럼 등록을 요하는 지식재산권은 등록국법에 의하여 발생하는 권리로서 권리를 부여한 당해 국가에서만 효력을 가진다는 속지주의적 성격에서 비롯된 것이다.

- 제2항 : 한국의 국제재판관할 원칙상 외국 법원의 전속관할에 속하는 경우에는 제3조-제7조, 제9조를 적용하여 한국 법원의 관할을 인정할 수 없다.
  - 제8조의 경우 관련 내용을 별도 항으로 두고 있다.

- 제3항 : 전속관할에 속하는 사항이라도 선결문제로 제기된 경우에는 전속관할에 속하지 않는다.

선결문제

- 선결문제의 의의 : 문제된 사안의 법률관계에 대하여 논리적으로 전제가 되는 법률관계
  - 문제된 외국적 요소를 가진 사안에 전제된 법률관계가 있어서 그 법률관계가 유효하게 성립해야만 문제된 외국적 요소를 가진 법률관계가 유효하게 성립하는 경우, 문제된 외국적 요소를 가진 법률관계를 본문제라고 하고, 전제된 법률관계를 선결문제라고 한다.
  - 상속인의 능력과 관련하여 친자관계가 성립하였는지 여부, 양자의 상속 허용 여부와 관련하여 입양이 성립하였는지 여부, 이혼의 허용 여부와 관련하여 혼인이 성립하였는지 등
  - A국 국적의 피상속인이 사망하자 B국 국적의 P가 피상속인의 양자라고 주장하며 우리나라 법원에 상속지분청구소송을 제기하였다. P의 청구에 대한 판단을 위하여는 먼저 입양의 유효성이 전제되어야 할 것이고, 그것이 전제되어야만 상속 문제에 대한 결론이 내려질 수 있다. 이 경우 입양의 유효성 문제를 선결문제라고 하고, 상속 문제를 본문제라고 한다.
  - 이러한 선결문제는 어느 법에 의하여 해결할 것인지에 대하여 국제사법에 아무런 규정이 없으므로 학설로써 해결하여야 한다.

• 학설의 대립

① 법정지법설 : 선결문제도 본문제와 같이 법정지에서 문제되고 있는 한, 법정지의 국제사법이 지정한 준거법에 따라야 한다는 견해

② 본문제준거법설 : 선결문제는 본문제 준거법을 적용한 결과 발생한 본문제의 준거법상의 문제이므로 본문제 준거법 소속국의 국제사법에 따라야 한다는 견해

- 검토 : 본문제가 무엇인가에 따라 선결문제의 준거법이 달라지는 것은 옳지 않으므로 법정지법설이 타당하다.

질문 한국에서 제기된 이혼소송과 관련하여 일본 국적 남편이 대한민국 국적 부인과 대한민국에서 혼인신고를 하지 않았으므로 해소되어야 할 혼인관계에 있지 않다고 다투고 있다면 이를 판단할 준거법은?

1. 문제제기

이혼이라는 본문제의 전제로서 유효한 혼인의 방식 구비 여부가 다투어지고 있으므로 이는 선결문제에 해당. 선결문제를 검토해야 한다.

2. 선결문제의 의의

문제된 사안의 법률관계에 대하여 논리적으로 전제가 되는 법률관계

3. 선결문제를 해결하기 위한 학설

선결문제에 대해서는 국제사법에 규정이 없으므로 학설에 따라 해결하여야 한다. 학설 두 가지 : 한국의 국제사법 규정에 따른다.

4. 검토

선결문제에 대한 법률관계의 성질결정 : 혼인신고를 다투고 있으므로 혼인의 방식에 관한 문제 : 제36조 제2항

10. 제11조 : 국제적 소송경합

제11조(국제적 소송경합) ① 같은 당사자 간에 외국법원에 계속 중인 사건과 동일한 소가 법원에 다시 제기된 경우에 외국법원의 재판이 대한민국에서 승인될 것으로 예상되는 때에는 법원은 직권 또는 당사자의 신청에 의하여 결정으로 소송절차를 중지할 수 있다. 다만, 다음 각 호의 어느 하나에 해당하는 경우에는 그러하지 아니하다.

1. 전속적 국제재판관할의 합의에 따라 법원에 국제재판관할이 있는 경우

2. 법원에서 해당 사건을 재판하는 것이 외국법원에서 재판하는 것보다 더 적절함이 명백한 경우

② 당사자는 제1항에 따른 법원의 중지 결정에 대해서는 즉시항고를 할 수 있다.

③ 법원은 대한민국 법령 또는 조약에 따른 승인 요건을 갖춘 외국의 재판이 있는 경우 같은 당사자 간에 그 재판과 동일한 소가 법원에 제기된 때에는 그 소를 각하하여야 한다.

④ 외국법원이 본안에 대한 재판을 하기 위하여 필요한 조치를 하지 아니하는 경우 또는 외국법원이 합리적인 기간 내에 본안에 관하여 재판을 선고하지 아니하거나 선고하지 아니할 것으로 예상되는 경우에 당사자의 신청이 있으면 법원은 제1항에 따라 중지된 사건의 심리를 계속할 수 있다.

⑤ 제1항에 따라 소송절차의 중지 여부를 결정하는 경우 소의 선후(先後)는 소를 제기한 때를 기준으로 한다.

- 기본적으로 전소를 존중하는 우선주의와 승인예측설 결합. 부적절한 법정지의 법리도 가미

11. 제12조 : 국제재판관할권의 불행사

제12조(국제재판관할권의 불행사) ① 이 법에 따라 법원에 국제재판관할이 있는 경우에도 법원이 국제재판관할권을 행사하기에 부적절하고 국제재판관할이 있는 외국법원이 분쟁을 해결하기에 더 적절하다는 예외적인 사정이 명백히 존재할 때에는 피고의 신청에 의하여 법원은 본안에 관한 최초의 변론기일 또는 변론준비기일까지 소송절차를 결정으로 중지하거나 소를 각하할 수 있다. 다만, 당사자가 합의한 국제재판관할이 법원에 있는 경우에는 그러하지 아니하다.

② 제1항 본문의 경우 법원은 소송절차를 중지하거나 소를 각하하기 전에 원고에게 진술할 기회를 주어야 한다.

③ 당사자는 제1항에 따른 법원의 중지 결정에 대해서는 즉시항고를 할 수 있다.

- 구체적인 사건에서 국제재판관할 배분의 정의를 실현하기 위한 수단

- 제1항 단서에서 제8조의 관할합의가 있는 경우 재판관할권을 거부할 수 없도록 규정

12. 제13조 : 적용 제외

제13조(적용 제외) 제24조, 제56조부터 제59조까지, 제61조, 제62조, 제76조제4항 및 제89조에 따라 국제재판관할이 정하여지는 사건에는 제8조 및 제9조를 적용하지 아니한다.

- 실종선고, 친족, 후견, 가사조정사건, 유언에 관한 사건, 선박소유자등의 책임제한사건의 경우 합의관할(제8조), 변론관할(제9조)의 적용이 제한됨을 명시

13. 제14조 : 보전처분의 관할

제14조(보전처분의 관할) ① 보전처분에 대해서는 다음 각 호의 어느 하나에 해당하는 경우 법원에 국제재판관할이 있다.
1. 법원에 본안에 관한 국제재판관할이 있는 경우
2. 보전처분의 대상이 되는 재산이 대한민국에 있는 경우

② 제1항에도 불구하고 당사자는 긴급히 필요한 경우에는 대한민국에서만 효력을 가지는 보전처분을 법원에 신청할 수 있다.

- 제1항 : 가압류·가처분의 경우 본안관할을 가지는 국가의 법원에 보전처분의 관할을 인정하는 것은 일반적인 현상

- 제2항 : 특별관할 인정

\- 가사사건에서 보호를 위한 임시적 명령을 내릴 관할을 인정할 필요

14. 제15조 : 비송사건의 관할

제15조(비송사건의 관할) ① 비송사건의 국제재판관할에 관하여는 성질에 반하지 아니하는 범위에서 제2조부터 제14조까지의 규정을 준용한다.

② 비송사건의 국제재판관할은 다음 각 호의 구분에 따라 해당 규정에서 정한 바에 따른다.
1. 실종선고 등에 관한 사건: 제24조
2. 친족관계에 관한 사건: 제56조부터 제61조까지
3. 상속 및 유언에 관한 사건: 제76조
4. 선박소유자 등의 책임제한에 관한 사건: 제89조

③ 제2항 각 호에서 규정하는 경우 외에 개별 비송사건의 관할에 관하여 이 법에 다른 규정이 없는 경우에는 제2조에 따른다.

- 비송사건의 경우 다양한 유형의 분쟁을 포괄하고 있어 일반적인 국제재판관할 규칙을 마련하기 어려우므로 제1항과 같이 규정하고 있다.

제3절 준거법

1. 제16조 : 본국법

제16조(본국법) ① 당사자의 본국법에 따라야 하는 경우에 당사자가 둘 이상의 국적을 가질 때에는 그와 가장 밀접한 관련이 있는 국가의 법을 그 본국법으로 정한다. 다만, 국적 중 하나가 대한민국일 경우에는 대한민국 법을 본국법으로 한다.

② 당사자가 국적을 가지지 아니하거나 당사자의 국적을 알 수 없는 경우에는 그의 일상거소가 있는 국가의 법[이하 "일상거소지법"(日常居所地法)이라 한다]에 따르고, 일상거소를 알 수 없는 경우에는 그의 거소가 있는 국가의 법에 따른다.

③ 당사자가 지역에 따라 법을 달리하는 국가의 국적을 가질 경우에는 그 국가의 법 선택규정에 따라 지정되는 법에 따르고, 그러한 규정이 없는 경우에는 당사자와 가장 밀접한 관련이 있는 지역의 법에 따른다.

2. 제17조 : 일상거소지법

제17조(일상거소지법) 당사자의 일상거소지법에 따라야 하는 경우에 당사자의 일상거소를 알 수 없는 경우에는 그의 거소가 있는 국가의 법에 따른다.

3. 제18조 : 외국법의 적용

제18조(외국법의 적용) 법원은 이 법에 따라 준거법으로 정해진 외국법의 내용을 직권으로 조사·적용하여야 하며, 이를 위하여 당사자에게 협력을 요구할 수 있다.

4. 제19조 : 준거법의 범위

제19조(준거법의 범위) 이 법에 따라 준거법으로 지정되는 외국법의 규정은 공법적 성격이 있다는 이유만으로 적용이 배제되지 아니한다.

5. 제20조 : 대한민국 법의 강행적 적용

제20조(대한민국 법의 강행적 적용) 입법목적에 비추어 준거법에 관계없이 해당 법률관계에 적용되어야 하는 대한민국의 강행규정은 이 법에 따라 외국법이 준거법으로 지정되는 경우에도 적용한다.

- 대외무역법, 외국환거래법, 독점규제 및 공정거래에 관한 법률, 문화재보호법 등과 같이 그 입법목적에 비추어 준거법에 무관하게 적용되어야 하는 법정지인 대한민국의 강행규정은 국제사법에 의하여 외국법이 준거법이 된 경우에도 적용됨을 명시
  - 대한민국의 강행규정이란 당사자의 합의에 의하여 그 적용을 배제할 수 없다는 의미의 단순한 강행법규가 아니라 당사자의 합의에 의하여 적용을 배제할 수 없는 동시에 준거법이 외국법이라도 그 적용이 배제되지 않는 국제적 강행법규를 의미

대법원 2015. 3. 20. 선고 2012다118846,118853 판결

국제사법 제27조에서 소비자 보호를 위하여 준거법 지정과 관련하여 소비자계약에 관한 강행규정을 별도로 마련해 두고 있는 점이나 약관규제법의 입법 목적을 고려하면, 외국법을 준거법으로 하여 체결된 모든 계약에 관하여 당연히 약관규제법을 적용할 수 있는 것은 아니다.

원고가 영국법상 워런티 조항의 내용과 효력, 그 위반의 효과 등에 관하여 설명하지 아니하였으므로 약관규제법 제3조에 의하여 협회담보약관이 이 사건 선박보험에 편입되었다고 볼 수 없다는 피고의 주장에 대하여, 이 사건 선박보험에서 해상보험업계의 일반적 관행에 따라 영국법 준거약관을 사용하고 있고 그것이 대한민국의 공익이나 공서양속에 반한다거나 피고의 이익을 부당하게 침해하는 것이라고 볼 수 없으므로, 이 사건 선박보험과 관련된 모든 법률관계의 준거법은 영국법이고 달리 약관규제법을 적용하여야 할 사정이 없어, 이 사건 선박보험에는 약관규제법이 적용되지 않는다고 판단하여 피고의 위 주장을 배척하였다.

6. 제21조 : 준거법 지정의 예외

제21조(준거법 지정의 예외) ① 이 법에 따라 지정된 준거법이 해당 법률관계와 근소한 관련이 있을 뿐이고, 그 법률관계와 가장 밀접한 관련이 있는 다른 국가의 법이 명백히 존재하는 경우에는 그 다른 국가의 법에 따른다.

② 당사자가 합의에 따라 준거법을 선택하는 경우에는 제1항을 적용하지 아니한다.

- 구체적인 사안에서 국제사법이 지향하는 올바른 연결원칙을 실현하기 위하여 국제사법에 준거법 지정의 예외를 규정한 예외조항을 두었다.
  - 그러나 국제사법상 당사자의 준거법 선택이 허용되는 경우 당사자의 의사에 반해서까지 예외조항을 인정할 것은 아니므로 그 경우에는 제2항에 따라서 예외 조항의 적용이 없다.

- 예외조항을 함부로 적용할 경우 국제사법에서의 법적 안정성을 현저히 해하게 될 것이므로 예외 조항을 적용하기 위한 요건을 엄격하게 규정하고 있다.
- 첫째, 국제사법에 의하여 지정된 준거법이 해당 법률관계와 근소한 관련이 있을 뿐이고,
- 둘째, 그 법률관계와 가장 밀접한 관련이 있는 다른 국가의 법이 존재해야 하며,
- 셋째, 그것이 명백한 경우
- 넷째, 제2항에 따라 당사자가 준거법을 선택한 경우가 아니어야 한다.

- 예외조항이 적용될 수 있는 사례: ① 불법행위 분야에 있어서 세분화된 불법행위 유형에 따른 특칙을 마련하지 못하고 있어 예외조항이 활용될 가능성이 크다. 또한 ② 선박의 편의치적의 경우 선적이 선전국과 유일한 관련인 경우 예외조항에 의해 선전국법 대신 가장 밀접한 관련이 있는 다른 국가의 법이 준거법으로 적용될 여지가 많다.

7. 제22조 : 외국법에 따른 대한민국 법의 적용

제22조(외국법에 따른 대한민국 법의 적용) ① 이 법에 따라 외국법이 준거법으로 지정된 경우에 그 국가의 법에 따라 대한민국 법이 적용되어야 할 때에는 대한민국의 법(준거법의 지정에 관한 법규는 제외한다)에 따른다.

② 다음 각 호의 어느 하나에 해당하는 경우에는 제1항을 적용하지 아니한다.

1. 당사자가 합의로 준거법을 선택하는 경우
2. 이 법에 따라 계약의 준거법이 지정되는 경우
3. 제73조에 따라 부양의 준거법이 지정되는 경우
4. 제78조제3항에 따라 유언의 방식의 준거법이 지정되는 경우
5. 제94조에 따라 선적국법이 지정되는 경우
6. 그 밖에 제1항을 적용하는 것이 이 법의 준거법 지정 취지에 반하는 경우

- 제1항 : 협의의 반정 인정
- 적용요건 : ① 외국법이 준거법(실질법)으로 지정될 것, ② 그 국가의 법(국제사법)에 의하여 대한민국의 법(실질법)이 적용되어야 할 것.
- 효과 : 대한민국의 법 적용

◎ 제2항 : 반정이 허용되지 않는 6가지 경우

① 당사자가 합의에 의하여 준거법을 선택하는 경우(1호)

- 합의가 있는 경우는 아니지만 제77조 2항에 따라 피상속인이 상속의 준거법을 선택한 경우에도 반정은 허용되지 않는다.

② 이 법에 의하여 계약의 준거법이 지정되는 경우(2호)

③ 제73조의 규정에 의하여 부양의 준거법이 지정되는 경우(3호)

④ 제78조 제3항의 규정에 의하여 유언의 방식의 준거법이 지정되는 경우(4호)

⑤ 제94조의 규정에 의하여 선적국법이 지정되는 경우(5호)

⑥ 그 밖에 제1항의 규정을 적용하는 것이 국제사법의 지정 취지에 반하는 경우(6호)

- 선택적 연결의 경우 : 제31조의 법률행위의 방식에 관한 규정이나 제78조 제3항의 유언의 방식에 관한 규정 등은 선택적 연결을 인정하여 법률행위나 유언의 방식의 유효성을 쉽게 인정하자는 취지이므로 반정을 인정하여 준거법 축소 효과가 발생하여서는 안된다.

- 종속적 연결의 경우 : 국제사법 제52조 제3항은 "가해자와 피해자간에 존재하는 법률관계가 불법행위에 의하여 침해되는 경우에는 제1항 및 제2항의 규정에 불구하고 그 법률관계의 준거법에 의한다."라고 규정하고 있는바, 이러한 경우 반정을 인정한다면 원인된 법률관계와 관련해서 통일된 규율을 시도하는 규정의 취지 몰각될 우려가 있다.

◎ 숨은반정

- 의의 : 국제재판관할 규정에 의하여 준거법이 간접적으로 지정되는 경우에 반정을 인정하는 것. 미국의 경우 많은 주의 국제사법 규정이 재판관할 규정이 있을 뿐 준거법 지정 규정이 없다. 미국 국제사법 전체에 비추어 한국에 재판관할권이 있다고 인정되는 경우 한국법을 준거법으로 인정하는 것

- 판례(대법원 2006. 5. 26. 2005므884 판결)이 숨은반정을 인정하고 있다.

미합중국 국적을 보유하고 대한민국에 거주하는 부부 쌍방이 모두 선택에 의한 주소를 대한민국에 형성한 상태에서 남편이 처를 상대로 대한민국 법원에 이혼, 친권자 및 양육자지정 청구의 소를 제기한 경우, 원·피고의 현재 주소가 소속된 법정지의 법률이 준거법이 되어야 할 것이므로 준거법 지정시의 반정에 관한 국제사법 제9조 제1항을 유추적용한 숨은 반정의 법리에 따라 법정지법인 대한민국 민법을 적용해야 한다.

8. 제23조 : 사회질서에 반하는 외국법의 규정

제23조(사회질서에 반하는 외국법의 규정) 외국법에 따라야 하는 경우에 그 규정의 적용이 대한민국의 선량한 풍속이나 그 밖의 사회질서에 명백히 위반될 때에는 그 규정을 적용하지 아니한다.

- 외국법 적용배척의 결과 : 우리나라의 법률로써 그 법률의 흠결 보충

대법원 1991. 5. 14. 선고 90다카25314판결【보험금】

보험증권 아래에서 야기되는 일체의 책임문제는 외국의 법률 및 관습에 의하여야 한다는 외국법 준거약관은 동 약관에 의하여 외국법이 적용되는 결과 우리 상법 보험편의 통칙의 규정보다 보험계약자에게 불리하게 된다고 하여 상법 제663조에 따라 곧 무효로 되는 것이 아니고 동 약관이 보험자의 면책을 기도하여 본래 적용되어야 할 공서법의 적용을 면하는 것을 목적으로 하거나 합리적인 범위를 초과하여 보험계약자에게 불리하게 된다고 판단되는 것에 한하여 무효로 된다고 할 것인데, 해상보험증권 아래에서 야기되는 일체의 책임문제는 영국의 법률 및 관습에 의하여야 한다는 영국법 준거약관은 오랜 기간 동안에 걸쳐 해상보험업계의 중심이 되어 온 영국의 법률과 관습에 따라 당사자간의 거래관계를 명확하게 하려는 것으로서 우리나라의 공익규정 또는 공서양속에 반하는 것이라거나 보험계약자의 이익을 부당하게 침해하는 것이라고 볼 수 없으므로 유효하다.

법률관계의 성질결정

1. 법률관계의 성질결정의 의의

○ 준거법을 정하기 위하여 해당 법률관계가 어떠한 성질의 것인가를 결정하는 것

법률관계의 성질결정이 문제되는 경우

○ 근로계약(제28조), 소비자계약(제27조), 불법행위(제32조), 선박충돌(제61조), 물권(소유권취득의 문제 : 제19조), 약정담보물권(제23조), 혼인중친자관계(제40조), 유언(제50조), 친권(제45조), 계약(대금지급청구소송 : 제25조, 제26조) 등

2. 학설

① 법정지법설 : 법률관계의 성질은 법정지의 실질법에 의하여 결정된다는 견해

② 준거법설 : 그 법률관계에 적용될 준거법에 의하여 결정하여야 한다는 견해

③ 국제사법자체설(비교법설, 저축규정목적설, 신법정지법설) : 법정지의 국제사법 자체의 입장에서 독자적으로 결정하여야 하는 견해

3. 실체와 절차의 구별 (법률관계 성질결정의 구체적 사례)

○ 문제된 법률관계가 절차의 문제인지 아니면 실체에 관련된 문제인지의 구별도 법률관계의 성질결정의 하나의 사례이다.

- 절차로 법률관계가 결정되면 **"절차는 법정지법에 따른다." 원칙**에 따라 법정지국의 절차법이 적용된다.

○ 국내에 제기된 재판의 소송절차에 관하여는 당연히 국내의 재판절차법규가 적용되는 것으로서 증거의 증거능력에 관한 규정은 위와 같은 재판절차법규에 다름 아니므로 구두증거의 증거능력을 제한한 욜단국법을 적용할 수는 없는 것이다.
(대법원 1988. 12. 13. 선고 87다카1112 판결)

○ 국제사법 제60조 제1호는 해상에 관한 '선박의 소유권 및 저당권, 선박우선특권 그 밖의 선박에 관한 물권'은 선적국법에 의한다고 규정하고 있으므로 선박우선특권의 성립여부는 선적국법에 의하여야 할 것이나, 선박우선특권이 우리나라에서 실행되는 경우에 **실행기간을 포함한 실행방법**은 우리나라의 절차법에 의하여야 한다.
(대법원 2011. 10. 13. 선고 2009다96625 판결)

*** 대법원은 담보권의 실행방법은 절차의 문제로서 법정지법인 우리나라 법에 의하여야 한다고 판결**

○ 지연손해금은 채무의 이행지체에 대한 손해배상으로서 본래의 채무에 부수하여 지급되는 것이므로, 본래의 채권채무관계를 규율하는 준거법에 의하여 결정되어야 한다. / 한편 소송촉진 등에 관한 특례법 제3조 제1항에서 정하는 법정이율에 관한 규정은 비록 소송촉진을 목적으로 소송절차에 의한 권리구제와 관련하여 적용되는 것이기는 하지만 절차법적인 성격을 가지는 것이라고만 볼 수는 없고 그 실질은 금전채무의 불이행으로 인한 손해배상의 범위를 정하기 위한 것이므로, 본래의 채권채무관계의 준거법이 외국법인 경우에는 특례법 규정을 적용할 수 없다고 해석함이 타당하다.
(대법원 2012. 10. 25. 선고 2009다77754 판결)

○ 영국 해상보험법 및 관습에 의하면, 보험의 목적에 생긴 손해가 부보위험인 해상 고유의 위험으로 인하여 발생한 것이라는 점에 관한 증명책임은 피보험자가 부담하고, 증명의 정도는 이른바 '증거의 우월'에 의한 증명에 의한다.
(대법원 2016. 6. 23. 선고 2015다5194 판결)

*** 국제소송에서의 증명도는 실체로 봄**

제2장 사람

제1절 국제재판관할

1. 제24조 : 실종선고 등 사건의 특별관할

제24조(실종선고 등 사건의 특별관할) ① 실종선고에 관한 사건에 대해서는 다음 각 호의 어느 하나에 해당하는 경우 법원에 국제재판관할이 있다.

1. 부재자가 대한민국 국민인 경우
2. 부재자의 마지막 일상거소가 대한민국에 있는 경우
3. 부재자의 재산이 대한민국에 있거나 대한민국 법에 따라야 하는 법률관계가 있는 경우. 다만, 그 재산 및 법률관계에 관한 부분으로 한정한다.
4. 그 밖에 정당한 사유가 있는 경우

② 부재자 재산관리에 관한 사건에 대해서는 부재자의 마지막 일상거소 또는 재산이 대한민국에 있는 경우 법원에 국제재판관할이 있다.

- 제1항 1호 : 국적에 근거한 관할 인정
- 제1항 2호 : 한국이 당해 사건을 다룰 현실적 이익이 크므로 관할 인정
- 제1항 3호 : 개정전 법률에도 있는 내용
- 제2항 : 부재자의 재산관리를 실종선고와 구분. 부재자 재산관리에 관하여 대한민국 법원이 개입할 필요가 있는 경우 관할 인정

2. 제25조 : 사원 등에 대한 소의 특별관할

제25조(사원 등에 대한 소의 특별관할) 법원이 제3조제3항에 따른 국제재판관할을 가지는 경우 다음 각 호의 소는 법원에 제기할 수 있다.

1. 법인 또는 단체가 그 사원 또는 사원이었던 사람에 대하여 소를 제기하는 경우로서 그 소가 사원의 자격으로 말미암은 것인 경우

2. 법인 또는 단체의 사원이 다른 사원 또는 사원이었던 사람에 대하여 소를 제기하는 경우로서 그 소가 사원의 자격으로 말미암은 것인 경우
3. 법인 또는 단체의 사원이었던 사람이 법인·단체의 사원에 대하여 소를 제기하는 경우로서 그 소가 사원의 자격으로 말미암은 것인 경우

- 사원이 법인에 대하여 제기하는 소의 경우 제3조 제3항에 따라 법원에 관할 인정
- 법인-사원(1호), 사원-사원(2호), 사원이었던 사람-사원(3호)의 경우 특별관할 인정

제2절 준거법

1. 제26조 : 권리능력

제26조(권리능력) 사람의 권리능력은 그의 본국법에 따른다.

- 권리능력 준거법 명문화
- 제26조의 권리능력은 일반적 권리능력 즉 권리와 의무의 주체가 될 수 있는 일반적·추상적 자격을 의미

2. 제27조 : 실종과 부재

제27조(실종과 부재) ① 실종선고 및 부재자 재산관리는 실종자 또는 부재자의 본국법에 따른다.
② 제1항에도 불구하고 외국인에 대하여 법원이 실종선고나 그 취소 또는 부재자 재산관리의 재판을 하는 경우에는 대한민국 법에 따른다.

- 제1항 : 실종선고의 원인과 효력을 실종자의 본국법에 따르도록 하였다. 여기서 효력은 실종선고의 직접적 효력인 사망의 추정 또는 의제를 의미한다. 간접적 효력(혼인관계 소멸, 상속개시 등)은 각각 문제된 혼인·상속 등의 법률관계의 준거법에 따른다.

- 제2항 : 예외적으로 한국법원이 실종선고 내리는 경우 직접적 효력만이 아니라 간접적 효력도 한국법에 따른다.

3. 제28조 : 행위능력

제28조(행위능력) ① 사람의 행위능력은 그의 본국법에 따른다. 행위능력이 혼인에 의하여 확대되는 경우에도 또한 같다.
② 이미 취득한 행위능력은 국적의 변경에 의하여 상실되거나 제한되지 아니한다.

- 제28조의 행위능력이란 재산적 행위능력 중 특히 연령에 의한 행위능력만을 의미. 신분적 행위능력은 각각 신분행위에 별도의 규정이 있다.

4. 제29조 : 거래보호

제29조(거래보호) ① 법률행위를 한 사람과 상대방이 법률행위의 성립 당시 동일한 국가에 있는 경우에 그 행위자가 그의 본국법에 따르면 무능력자이더라도 법률행위가 있었던 국가의 법에 따라 능력자인 때에는 그의 무능력을 주장할 수 없다. 다만, 상대방이 법률행위 당시 그의 무능력을 알았거나 알 수 있었을 경우에는 그러하지 아니하다.
② 제1항은 친족법 또는 상속법의 규정에 따른 법률행위 및 행위지 외의 국가에 있는 부동산에 관한 법률행위에는 이를 적용하지 아니한다.

- 제1항 : 거래보호를 위한 행위능력 원칙의 예외 인정
- 제2항 : 친족, 상속, 행위지 외의 국가에 있는 부동산에 관한 행위에는 본국법주의(원칙) 다시 적용

5. 제30조 : 법인 및 단체

제30조(법인 및 단체) 법인 또는 단체는 그 설립의 준거법에 따른다. 다만, 외국에서 설립된 법인 또는 단체가 대한민국에 주된 사무소가 있거나 대한민국에서 주된 사업을 하는 경우에는 대한민국 법에 따른다.

- 법인의 일반적 권리능력의 준거법은 설립의 준거법에 따른다.
- 내국거래의 불안정을 예방하기 위하여 단서 조항 존재

설립의 준거법의 적용범위

- 법인설립, 내부조직, 소멸 : 설립의 준거법 적용
- 법인의 당사자 능력, 소송능력 : 법정지법 적용
- 법인의 불법행위 : 불법행위지법 적용
- 개별적 권리능력 : 문제된 개개의 권리의 준거법 적용

대법원 2018. 8. 1. 선고 2017다246739 판결

국제사법 제16조 본문은 "법인 또는 단체는 그 설립의 준거법에 의한다."라고 하여 법인의 준거법은 원칙적으로 설립 준거법을 기준으로 정하고 있다. 이 조항이 적용되는 사항을 제한하는 규정이 없는데, 그 적용범위는 법인의 설립과 소멸, 조직과 내부관계, 기관과 구성원의 권리와 의무, 행위능력 등 법인에 관한 문제 전반을 포함한다고 보아야 한다. 따라서 법인의 구성원이 법인의 채권자에 대하여 책임을 부담하는지, 만일 책임을 부담한다면 그 범위는 어디까지인지 등에 관하여도 해당 법인의 설립 준거법에 따라야 한다.

제3장 법률행위

1. 제31조 : 법률행위의 방식

> **제31조(법률행위의 방식)** ① 법률행위의 방식은 그 행위의 준거법에 따른다.
> ② 행위지법에 따라 한 법률행위의 방식은 제1항에도 불구하고 유효하다.
> ③ 당사자가 계약체결 시 서로 다른 국가에 있을 때에는 그 국가 중 어느 한 국가의 법에서 정한 법률행위의 방식에 따를 수 있다.
> ④ 대리인에 의한 법률행위의 경우에는 대리인이 있는 국가를 기준으로 행위지법을 정한다.
> ⑤ 제2항부터 제4항까지의 규정은 물권이나 그 밖에 등기하여야 하는 권리를 설정하거나 처분하는 법률행위의 방식에는 적용하지 아니한다.

- 법률행위의 방식은 의사표시에 있어서 구두 또는 서면 방식, 물권적 법률행위에 있어서 등기나 인도, 증여에 있어서 서면의 방식, 유언에 있어서 자필 방식이나 증언의 참여 등의 문제를 의미한다.

- 제1항 : 법률행위의 방식은 법률행위의 실질적 성립요건과 가장 밀접한 관계를 가지므로 법률행위 방식의 준거법을 그 행위(실질)의 준거법에 따르도록 규정하고 있다.

- 소비자계약의 방식(제47조 제3항), 혼인의 방식(제63조 제2항), 유언의 방식(제78조 제3항) 등의 경우와 같이 별도의 규정이 있는 경우는 이들 규정이 우선한다.

  * 소비자계약에 관하여는 방식에 관한 규정(제47조 제3항)이 있으나, 근로계약의 경우 방식에 관한 규정이 없다.

- 행위의 준거법이 성립요건과 효력의 준거법으로 나누어질 경우

- 부모·자녀관계의 성립요건의 준거법(제67조 내지 제71조)와 부모·자녀 간의 법률관계의 준거법(제72조)가 같지 아니하므로 방식의 준거법은 성립요건의 준거법을 따라야 하는지 아니면 효력의 준거법을 따라야 하는지의 문제 발생.

  : 법률행위의 방식은 실질적 성립요건과 가장 밀접한 관련을 가지므로 실질적

성립요건의 준거법에 따르는 것이 타당. : 제67조 내지 제71조가 규정하는 부모·자녀관계의 행위의 방식은 제67조 내지 제71조에 규정된 각각의 준거법에 따른다.

- 제2항 : 법률행위의 성립을 용이하게 하고 당사자의 편의와 행위지의 거래이익을 도모하기 위하여 행위지법에 의하여 행한 법률행위의 방식을 유효하도록 규정 (상속의 방식은 상속이 이루어진 법에 따른 경우 유효함)
- 장소는 행위를 지배한다는 국제사법의 오랜 원칙에 근거한 것
- 행위지는 일반적으로 의사표시를 한 곳을 의미
- 결국 법률행위의 방식은 행위(실질)의 준거법뿐만 아니라 행위지법에 의해서도 유효하게 된다. (준거법의 연결방식 중 선택적 연결)

- 제3항 : 법률행위의 성립을 용이하게 하기 위하여 상이한 국가에 소재하는 당사자 간에 체결된 계약의 경우 관련 국가 중 어느 한 국가의 법의 요건을 충족하면 방식이 유효한 것으로 하였다.

- 제4항 : 대리의 경우 행위지의 결정
- 대리인이 영업소를 두거나 소재하는 곳을 행위지로 봄 (대리행위지 아님)
- 동 항은 해석상 제3항에도 적용되어야 할 것이므로 대리인이 계약체결 당시 다른 국가에 있는 경우에는 대리인이 속한 국가의 법이 정한 법률행위의 방식에 의할 수도 있다.

- 제5항 : 물권 그 밖에 등기하여야 하는 권리를 설정하거나 처분하는 법률행위의 방식 즉 물권행위의 방식에는 행위지법주의가 적용되지 않는다. (언제나 제31조 제1항이 적용되어 행위의 준거법에 따라야 함)
- 물권에 대해서는 거의 언제나 목적물 소재지가 가장 큰 이해관계를 가지므로 행위지법을 따를 필요성이 낮다.
- 물권행위의 방식에 대하여는 제31조 제1항에 따라 행위의 준거법 즉 목적물의 소재지법에 따른다.
- 그밖에 등기하여야 하는 권리 : 부동산임차권, 부동산환매권

- 제31조의 적용범위 : 법률행위의 방식에 대하여 규정하고 있으므로 이는 채권행위는 물론 물권행위와 친족·상속법상의 법률행위에도 적용되고, 계약뿐 아니라 단독행위(채무면제, 대리권 수권행위 등)에도 적용되며, 청약, 승낙, 계약

의 해제·해지와 같은 계약과 관련된 일방적 의사표시에도 적용된다.

2. 제32조 : 임의대리

제32조(임의대리) ① 본인과 대리인 간의 관계는 당사자 간의 법률관계의 준거법에 따른다.

② 대리인의 행위로 인하여 본인이 제3자에 대하여 의무를 부담하는지 여부는 대리인의 영업소가 있는 국가의 법에 따르며, 대리인의 영업소가 없거나 영업소가 있더라도 제3자가 알 수 없는 경우에는 대리인이 실제로 대리행위를 한 국가의 법에 따른다.

③ 대리인이 본인과 근로계약 관계에 있고, 그의 영업소가 없는 경우에는 본인의 주된 영업소를 그의 영업소로 본다.

④ 본인은 제2항 및 제3항에도 불구하고 대리의 준거법을 선택할 수 있다. 다만, 준거법의 선택은 대리권을 증명하는 서면에 명시되거나 본인 또는 대리인이 제3자에게 서면으로 통지한 경우에만 그 효력이 있다.

⑤ 대리권이 없는 대리인과 제3자 간의 관계에 관하여는 제2항을 준용한다.

* 어떤 법률행위에 대리가 허용되는가의 문제는 그 법률행위의 준거법에 따른다. 즉 매매계약에 관하여 대리가 인정되느냐 하는 것은 매매의 준거법에 따른다.

◉ 제1항 : 본인과 대리인 간의 관계

- 대리권은 위임계약, 고용계약 등에 기초하여 부여되므로 본인과 대리인 간의 내부관계는 그러한 당사자 간의 계약의 준거법에 따른다는 것

◉ 대리인과 제3자 간의 관계 : 규정 없음

- 대리행위의 준거법. 법률행위 특히 계약에 관한 제45조 이하의 규정이 적용. 그 법률행위의 종류와 성질에 따라 준거법이 결정된다.

◉ 제2항 : 본인과 제3자 간의 관계 : 대리인의 행위로 인하여 본인이 제3자에 대하여 의무를 부담하는지 여부

- 대리인이 영업소가 있는 경우 : 영업소 소재지국법(제2항)
- 영업소 없거나 제3자가 알 수 없는 경우 : 대리행위지법 : 거래보호 위함(제2항)
- 대리인과 본인 사이에 근로계약관계 존재하고 대리인이 영업소를 가지고 있지 아니한 때에는 본인의 주된 영업소를 대리인의 영업소로 본다(제3항).

- 제4항 : 본인이 제3자와의 관계에 적용될 준거법을 지정할 수 있다. 대리의 준거법에 관한 당사자자치의 제한적 인정. 제3자를 보호하기 위해 단서가 존재한다 (준거법의 선택은 대리권을 증명하는 서면에 명시되거나 본인 또는 대리인에 의하여 제3자에게 서면으로 통지된 경우에 한하여 효력 있음).

무권대리·표현대리

- 본인과 무권대리인 간의 관계 : 무권대리를 본인이 추인하여 사무관리가 되는 경우에는 사무관리의 준거법에 의하고(제50조), 사무관리가 성립하지 않는 경우에는 불법행위(제52조)가 문제될 것임

- 본인과 제3자 간의 관계 : 무권대리인이나 표현대리인이 한 대리행위에 대하여 본인이 제3자에 대하여 책임을 부담하는지 여부는 제32조 제2항에 따른다.

- 무권대리인과 제3자 간의 관계 : 유권대리의 본인과 제3자 간의 관계의 규정을 준용 (제32조 제5항)

* 본인이 제3자에게 의무를 부담하는지 여부를 판단하는 준거법과 무권대리인과 제3자 간의 관계를 규율하는 준거법을 동일하게 함으로써 양자 간에 저촉이 발생하지 않도록 하기 위한 것이다.

제4장 물권

1. 제33조 : 물권

제33조(물권) ① 동산 및 부동산에 관한 물권 또는 등기하여야 하는 권리는 그 동산·부동산의 소재지법에 따른다.
② 제1항에 규정된 권리의 취득·상실·변경은 그 원인된 행위 또는 사실의 완성 당시 그 동산·부동산의 소재지법에 따른다.

(1) 동칙주의(동산과 부동산 동일하게 규정)와 소재지법주의 채택

- 물권의 존재 자체에 대하여 제1항에서 목적물의 소재지법에 의하도록 규정, 물권의 득실변경에 대해서는 제2항에서 그 원인된 행위 또는 사실의 완성 당시 그 목적물의 소재지법에 따르도록 규정

(2) 물권의 준거법과 채권의 준거법과의 관계

- 물권의 준거법인 목적물의 소재지법은 물권행위에만 적용되고 그 원인행위인 채권행위에는 적용되지 않는다.
- 예를 들어, 매매계약에 따른 물건의 소유권 이전의 경우 소유권의 이전은 당사자의 의사표시만으로 가능한가 아니면 인도 또는 등기를 요하는가는 물권변동의 문제이므로 목적물의 소재지법에 따르고, 매매계약 자체의 유효 여부 또는 채권·채무의 내용의 문제는 매매계약 자체의 준거법(제45조, 제46조)에 따른다.

(3) 물권 및 등기하여야 하는 권리의 개념

- 물권이란 물건에 관한 권리. 지식재산권은 불포함
- 등기하여야 하는 권리 : 부동산환매권(민법 제590조), 부동산임차권(민법 제618조) : 목적물의 소재지법은 등기에 의하여 생기는 물권적 대항력에 관한 문제에 대해서만 적용됨. 그 권리의 성립 및 기타 효력에 대한 문제는 발생원인인 계약(매매계약 또는 임대차계약)의 준거법에 따른다.

(4) 준거법의 적용범위

1) 물권의 존재 (제33조 제1항)

① 물권적 권리능력 : 물권을 향유할 수 있는 능력은 물권의 준거법 즉 목적물의 소재지법에 따른다.

② 물권의 종류와 내용 : 물권의 준거법에 따른다.

③ 점유권· 소유권 : 물권의 준거법에 따른다.

④ 용익물권 : 물권의 준거법에 따른다.

⑤ 법정담보물권 : 유치권과 같은 법정담보물권은 특정한 채권을 담보하기 위하여 법에 의하여 인정되는 권리이므로 채권의 준거법과 목적물의 소재지법이 모두 성립을 인정하는 경우에만 성립할 수 있다 (견해).

⑥ 약정담보물권 : 유형의 물건에 대한 질권·저당권은 물건 소재지법에 따른다. 권리에 대한 약정담보물권(권리질)은 권리의 준거법에 따른다(제37조 본문). 다만 무기명증권을 대상으로 하는 경우에는 무기명증권에 관한 제35조가 적용된다 (제37조 단서).

- 권리의 준거법이란 채권질은 채권의 준거법, 주식질은 주식회사의 속인법 (제30조 : 설립의 준거법)

第37조(채권 등에 대한 약정담보물권) 채권·주식, 그 밖의 권리 또는 이를 표창하는 유가증권을 대상으로 하는 약정담보물권은 담보대상인 권리의 준거법에 따른다. 다만, 무기명증권을 대상으로 하는 약정담보물권은 제35조에 따른다.

⑦ 물권적 청구권(반환청구권, 방해배제·예방 청구권) : 물권의 준거법에 따른다.

⑧ 물권적 청구권과 관련된 손해배상청구권(민법 제202조), 비용상환청구권 (민법 제203조) 등 : 물권의 준거법설(이견 있음)

⑨ 총괄재산 : 부부재산제에 있어서의 부부의 재산, 상속에 있어서의 상속재산 등의 일명 총괄재산의 문제에서 어떠한 개별적 물건이 총괄재산에 포함되는지 여부는 일단 총괄재산의 준거법(부부재산제 : 제65조, 상속 : 제77조)에 따른다.

* 그러나 상속의 준거법이 토지소유권을 상속재산 중에 인정한다고 할지라도 그 토지에

대한 물권의 준거법 즉 토지의 소재지법이 토지소유권의 상속을 인정하지 않는 경우에는 그 토지는 상속의 대상이 될 수 없다.

2) 물권의 변동(제33조 제2항)

- 물권의 득실변경은 그 원인된 행위 또는 사실의 완성 당시 목적물의 소재지법에 따른다(제33조 제2항). 이 항이 적용되는 것은 물권의 득실변경의 효과만에 그치는 것이고, 그렇게 발생한 물권이 어떠한 내용과 효력을 가지는가는 제33조 제1항의 적용을 받게 된다.

- 필리핀국 내에 있던 기계를 낙찰받아 내국인 갑에게 매도하였고 그 후 위 기계가 국내로 반입된 사건에서 갑이 위 기계에 대한 소유권을 취득하였는지 유무는 위 매매계약이 체결된 당시 이 사건 기계가 필리핀국내에 있었으므로 필리핀국법에 의하여 판단하여야 함 (대법원 2008. 1. 31. 선고 2004다26454 판결) : 제33조 제2항에 따라 원인된 행위인 매매계약 당시 기계의 소재지법인 필리핀국법이 적용된 사안

① 법률행위에 의한 물권변동

- 물권행위능력 : 물권변동을 일으키는 법률행위, 즉 물권행위의 성립과 효력은 목적물의 소재지법에 따르나, 물권행위능력은 제26조에 따른다.
- 물권행위의 방식 : 제31조 제5항 : 목적물의 소재지법
- 물권행위의 원인행위 : 물권행위의 원인행위는 목적물의 소재지법에 따르는 것이 아니라 고유의 준거법에 따른다. 여기의 원인행위가 준거법상 무효인 경우 물권행위의 효력이 발생하는가, 즉 물권행위의 유인성, 무인성의 문제에 관하여는 목적물의 소재지법에 따른다.

② 법률행위 이외의 사실에 의한 물권변동

- 시효·혼동·유실물습득·무주물선점·부합·혼화·가공 등의 사실 또는 사실행위에 의한 물권변동에 관하여는 그러한 사실이 완성한 때의 목적물의 소재지법에 따른다.

③ 국가행위에 의한 물권변동

- 몰수·수용 등의 사실이 완성된 때의 목적물의 소재지법에 따른다.

(5) 목적물의 소재지 변경과 준거법

- 동산은 그 물건의 소재지가 변경되는 경우가 발생함. 이 경우 준거법의 결정문제가 발생

  ① 물건에 관한 물권이 이미 외국에서 성립한 후에 그 물건의 소재지가 변경된 경우 : 유효하게 성립된 물권은 그대로 존속. 변경된 소재지법에 따라 다시 물권법적 요건 구비할 필요 없음. 그러나 물권의 내용 또는 효력은 신소재지법에 따른다.

  ② 물권변동의 원인이 되는 요건 또는 사실이 완성되지 아니한 상태에서 물건의 소재지가 변경된 경우 : 어느 시점을 기준으로 소재지를 확정할 것인지에 대하여 제33조 제2항에서 규정. : 완성 당시 목적물의 소재지법

  ③ 이동 중인 물건으로 소재지가 계속하여 변동하는 경우 : 국제사법 제36조

  ④ 취득시효 : 갑이 A국에서 동산을 2년 6개월 점유하다가 취득시효 완성 전에 B국으로 동산과 함께 이동한 경우 취득시효의 요건, 기간 등의 준거법은 시효완성 당시 목적물의 소재지법 즉 B국에 의하며, A국에서의 점유기간은 인정해준다. 즉 B국에서의 시효기간이 10년인 경우 7년 6개월을 점유하여야 한다.

2. 제34조 : 운송수단

제34조(운송수단) 항공기에 관한 물권은 그 항공기의 국적이 소속된 국가의 법에 따르고, 철도차량에 관한 물권은 그 철도차량의 운행을 허가한 국가의 법에 따른다.

3. 제35조 : 무기명증권

제35조(무기명증권) 무기명증권에 관한 권리의 취득·상실·변경은 그 원인된 행위 또는 사실의 완성 당시 그 무기명증권의 소재지법에 따른다.

4. 제36조 : 이동 중인 물건

제36조(이동 중인 물건) 이동 중인 물건에 관한 물권의 취득·상실·변경은 그 목적지가 속하는 국가의 법에 따른다.

제5장 지식재산권

제1절 국제재판관할

- 지식재사권의 성립 등에 관한 소의 경우 제10조 제1항 4호에 따라 전속관할 인정

- 지식재산권의 등록에 관한 소는 제10조 제1항 1호가 정한 대한민국의 공적 장부의 등기 또는 등록에 관한 소에 포함될 수 있다.

1. 제38조 : 지식재산권 계약에 관한 소의 특별관할

제38조(지식재산권 계약에 관한 소의 특별관할) ① 지식재산권의 양도, 담보권 설정, 사용허락 등의 계약에 관한 소는 다음 각 호의 어느 하나에 해당하는 경우 법원에 제기할 수 있다.

1. 지식재산권이 대한민국에서 보호되거나 사용 또는 행사되는 경우
2. 지식재산권에 관한 권리가 대한민국에서 등록되는 경우

② 제1항에 따른 국제재판관할이 적용되는 소에는 제41조를 적용하지 아니한다.

- 라이센스계약도 계약이지만 제2항에서 계약에 관한 소의 특별관할(제41조)의 적용을 배제한다.

2. 제39조 : 지식재산권 침해에 관한 소의 특별관할

제39조(지식재산권 침해에 관한 소의 특별관할) ① 지식재산권 침해에 관한 소는 다음 각 호의 어느 하나에 해당하는 경우 법원에 제기할 수 있다. 다만, 이 경우 대한민국에서 발생한 결과에 한정한다.

1. 침해행위를 대한민국에서 한 경우
2. 침해의 결과가 대한민국에서 발생한 경우
3. 침해행위를 대한민국을 향하여 한 경우

② 제1항에 따라 소를 제기하는 경우 제6조제1항을 적용하지 아니한다.
③ 제1항 및 제2항에도 불구하고 지식재산권에 대한 주된 침해행위가 대한민국에서 일어난 경우에는 외국에서 발생하는 결과를 포함하여 침해행위로 인한 모든 결과에 관한 소를 법원에 제기할 수 있다.
④ 제1항 및 제3항에 따라 소를 제기하는 경우 제44조를 적용하지 아니한다.

- 제1항 본문 : 지식재산권 침해에 관한 소의 경우에도 원칙적으로 행동지(1호)와 결과발생지(2호)의 관할을 인정하고, 침해행위가 대한민국을 향하여 행하여지는 경우(3호)에도 관할 인정

- 제1항 단서 : 결과발생지의 경우 그곳에서 발생하는 결과에 관하여만 관할을 인정하는 양적 제한 도입 : 지식재산권 침해라는 결과가 여러 나라에서 발생한 경우 대한민국에서 발생한 결과에 대해서만 대한민국 법원에 관할을 인정
  - 제6조 제1항은 청구의 객관적 병합의 경우 관련성에 근거한 관할을 인정하고 있으나 이는 관할을 양적으로 제한한 단서의 취지와 모순되므로 제2항에 따라 제6조 제1항 적용 배제

- 제3항 : 주된 행위지가 대한민국인 경우에는 양적 제한 없이 침해행위로 인한 결과 전체에 대하여 법원에 관할 인정. 대한민국이 단순 행동지인 경우에는 양적 제한 적용

- 제4항 : 지식재산권 침해에 관한 소의 특별관할은 제39조가 적용되고, 통상의 불법행위에 관한 소의 특별관할 규정인 제44조는 적용되지 않는다.
  - 따라서 지식재산권의 침해의 경우 불법행위 일반의 경우(제44조 단서)와 달리 예견가능성을 요구하지 않는다.

제2절 준거법

1. 제40조 : 지식재산권의 보호

제40조(지식재산권의 보호) 지식재산권의 보호는 그 침해지법에 따른다.

(1) 보호국법주의의 채택

- 보호국이란 법정지국이 아니라 특허권이 그 곳에서 침해되었다고 주장함으로써 그 곳에서의 보호를 요구하는 국가
  - A국에서 등록된 권리를 B국에서 침해하였음을 주장하여 원고가 피고의 주소지인 C국에서 손해배상을 구하는 소를 제기한 사례에서 권리의 부여국은 A국이고, 침해국(보호국)은 B국이며, 법정지국은 C국
  - 지적재산권의 침해로 인한 불법행위의 준거법은 통상의 불법행위의 경우 불법행위지법(제52조)가 적용되는 것과는 달리 침해지법이 준거법이 됨

대법원 2004. 7. 22. 선고 2003다62910 판결

서울 광희시장에서 의류판매업을 하는 피고가 원고가 일본 및 대한민국 특허청에 등록한 'X-GIRL' 상표를 무단히 부착한 티셔츠를 일본 보따리상에게 판매한 행위(대한민국에서는 판매하지 않음)에 대하여 원고가 피고에게 상표권침해행위로 인한 영업상 손해배상을 청구한 사안. 이에 대하여 대법원은 국제사법 제24조에 의하면, 지적재산권의 침해로 인한 불법행위의 준거법은 그 침해지법이 된다 할 것이므로 일본 보따리상들의 일본에서의 일본 상표권 침해행위에 피고가 교사 또는 방조하였음을 이유로 하는 이 부분 손해배상청구의 당부는 침해지법인 일본 상표법 제37조 등의 해석에 따라야 할 것이라고 판단.

- 제52조 제4항(불법행위로 인한 손해배상책임의 제한 규정)이 지식재산권의 보호에도 적용될 것인지 여부에 대하여 견해 대립(지식재산권의 침해가 불법행위로서의 법적 성질을 가지므로 부정할 이유 없음)

- 준거법에 관한 사후적 합의 : 제53조가 지식재산권의 보호에도 적용될 것인지 여부에 대하여 지식재산권의 침해가 불법행위로서의 법적 성질을 가지므로 부정할 이유 없음

(2) 특허권과 실용신안 등의 직무발명의 준거법

- 특허나 실용신안 등의 직무발명에 관한 외국적 요소가 있는 법률관계에 적용되는 준거법은 그 발생의 기초가 된 근로계약에 관한 준거법으로서 국제사법 제48조에 따라 정하여진다.

대법원 2015. 1. 15. 선고 2012다4763 판결

직무발명에서 특허를 받을 권리의 귀속과 승계, 사용자의 통상실시권의 취득 및 종업원의 보상금청구권에 관한 사항은 사용자와 종업원 사이의 고용관계를 기초로 한 권리의무 관계에 해당한다. 따라서 직무발명에 의하여 발생되는 권리의무는 비록 섭외적 법률관계에 관한 것이라도 성질상 등록이 필요한 특허권의 성립이나 유·무효 또는 취소 등에 관한 것이 아니어서, 속지주의의 원칙이나 이에 기초하여 지식재산권의 보호에 관하여 규정하고 있는 국제사법 제24조의 적용대상이라 할 수 없다. 직무발명에 대하여 각국에서 특허를 받을 권리는 하나의 고용관계에 기초하여 실질적으로 하나의 사회적 사실로 평가되는 동일한 발명으로부터 발생한 것이며, 당사자들의 이익보호 및 법적 안정성을 위하여 직무발명으로부터 비롯되는 법률관계에 대하여 고용관계 준거법 국가의 법률에 의한 통일적인 해석이 필요하다. 이러한 사정들을 종합하여 보면, 직무발명에 관한 섭외적 법률관계에 적용될 준거법은 발생의 기초가 된 근로계약에 관한 준거법으로서 국제사법 제28조 제1항, 제2항 등에 따라 정하여지는 법률이라고 봄이 타당하다. 그리고 이러한 법리는 실용신안에 관하여도 마찬가지로 적용된다.

* 지식재산권에 관한 주요쟁점은 첫째, 지식재산권의 성립과 내용에 대한 문제, 둘째, 지식재산권의 침해를 이유로 하는 손해배상문제, 셋째, 지식재산권의 사용허락에 관한 라이센스 계약과 관련된 문제로 나누어짐

(3) 관할의 경우

- 지식재사권의 성립 등에 관한 소의 경우 제10조 제1항 4호에 따라 전속관할 인정, 지식재산권의 등록에 관한 소는 제10조 제1항 1호가 정한 대한민국의 공적 장부의 등기 또는 등록에 관한 소에 포함될 수 있다.
- 지식재산권 침해에 관한 소의 경우 제39조에서 특별관할 인정
- 라이센스계약에 관한 소의 경우 제38조에서 특별관할 인정

(4) 준거법의 경우

- 지식재산권의 성립과 내용에 관한 문제와 지식재산권의 침해를 이유로 하는 손해배상문제에 대해서는 제40조에 따라 준거법 결정
- 라이센스계약과 관련된 문제는 제45조, 제46조에 따라 준거법 결정

선결문제

乙은 丙회사가 乙에게 라이선스계약에 따른 실시료를 지급하지 아니하자 丙회사를 상대로 대한민국 법원에 그 지급을 구하는 소를 제기하였다.

질문 대한민국 법원에 국제재판관할권이 있음을 전제로, 乙이 丙회사를 상대로 제기한 실시료지급청구의 소에서 해당 청구의 준거법을 논하시오. (20점)

1. 문제제기

라이선스계약의 준거법과 관련하여 계약의 준거법에 대한 규정인 25조, 26조의 검토 필요.

2. 계약의 준거법 검토

제25조.

제26조. 제1항, 제2항, 제3항

실시료지급청구는 라이선스계약에 따른 것이므로 위 청구의 준거법은 라이선스계약의 준거법이 적용. 을과 병이 라이선스계약을 체결하면서 준거법 합의한 바 없음. 라이선스계약은 제26조 제2항 2호의 라이선스계약에 따른 권리를 이용하도록 하는 계약으로 을은 병에게 전자제품을 제조하는 데 필요한 기술자의 교육훈련을 제공하고, 생산된 제품이 B국 시장에서 향후 지속적으로 유통될 수 있도록 시장을 조성할 협력할 의무를 이행하여야 하는데, 특징적 이행을 하는 자. 따라서 을의 상거소가 있는 국가의 법인 대한민국법이 라이선스계약의 준거법.

3. 결론

실시료지급청구의 소의 준거법은 대한민국법

제6장 채권

제1절 국제재판관할

1. 제41조 : 계약에 관한 소의 특별관할

제41조(계약에 관한 소의 특별관할) ① 계약에 관한 소는 다음 각 호의 어느 하나에 해당하는 곳이 대한민국에 있는 경우 법원에 제기할 수 있다.
1. 물품공급계약의 경우에는 물품인도지
2. 용역제공계약의 경우에는 용역제공지
3. 물품인도지와 용역제공지가 복수이거나 물품공급과 용역제공을 함께 목적으로 하는 계약의 경우에는 의무의 주된 부분의 이행지

② 제1항에서 정한 계약 외의 계약에 관한 소는 청구의 근거인 의무가 이행된 곳 또는 그 의무가 이행되어야 할 곳으로 계약당사자가 합의한 곳이 대한민국에 있는 경우 법원에 제기할 수 있다.

- 제1항 : 가장 전형적인 계약유형의 경우 특징적 의무이행지를 명시하고, 이러한 특징적 의무이행지가 국내인 때에는 관할을 인정
- 제2항 : 기타 유형의 계약은 청구의 기초인 의무가 실제 이행된 장소 또는 그 의무가 이행되어야 장소로 합의한 장소가 대한민국에 있는 경우에만 관할 인정

2. 제42조 : 소비자계약의 관할

제42조(소비자계약의 관할) ① 소비자가 자신의 직업 또는 영업활동 외의 목적으로 체결하는 계약으로서 다음 각 호의 어느 하나에 해당하는 경우 대한민국에 일상거소가 있는 소비자는 계약의 상대방(직업 또는 영업활동으로 계약을 체결하는 자를 말한다. 이하 "사업자"라 한다)에 대하여 법원에 소를 제기할 수 있다.
1. 사업자가 계약체결에 앞서 소비자의 일상거소가 있는 국가(이하 "일상거소지국"이라 한다)에서 광고에 의한 거래 권유 등 직업 또는 영업활동을 행하거나 소비자의 일상거소지국 외의 지역에서 소비자의 일상거소지국을 향하여 광고에 의한 거래의

권유 등 직업 또는 영업활동을 행하고 그 계약이 사업자의 직업 또는 영업활동의 범위에 속하는 경우

2. 사업자가 소비자의 일상거소지국에서 소비자의 주문을 받은 경우
3. 사업자가 소비자로 하여금 소비자의 일상거소지국이 아닌 국가에 가서 주문을 하도록 유도한 경우

② 제1항에 따른 계약(이하 "소비자계약"이라 한다)의 경우에 소비자의 일상거소가 대한민국에 있는 경우에는 사업자가 소비자에 대하여 제기하는 소는 법원에만 제기할 수 있다.

③ 소비자계약의 당사자 간에 제8조에 따른 국제재판관할의 합의가 있을 때 그 합의는 다음 각 호의 어느 하나에 해당하는 경우에만 효력이 있다.

1. 분쟁이 이미 발생한 후 국제재판관할의 합의를 한 경우
2. 국제재판관할의 합의에서 법원 외에 외국법원에도 소비자가 소를 제기할 수 있도록 한 경우

- 소비자계약과 관련된 조문을 적용할 경우 문제의 계약이 소비자계약인지 여부에 대한 언급 필요.

- 소비자가 자신의 직업 또는 영업활동 외의 목적으로 체결하는 계약
- 사업자가 소비자의 일상거소지국에서 광고에 의한 거래 권유 등 직업 또는 영업활동을 행하거나 / 소비자의 일상거소지국 외의 지역에서 소비자의 일상거소지국을 향하여 광고에 의한 거래의 권유 등 직업 또는 영업활동을 행하고
- 그 계약이 사업자의 직업 또는 영업활동의 범위에 속하는 경우

- 개정전 조문은 소비자가 일상거소지 국가 외의 국가에서 인터넷을 통한 계약을 체결한 경우 보호의 대상에서 제외되는 문제가 있었음. 이번 개정안에서는 보호범위 확대하여 이 경우 포함(제1항 1호)

① 소비자가 직업 또는 영업활동 외의 목적으로 체결하는 계약이 다음 각호중 어느 하나에 해당하는 경우에는 당사자가 준거법을 선택하더라도 소비자의 상거소가 있는 국가의 강행규정에 의하여 소비자에게 부여되는 보호를 박탈할 수 없다.

1. 소비자의 상대방이 계약체결에 앞서 그 국가에서 광고에 의한 거래의 권유 등 직업 또는 영업활동을 행하거나 그 국가 외의 지역에서 그 국가로 광고에 의한 거래의 권유 등 직업 또는 영업활동을 행하고, 소비자가 그 국가에서 계약체결에 필요한 행위를 한 경우

- 제2항 : 전속관할.
- 제3항 : 관할합의 방식요건 완화(서면 요건 삭제)

\- 관할합의는 사후적으로 하거나 사전 합의일 경우에는 추가적 합의만 유효

⑥ 제1항의 규정에 의한 계약의 당사자는 서면에 의하여 국제재판관할에 관한 합의를 할 수 있다. 다만, 그 합의는 다음 각호중 어느 하나에 해당하는 경우에 한하여 그 효력이 있다.

3. 제43조 : 근로계약의 관할

제43조(근로계약의 관할) ① 근로자가 대한민국에서 일상적으로 노무를 제공하거나 최후로 일상적 노무를 제공한 경우에는 사용자에 대한 근로계약에 관한 소를 법원에 제기할 수 있다. 근로자가 일상적으로 대한민국에서 노무를 제공하지 아니하거나 아니하였던 경우에 사용자가 그를 고용한 영업소가 대한민국에 있거나 있었을 때에도 또한 같다.

② 사용자가 근로자에 대하여 제기하는 근로계약에 관한 소는 근로자의 일상거소가 대한민국에 있거나 근로자가 대한민국에서 일상적으로 노무를 제공하는 경우에는 법원에만 제기할 수 있다.

③ 근로계약의 당사자 간에 제8조에 따른 국제재판관할의 합의가 있을 때 그 합의는 다음 각 호의 어느 하나에 해당하는 경우에만 효력이 있다.

1. 분쟁이 이미 발생한 경우
2. 국제재판관할의 합의에서 법원 외에 외국법원에도 근로자가 소를 제기할 수 있도록 한 경우

- 관할과 준거법을 구분. 서면 요건 제외하고 내용 변경 없음
- 제1항 : 근로자가 제기하는 소의 관할
- 제2항 : 근로자를 상대로 하는 소의 관할. 전속관할
- 제3항 : 소비자계약의 경우와 동일

4. 제44조 : 불법행위에 관한 소의 특별관할

제44조(불법행위에 관한 소의 특별관할) 불법행위에 관한 소는 그 행위가 대한민국에서 행하여지거나 대한민국을 향하여 행하여지는 경우 또는 대한민국에서 그 결과가 발생하는 경우 법원에 제기할 수 있다. 다만, 불법행위의 결과가 대한민국에서 발생할 것을 예견할 수 없었던 경우에는 그러하지 아니하다.

- 신설
- 불법행위지에 행동지 뿐만 아니라 결과발생지도 포함. 다만 결과발생지의 경우 결과 발생에 관한 예견가능성을 요구
  - 대한민국을 향하여 행하여진 경우도 포함
  * 결과발생지가 복수인 경우 : 제39조 제1항 단서와 같은 제한은 없음

제2절 준거법

1. 제45조 : 당사자자치

> **제45조(당사자자치)** ① 계약은 당사자가 명시적 또는 묵시적으로 선택한 법에 따른다. 다만, 묵시적인 선택은 계약내용이나 그 밖의 모든 사정으로부터 합리적으로 인정할 수 있는 경우로 한정한다.
> ② 당사자는 계약의 일부에 관하여도 준거법을 선택할 수 있다.
> ③ 당사자는 합의에 의하여 이 조 또는 제46조에 따른 준거법을 변경할 수 있다. 다만, 계약체결 후 이루어진 준거법의 변경은 계약 방식의 유효 여부와 제3자의 권리에 영향을 미치지 아니한다.
> ④ 모든 요소가 오로지 한 국가와 관련이 있음에도 불구하고 당사자가 그 외의 다른 국가의 법을 선택한 경우에 관련된 국가의 강행규정은 적용이 배제되지 아니한다.
> ⑤ 준거법 선택에 관한 당사자 간 합의의 성립 및 유효성에 관하여는 제49조를 준용한다.

(1) 제1항 : 당사자자치의 원칙 선언

- 국제사법 제25조 제1항 본문은 계약에 있어서 당사자자치를 도입하여 계약은 당사자가 명시적 또는 묵시적으로 선택한 법에 따른다고 규정하고 있다.
  - 예컨대 연속항해용선계약의 당사자가 영국법을 준거법으로 선택한 경우 용선료채권의 성립이나 소멸 등에 관한 준거법은 영국법이 되는 것이다(대법원 2014. 12. 11. 선고 2012다119443 판결).

대법원 2012. 10. 25. 선고 2009다77754 판결

당사자가 계약의 준거법으로 지역에 따라 법을 달리하는 이른바 연방제국가의 어느 특정 지역의 법을 지정하지 않고 단순히 연방제국가의 법이라고만 약정한 경우, 선택된 법이 특정 지역의 법이 아니라 연방제국가의 법이라는 사정만으로 그러한 준거법 약정이 내용을 확정할 수 없는 것으로 당연 무효라고 보아서는 아니 되고 계약 문언, 계약 전후의 사정, 거래 관행 등 모든 사정을 고려하여 당사자가 그 국가의 어느 지역의 법을 지정한 것으로 합리적으로 인정되는지까지 살펴보아야 한다. 나아가 지역에 따라 법을 달리하는 연방제국가라고 하더라도, 어느 법률관계에 관하여 그 국가 전체에 통일적으로 적용되는 이른바 연방법이 존재한다면 적어도 그 법률관계에 관하여는 연방법이 적용되어 지역에 따라 법을 달리한다고 할 수는 없으므로, 당사자가 그 법률관계에 관한 준거법으로 연방제국가의 법을 준거법으로 선택한 약정은 그 국가의 연방법을 준거법으로 선택한 약정으로서 유효하다.

(2) 제2항 : 준거법의 분열 또는 분할

- 준거법의 분할이란 분할 가능한 계약의 구성 부분에 대하여 각기 다른 준거법을 지정하는 것
  - 내재적인 한계 : 부분 문제 또는 문제된 쟁점이 다른 부분과 논리적으로 분할 가능한 것이어야 하고, 그 경우 준거법의 분열이 논리적으로 양립할 수 있어야 한다. (매도인의 권리의 준거법은 영국법으로 하고, 매수인의 의무의 준거법은 한국법으로 하는 것은 불허용)
  - 당사자가 계약의 일부에 관하여만 준거법을 선택한 경우에 해당 부분에 관하여는 당사자가 선택한 법이 준거법이 되지만, 준거법 선택이 없는 부분에 관하여는 계약과 가장 밀접한 관련이 있는 국가의 법이 준거법이 된다 (대법원 2016. 6. 23. 선고 2015다5194 판결).
  - 해상적하보험 약관상의 영국법 준거약관이 보험자의 책임에 대해서만 적용되고, 보험 계약의 성립에 관한 사항에 대해서는 한국법이 적용된다(대법원 1998. 7. 14. 선고 96다39707 판결).

(3) 제3항 : 준거법의 사후적 변경

- 당사자의 이익을 존중하기 위하여 사후적 변경 허용
- 당사자 의사에 따라 소급효 가질 수 있으나, 계약의 방식의 유효성과 제3자의 권리에 영향을 미치지 아니한다 (단서).

(4) 제4항 : 순수한 국내 계약과 외국법 준거법의 지정

- 순수한 국내 계약에 대하여 외국법을 준거법으로 지정하는 것을 당사자자치를 존중하여 원칙적으로 허용하되, 국내법의 강행규정이 여전히 적용됨을 명확히 하여 폐해를 방지하고자 하였다.
  - 여기서 강행규정이란 제27조 제1항 및 제28조 제1항의 그것과 같이 당사자의 계약에 의하여 배제될 수 없는 법규 즉 단순한 강행규정을 의미하므로 제7조의 국제적 강행규정과는 구별된다.

(5) 제5항 : 준거법 합의

- 준거법 합의의 성립과 유효성에 관하여 적용되는 준거법에 대하여도 당사자자치의 원칙이 적용됨을 명시
  - 당사자들이 선택한 준거법인 실질법에 따라 판단

(6) 실질법적 지정과 저촉법적 지정

- 당사자가 계약과 관련하여 법을 적용하기로 하는 지정에는 실질법적 지정과 저촉법정 지정이 있다. 실질법적 지정은 당사자가 계약 내용을 직접 정하는 대신 특정 국가의 법규를 원용하여 그로써 계약 내용을 보충하는 것이고, 저촉법적 지정은 당사자의 의사를 연결점으로 하여 준거법을 결정하는 것. 즉 제45조의 당사자의 준거법 선택이 바로 저촉법적 지정이다.

- 실질법적 지정의 경우 당사자는 그와 별도로 준거법을 약정할 수 있고, 만약 준거법을 선택하지 않은 경우 제46조에 의하여 준거법이 결정되게 된다.

- 저촉법적 지정에 의하여 선택된 준거법이 개정된 경우 개정된 법이 적용됨에 반하여 실질법적 지정에 의하여 지정된 법이 개정된 경우 그에 따라 변경된 내용이 계약의 내용으로 되는 것은 아니다.

- 저촉법적 지정에 의하여 외국법이 선택된 경우 법원은 그 외국법을 직권으로 조사하여야 하나, 실질법적 지정의 경우 외국법의 내용이 계약의 내용으로 될 뿐이므로 당사자가 외국법의 내용을 입증하여야 한다.

(7) 영국법 준거 약관

- 영국법을 준거법으로 합의한 약관에 대하여 그 유효성 인정
  → 세 가지 유형의 합의가 있어 구분하여 살펴볼 필요 있음
  ① "이 건 보험계약은 영국의 법과 실무에 따른다." : 보험계약 전체에 대하여 영국법을 준거법으로 정한 저촉법적 지정이다.
  ② "이 보험증권상 발생하는 모든 책임 문제는 영국의 법률과 관습에 의하여 규율되어야 한다." : 이 사건 준거법 약관은 이 사건 보험계약 전부에 대한 준거법을 지정한 것이 아니라 보험자의 '책임' 문제에 한정하여 영국의 법률과 관습에 따르기로 한 것이므로 보험자의 책임에 관한 것이 아닌 사항에 관하여는 이 사건 보험계약과 가장 밀접한 관련이 있는 우리나라의 법이 적용된다고 할 것인데, 약관의 설명의무에 관한 사항은 약관의 내용이 계약 내용가 되는지 여부에 관한 문제로서 보험자의 책임에 관한 것이라고 볼 수 없으므로 이에 관하여는 영국법이 아니라 우리나라의 약관규제법이 적용된다(대법원 2016. 6. 23. 선고 2015다5194 판결).
  ③ "이 보험은 일체의 전보 청구 및 결제에 관하여 영국의 법률과 관습에만 의한다." : "이 보험은 일체의 전보 청구 및 결제에 관해서 영국의 법률과 관습에만 의한다."라는 영국법 준거약관은 보험계약의 보험목적물이 무엇인지 여부에 관한 사항, 즉 보험계약의 성립 여부에 관한 사항에까지 영국의 법률과 실무에 따르기로 하기로 한 것으로는 볼 수 없으므로, 이와 같은 사항에는 우리나라의 법률이 적용되어야 한다(대법원 1998. 7. 14. 선고 96다39707 판결).

2. 제46조 : 준거법 결정 시의 객관적 연결

제46조(준거법 결정 시의 객관적 연결) ① 당사자가 준거법을 선택하지 아니한 경우에 계약은 그 계약과 가장 밀접한 관련이 있는 국가의 법에 따른다.
② 당사자가 계약에 따라 다음 각 호의 어느 하나에 해당하는 이행을 하여야 하는 경우에는 계약체결 당시 그의 일상거소가 있는 국가의 법(당사자가 법인 또는 단체인 경우에는 주된 사무소가 있는 국가의 법을 말한다)이 가장 밀접한 관련이 있는 것으로 추정한다. 다만, 계약이 당사자의 직업 또는 영업활동으로 체결된 경우에는 당사자의 영업소가 있는 국가의 법이 가장 밀접한 관련이 있는 것으로 추정한다.

1. 양도계약의 경우에는 양도인의 이행
2. 이용계약의 경우에는 물건 또는 권리를 이용하도록 하는 당사자의 이행
3. 위임·도급계약 및 이와 유사한 용역제공계약의 경우에는 용역의 이행

③ 부동산에 대한 권리를 대상으로 하는 계약의 경우에는 부동산이 있는 국가의 법이 가장 밀접한 관련이 있는 것으로 추정한다.

- 제1항 : 당사자가 준거법을 선택하지 아니한 경우의 계약의 준거법 즉 객관적 준거법의 결정에 대하여 계약과 가장 밀접한 관련이 있는 국가의 법에 따른다.

- 제2항 : 가장 밀접한 관련이 있는 국가의 법을 결정함에 있어서 특징적 이행의 경우 추정하고 있다.
- 법관의 판단을 용이하게 하기 위하여 특징적 이행을 기초로 추정규정을 두었다.
- 양도계약에 있어 양도인의 이행 등과 같이 계약의 특징적 이행을 해야 하는 경우에는 당사자가 계약체결 시 일상거소(자연인), 주된 사무소(법인 또는 단체) 또는 영업소(직업상 또는 영업상 계약의 경우)를 가지는 국가를 당해 계약과 가장 밀접한 관련을 가지는 국가로 추정

- 제3항 : 부동산에 대한 권리를 대상으로 하는 계약의 경우 부동산 소재지국을 당해 계약과 가장 밀접한 관련을 가지는 국가로 추정(제3항)
- 부동산에 대한 권리를 대상으로 하는 계약의 경우 : 부동산 매매계약, 부동산 임대차계약

대법원 2011. 1. 27. 선고 2009다10249 판결

신용장에 기한 환어음 등을 매입하는 매입은행은 신용장 개설은행의 수권에 의하여 매입하긴 하지만, 이는 어디까지나 자기의 계산에 따라 독자적인 영업행위로서 매입하는 것이고 신용장 개설은행을 위한 위임사무의 이행으로서 신용장을 매입하는 것은 아니므로, 신용장 개설은행과 매입은행 사이의 신용장대금 상환의 법률관계에 관한 준거법의 결정에는 위임사무의 이행에 관한 준거법의 추정규정인 국제사법 제26조 제2항 제3호를 적용할 수 없고, 환어음 등의 매입을 수권하고 신용장대금의 상환을 약정하여 신용장대금 상환의무를 이행하여야 하는 신용장 개설은행의 소재지법이 계약과 가장 밀접한 관련이 있는 국가의 법으로서 준거법이 된다.

* 상업신용장의 경우 격지국의 당사자 사이의 매매계약에서 신용장에 의한 결제를 약정하면 그에 따라 매수인이 그의 거래은행에 신용장개설신청을 하고, 신용장개설은행은 신용장을 개설하여 매

도인의 거래은행을 통하여 신용장개설을 통지한다. 이에 따라 매도인은 물품을 선적한 후 신용장에서 요구하는 서류를 구비하여 매도인의 거래은행에 신용장의 매입을 신청하면 그 은행은 자신의 위험부담과 판단에 따라 신용장을 매입하고(신용장매입은행), 수수료와 비용을 제외한 금액을 지급하면 매도인은 수출대금을 회수하게 된다. 그 후 신용장매입은행은 신용장개설은행으로부터 그 대금을 상환받게 되고, 매수인은 신용장개설은행으로부터 선적서류(선하증권)을 입수하여 도착항에서 물품을 수령하게 된다.

울산지방법원 2014.2.6.선고 2012가합3810판결

피고는 해상 운송업체로서 전 세계에 걸쳐 영업활동을 하고 있는 기업이고 원고는 대한민국 법인으로서 대한민국에 주소가 있고, 용선계약의 체결장소는 중국이며 양하지는 대한민국 울산으로 의무이행지는 대한민국이므로 계약과 가장 밀접한 관련이 있는 국가는 대한민국이라 할 것이다. 또한 해수침수로 인해 이 사건 화물이 손상된 장소는 대한민국이고 이로 인해 침해되는 원고의 법익 소재지 역시 대한민국이다. 따라서 원고와 피고 사이의 운송인의 채무불이행책임, 불법행위의 성립 및 효과, 피고의 손해배상책임의 발생 여부에 관하여는 대한민국법을 준거법으로 하여 판단된다.

대법원 2017. 10. 26. 선고 2015다42599 판결

외국적 요소가 있는 책임보험계약에서 제3자 직접청구권의 행사에 관한 법률관계에 대하여는 그 기초가 되는 책임보험계약에 적용되는 국가의 법이 가장 밀접한 관련이 있다고 보이므로, 그 국가의 법이 준거법으로 된다고 해석함이 타당하다. 원심은 판시와 같은 이유로, (1) 이 사건에서 피보험자인 브라이트해운 주식회사와 보험자인 피고가 체결한 해상적하책임보험계약에 보험자인 피고의 책임에 관하여 영국법을 적용하기로 하는 영국법 준거조항이 포함되어 있으므로, 이 사건 보험계약에 따른 보험자의 책임에 관한 준거법으로 영국법이 적용된다고 인정한 다음, (2) 피해자의 보험자에 대한 직접청구권의 행사는 보험계약의 준거법에 따라야 하므로, 이 사건 피해자인 주위적 원고의 보험자인 피고에 대한 직접청구권 행사에는 이 사건 보험계약의 준거법인 영국법이 적용된다는 취지로 판단하였다. 원심판결 이유를 적법하게 채택된 증거들에 비추어 살펴보면, 위와 같은 원심의 판단은 앞에서 본 법리와 같은 취지로 보이고, 거기에 상고이유 주장과 같이 국제사법의 준거법 결정원칙, 제3자 직접청구권의 준거법, 국제사법 제7조의 강행규정 등에 관한 법리를 오해한 위법이 없다.

3. 제47조 : 소비자계약

제47조(소비자계약) ① 소비자계약의 당사자가 준거법을 선택하더라도 소비자의 일상거소가 있는 국가의 강행규정에 따라 소비자에게 부여되는 보호를 박탈할 수 없다.
② 소비자계약의 당사자가 준거법을 선택하지 아니한 경우에는 제46조에도 불구하고 소

비자의 일상거소지법에 따른다.
③ 소비자계약의 방식은 제31조제1항부터 제3항까지의 규정에도 불구하고 소비자의 일상거소지법에 따른다.

(1) 제1항 : 당사자자치의 제한

- 소비자계약의 경우에도 당사자는 국제사법 제45조의 원칙에 따라 준거법을 자유로이 선택할 수 있으나, 소비자의 일상거소지법의 강행법규가 소비자에게 부여하는 보호를 박탈할 수 없다.
- 강행규정이란 국내적 강행법규(약관규제법 등)을 의미. 제20조의 국제적 강행법규와 다르다.
- 소비자에게 부여되는 보호란 소비자와 체결하는 계약의 거래조건에 관한 것, 관련 법률이 소비자의 상대방에게 부과하는 의무를 통하여 간접적으로 부여되는 보호까지 포함하는 것은 아니다.

(2) 제2항 : 객관적 준거법의 결정

- 당사자가 준거법을 선택하지 않은 경우 소비자계약은 객관적 준거법의 결정에 관한 일반원칙을 정한 제46조에 따르는 것이 아니라 소비자의 일상거소지법에 따른다.

(3) 제3항 : 소비자계약의 방식

- 소비자계약의 방식에 대하여 소비자의 일상거소지법에 따른다.

4. 제48조 : 근로계약

제48조(근로계약) ① 근로계약의 당사자가 준거법을 선택하더라도 제2항에 따라 지정되는 준거법 소속 국가의 강행규정에 따라 근로자에게 부여되는 보호를 박탈할 수 없다.
② 근로계약의 당사자가 준거법을 선택하지 아니한 경우 근로계약은 제46조에도 불구하고 근로자가 일상적으로 노무를 제공하는 국가의 법에 따르며, 근로자가 일상적으로 어느 한 국가 안에서 노무를 제공하지 아니하는 경우에는 사용자가 근로자를 고용한 영업소가 있는 국가의 법에 따른다.

(1) 제1항 : 당사자자치의 제한

- 근로계약의 경우에도 당사자는 제45조의 원칙에 따라 준거법을 자유로이 선택할 수 있다. 그러나 당사자의 준거법 선택은 당사자가 준거법을 선택하지 않은 경우에 적용될 객관적 준거법의 강행법규가 근로자에게 부여하는 보호를 박탈할 수 없다. 강행법규란 국내적 강행법규

(2) 제2항 : 객관적 준거법의 결정

- 당사자가 준거법을 선택하지 않은 경우에는 근로자가 계약의 이행으로 일상적으로 노무를 제공하는 국가의 법, 또는 근로자가 노무를 일상적으로 어느 하나의 국가 내에서 제공하고 있지 아니한 경우에는 근로자를 고용한 영업소가 소재하는 국가의 법이 준거법이 된다.
- 다만, 제2항에 의하여 지정된 준거법이 해당 근로계약과 근소한 관련이 있을 뿐이고, 그 근로계약과 가장 밀접한 관련이 있는 다른 국가의 법이 명백히 존재하는 경우에는 그 다른 국가의 법에 따른다(제21조 제1항).
- 선원근로계약 즉 근로자가 국제운송에 사용되는 선박에서 노무를 제공하는 경우의 준거법에 대하여 대법원은 선원근로계약에 관하여는 선적국을 선원이 일상적으로 노무를 제공하는 국가로 볼 수 있다고 판시(대법원 2007. 7. 12. 선고 2005다39617 판결)

5. 제49조 : 계약의 성립 및 유효성

제49조(계약의 성립 및 유효성) ① 계약의 성립 및 유효성은 그 계약이 유효하게 성립하였을 경우 이 법에 따라 적용되어야 하는 준거법에 따라 판단한다.
② 제1항에 따른 준거법에 따라 당사자의 행위의 효력을 판단하는 것이 모든 사정에 비추어 명백히 부당한 경우에는 그 당사자는 계약에 동의하지 아니하였음을 주장하기 위하여 그의 일상거소지법을 원용할 수 있다.

- 제1항 : 계약의 성립 및 유효성의 준거법
- 계약의 성립 및 유효성의 준거법은 계약의 준거법에 의하여 규율
- 당사자들이 준거법 합의를 하는 경우 당사자 간에 유효한 계약이 존재하는가의 문제도 당사자들이 합의한 당해 준거법에 의하여 규율

- 계약의 성립이란 청약과 승낙에 의한 주된 계약의 성립
- 계약의 유효성이란 계약의 실질적 유효성. 청약 또는 승낙의 유효성(착오, 사기·강박 등 의사표시의 하자에 의한 영향)과 선량한 풍속 기타 사회질서 위반 등과 관련된 계약의 적법성 포함
- 계약의 유효성은 계약에 따른 당사자들의 권리·의무 즉 효력과 구별하여야 함
- 또한 계약의 유효성에 관련되는 것이기는 하나 당사자의 능력(권리능력, 행위능력), 대리권의 존재는 제26조, 제28조, 제32조에 의하여 규율되는 것이지 계약의 준거법에 의하여 규율되는 것은 아님

● 제2항 : 계약의 성립을 부정하기 위한 일상거소지법의 원용

- 제1항의 원칙을 관철할 경우 당사자의 일방에게 예측하지 않은 불이익을 줄 수 있으므로 제2항을 두었다.
- 제1항과 달리 제2항은 계약에 대한 동의 즉 계약의 성립에만 적용되고, 유효성에는 적용되지 않는다.

6. 제50조 : 사무관리

> **제50조(사무관리)** ① 사무관리는 그 관리가 행하여진 곳의 법에 따른다. 다만, 사무관리가 당사자 간의 법률관계에 근거하여 행하여진 경우에는 그 법률관계의 준거법에 따른다.
> ② 다른 사람의 채무를 변제함으로써 발생하는 청구권은 그 채무의 준거법에 따른다.

● 제1항 본문 : 사무관리지법주의

- 그 관리가 행하여진 곳 : 사무관리라는 사실로서의 관리행위가 현실적으로 행하여진 곳

● 제1항 단서, 제2항 : 종속적 연결 인정

- 위임계약에 따라 수임인이 어떠한 사무를 집행하였는데 그것이 본래의 계약상 채무의 범위를 넘는다는 다툼이 생긴 경우에 그 부분에 관하여는 사무관리지법이 아닌 위임계약의 준거법에 따라 사무관리의 성립 여부를 판단

● 사무관리 일종인 해양사고구조에 대하여는 특별규정(제96조)

7. 제51조 : 부당이득

제51조(부당이득) 부당이득은 그 이득이 발생한 곳의 법에 따른다. 다만, 부당이득이 당사자 간의 법률관계에 근거한 이행으로부터 발생한 경우에는 그 법률관계의 준거법에 따른다.

◎ 본문 : 부당이득지법주의

- 그 이득이 발생한 곳 : 이득의 직접적인 원인이 되는 재화의 이전이 현실로 행하여진 장소

대법원 2011. 5. 26. 선고 2009다15596 판결

대한민국에 주소를 둔 갑이 인터넷 도메인이름 "hpweb.com"을 등록·사용하던 중 미국 캘리포니아주에 본사를 둔 을 회사가 미국에 등록되어 있던 "hp"로 구성된 자신의 상표 등에 대한 권리가 침해되었다는 이유로 인터넷주소 분쟁해결기관에 분쟁조정신청을 하여 도메인이름 등록을 이전받자, 갑이 을 회사에 부당이득을 원인으로 도메인이름 반환을 구한 사안에서, 이전등록으로 이득이 발생한 곳은 을 회사 본사 소재지인 미국 캘리포니아주이므로, 부당이득 반환채권의 성립 및 효력에 관하여는 미국 캘리포니아주법이 준거법이 된다고 한 사례

◎ 단서 : 종속적 연결

- 계약 이행 후 해제되어 청산의 방법으로 부당이득의 반환을 구하는 경우 부당이득은 그 계약 해제의 준거법에 따른다.

대법원 2015. 2. 26. 선고 2012다79866 판결

가집행선고부 제1심판결에 기하여 금원을 지급하였다가 다시 상소심판결의 선고에 의해 가집행선고가 실효됨에 따라 금원의 수령자가 부담하게 되는 원상회복의무는 성질상 부당이득의 반환채무이지만, 이러한 원상회복의무는 가집행선고의 실효가 기왕에 소급하는 것이 아니기 때문에 본래부터 가집행이 없었던 것과 같은 원상으로 회복시키려는 공평의 관념에서 민사소송법이 인정한 법정채무이므로, 국제사법 제31조 단서에 정한 '부당이득이 당사자 간의 법률관계에 기하여 행하여진 이행으로부터 발생한 경우'에 해당한다고 볼 수 없다.

8. 제52조 : 불법행위

제52조(불법행위) ① 불법행위는 그 행위를 하거나 그 결과가 발생하는 곳의 법에 따른다.

② 불법행위를 한 당시 동일한 국가 안에 가해자와 피해자의 일상거소가 있는 경우에는 제1항에도 불구하고 그 국가의 법에 따른다.
③ 가해자와 피해자 간에 존재하는 법률관계가 불법행위에 의하여 침해되는 경우에는 제1항 및 제2항에도 불구하고 그 법률관계의 준거법에 따른다.
④ 제1항부터 제3항까지의 규정에 따라 외국법이 적용되는 경우에 불법행위로 인한 손해배상청구권은 그 성질이 명백히 피해자의 적절한 배상을 위한 것이 아니거나 그 범위가 본질적으로 피해자의 적절한 배상을 위하여 필요한 정도를 넘을 때에는 인정하지 아니한다.

(1) 제1항

- 과거 판례가 불법행위지가 행동지와 결과발생지를 포함하는 것으로 보았으므로 이를 반영하여 개정. 제45조와 통일

제32조(불법행위) ① 불법행위는 그 행위가 행하여진 곳의 법에 의한다.

- 불법행위의 성질을 가지는 선박충돌에 관하여는 제95조에 별도의 규정을 두고 있다.

(2) 제2항 : 일상거소에 근거한 공통의 속인법의 채택

- 가해자와 피해자의 공통의 속인법을 우선 적용. 실질적인 연결 가능성을 높이기 위하여 국적이 아닌 일상거소를 공통의 속인법 판단의 기준으로 한다.

(3) 제3항 : 종속적 연결

- 가해자와 피해자 간에 존재하는 법률관계가 불법행위에 의하여 침해되는 경우에 제1항의 불법행위지법 및 제2항의 공통의 속인법에 우선하여 그 법률관계의 준거법에 따른다.

- 당사자 간에 계약관계가 있는 경우 불법행위가 동시에 계약관계를 침해하는 때에는 불법행위와 함께 채무불이행이 성립하는데 예를 들어 임차인이 과실로 임대차 목적물을 소실케 한 경우, 이 경우 임대차계약의 준거법에 따른다.
- 계약관계가 있는데, 불법행위를 한 경우 그것이 만일 동시에 당해 계약관계를 침해한 경우 종속적 연결이 적용/ 당해 계약과 관련 없는 불법행위를 한 경우

라면 그때는 불법행위의 준거법은 독자적으로 결정되어야 한다.

* 주의할 점은 계약의 준거법이 불법행위의 준거법이 된다는 것이지 불법행위책임이 성립하지 않고 계약책임만을 인정한다는 것은 아니라는 점. 따라서 만일 계약의 준거법이 한국법이라면 불법행위의 준거법도 한국법이므로 결국 피해자는 대법원 판례가 취하는 청구권경합설의 입장에 따라 계약책임을 물을 수도 있고, 불법행위책임을 물을 수도 있다는 결론

(4) 제4항 : 불법행위 책임제한의 명문화

- 미국법에서 인정되는 징벌적 손해배상 기타 과도한 금액의 배상 등을 규제하는 명문 규정을 두고 있다.

9. 제53조 : 준거법에 관한 사후적 합의

제53조(준거법에 관한 사후적 합의) 당사자는 제50조부터 제52조까지의 규정에도 불구하고 사무관리·부당이득·불법행위가 발생한 후 합의에 의하여 대한민국 법을 그 준거법으로 선택할 수 있다. 다만, 그로 인하여 제3자의 권리에 영향을 미치지 아니한다.

- 당사자자치 원칙의 제한적인 도입

- 명시적, 묵시적 합의 가능
- 제3자(보험회사)의 권리는 영향을 받지 않는다.

* 불법행위에 있어서 준거법의 우선순위 :

- 준거법의 사후적 합의(제53조) → 종속적 연결(제52조 제3항) → 공통의 속인법(제52조 제2항) → 불법행위지법(제52조 제1항)

10. 제54조 : 채권의 양도 및 채무의 인수

제54조(채권의 양도 및 채무의 인수) ① 채권의 양도인과 양수인 간의 법률관계는 당사자 간의 계약의 준거법에 따른다. 다만, 채권의 양도가능성, 채무자 및 제3자에 대한 채권양도의 효력은 양도되는 채권의 준거법에 따른다.

② 채무인수에 관하여는 제1항을 준용한다.

(1) 채권의 양도

- 채권양도 전반에 대한 준거법 규정하면서 양도인과 양수인의 관계와 채권의 양도 가능성, 채무자 및 제3자에 대한 효력을 구분하여 별도의 연결원칙에 따르도록 하였다.

- 제54조 제1항은 계약채권만이 아니라 법정채권의 양도에 대하여도 적용

1) 제1항 본문 : 채권양도인과 양수인 간의 관계

- 채권의 양도인과 양수인 간의 관계는 그들 간의 계약의 준거법에 따른다.

2) 제1항 단서 : 채권의 양도 가능성, 채무자 및 제3자에 대한 채권양도의 효력

- 채권의 양도가능성, 채무자 및 제3자에 대한 효력는 양도의 목적인 채권의 준거법(채권자와 채무자간을 규율하는 법률)에 따른다.

- 채무자의 법적 지위가 채권자의 변경에 의해 불리하게 되어서는 아니된다는 채권양도의 기본원칙을 저촉법적 차원에서 고려한 것
- 채무자가 양수인에 대해 어떠한 항변권을 가지는지, 채권양도의 대항요건인 채무자에 대한 통지 또는 승낙의 요부, 동일 채권에 대한 이중양도의 경우 누가 우선하는가의 문제도 채권 자체의 준거법에 따른다.

* 무기명채권의 양도는 제21조가 적용되어 득실변경은 그 원인된 행위 또는 사실의 완성 당시 그 무기명증권의 소재지법에 따른다.

(2) 채무인수

- 제2항 : 채무인수의 준거법 : 제1항 준용

- 여기의 채무인수는 면책적 채무인수만을 의미함. 병존적 채무인수는 추가적으로 발생된 채권관계에 대한 준거법을 적용하면 족하다.
- 채무의 인수인과 채무자 간의 법률관계는 당사자 간의 계약의 준거법에 따른다.
- 채무의 인수 가능성, 채권자 및 제3자에 대한 채무인수의 효력은 인수된 채무의 준거법에 따른다.
- 제54조 제2항은 법정채무의 인수에도 적용된다.

대법원 2017. 10. 26. 선고 2015다42599 판결

국제사법 제34조는 채권양도 및 채무인수의 법률관계를 동일하게 취급하여, 채권의 양도가능성, 채무자 및 제3자에 대한 채권양도의 효력은 양도되는 채권의 준거법에 의하도록 규정하고(제1항), 채무인수에 대하여도 이를 준용하고 있다(제2항). 또한 국제사법 제35조는 법률에 의한 채권의 이전에 관하여, 이전의 원인이 된 구채권자와 신채권자 사이의 법률관계의 준거법에 의하지만, 만약 이러한 법률관계가 존재하지 아니하는 경우에는 채권양도 및 채무인수의 경우와 마찬가지로 이전되는 채권의 준거법에 의하도록 규정하고 있다. 이에 비추어 보면, 채무인수 및 법률에 의한 채권의 이전에 관하여 이전되는 채무·채권의 준거법에 의하도록 한 국제사법 제34조 및 제35조의 기준은 법률에 의한 채무의 인수의 경우에도 참작함이 타당하다.

* 계약인수에 대해서는 국제사법 규정 없음. 계약인수는 계약당사자로서의 지위 자체를 이전하는 법률행위. 계약인수의 허용 여부와 요건 및 효과는 인수된 계약자체의 준거법에 따른다.

11. 제55조 : 법률에 따른 채권의 이전

제55조(법률에 따른 채권의 이전) ① 법률에 따른 채권의 이전은 그 이전의 원인이 된 구(舊)채권자와 신(新)채권자 간의 법률관계의 준거법에 따른다. 다만, 이전되는 채권의 준거법에 채무자 보호를 위한 규정이 있는 경우에는 그 규정이 적용된다.
② 제1항과 같은 법률관계가 존재하지 아니하는 경우에는 이전되는 채권의 준거법에 따른다.

- 법률에 의한 채권의 이전은 법률에 의하여 채권이 당연히 제3자에게 이전되는 경우를 의미(물상보증인, 보증인, 공동저당에서 후순위자, 제3자 변제, 보험자의 법정대위 등)

- 제1항 : 원인관계의 준거법이 적용되는 경우
  - 보증인이 보증계약에 따라 채무를 변제한 경우 보증인이 채권자의 권리를 대위하는지 여부는 보증계약의 준거법에 따른다.

- 제2항 : 채권 자체의 준거법에 의하는 경우
  - 구 채권자와 신 채권자 간의 법률관계가 존재하지 아니하는 경우
  - 제3자가 의무 없이 임의로 변제한 경우 법률에 의한 채권의 이전은 이전되는 채권 자체의 준거법에 따른다.

대법원 2007. 7. 12. 선고 2005다39617 판결

선박우선특권은 일정한 채권을 담보하기 위하여 법률에 의하여 특별히 인정된 권리로서 일반적으로 그 피담보채권과 분리되어 독립적으로 존재하거나 이전되기는 어려우므로, 선박우선특권이 유효하게 이전되는지 여부는 그 선박우선특권이 담보하는 채권의 이전이 인정되는 경우에 비로소 논할 수 있는 것인바, 국제사법 제60조 제1호, 제2호에서 선적국법에 의하도록 규정하고 있는 사항은 선박우선특권의 성립 여부, 일정한 채권이 선박우선특권에 의하여 담보되는지 여부, 선박우선특권이 미치는 대상의 범위, 선박우선특권의 순위 등으로서 선박우선특권에 의하여 담보되는 채권 자체의 대위에 관한 사항은 포함되어 있지 않다고 해석되므로, 그 피담보채권의 임의대위에 관한 사항은 특별한 사정이 없는 한 국제사법 제35조 제2항에 의하여 그 피담보채권의 준거법에 의하여야 한다. 선박우선특권에 의하여 담보되는 채권이 선원근로계약에 의하여 발생되는 임금채권인 경우 그 임금채권에 관한 사항은 선원근로계약의 준거법에 의하여야 하고, 선원근로계약에 관하여는 선적국을 선원이 일상적으로 노무를 제공하는 국가로 볼 수 있어 선원근로계약에 의하여 발생하는 임금채권에 관한 사항에 대하여는 특별한 사정이 없는 한 국제사법 제28조 제2항에 의하여 선적국법이 준거법이 되므로, 결국 선원임금채권의 대위에 관한 사항은 그 선원임금채권을 담보하는 선박우선특권에 관한 사항과 마찬가지로 선적국법에 의한다.

대법원 2016. 12. 29. 선고 2013므4133 판결

채권자취소권

채권에 관한 법률관계에 외국적 요소가 있을 경우에, 당사자가 준거법을 선택한 바가 없고, 국제사법에도 당해 법률관계에 적용할 준거법을 정하는 기준에 관한 직접적 규정이 없는 경우에는 법률관계와 가장 밀접한 관련이 있는 국가의 법에 의하여야 한다(국제사법 제26조 등). 외국의 법률에 의하여 권리를 취득한 채권자가 우리나라에서 채권자취소권을 행사할 경우의 준거법에 관해서도 국제사법은 달리 정한 바가 없다. 그러므로 이때에도 법률관계와 가장 밀접한 관련이 있는 국가의 법이 준거법이 되어야 하는데, 채권자취소권의 행사에서 피보전권리는 단지 권리행사의 근거가 될 뿐이고 취소 및 원상회복의 대상이 되는 것은 사해행위이며, 사해행위 취소가 인정되면 채무자와 법률행위를 한 수익자 및 이를 기초로 다시 법률관계를 맺은 전득자 등이 가장 직접적으로 이해관계를 가지게 되므로 거래의 안전과 제3자의 신뢰를 보호할 필요도 있다. 이러한 요소 등을 감안하면, 외국적 요소가 있는 채권자취소권의 행사에서 가장 밀접한 관련이 있는 국가의 법은 취소대상인 사해행위에 적용되는 국가의 법이다.

이 사건 채권자취소권의 성립과 효력에 관한 준거법은 사해행위취소의 대상인 이 사건 매매계약에 적용되는 준거법이 되어야 한다. 그런데 기록상 이 사건 매매계약의 당사자인 원심공동피고 1과 피고가 모두 러시아국 사람이지만 그 계약에 적용할 준거법의 선택에 관한 별도의 합의가 있었다고 볼 자료는 없다. 이와 같이 외국적 요소가 있는 계약의 당사자가 거기에 적용할 준거법을 선택하지 아니한 경우에는 당해 계약과 가장 밀접한 관련이 있는 국가의 법이 준거법이 되고(국제사법 제26조

제1항), 특히 그 계약이 부동산에 관한 권리를 대상으로 하는 경우에는 부동산이 소재하는 국가의 법이 가장 밀접한 관련이 있는 것으로 추정하므로(국제사법 제26조 제3항), 결국 이 사건 아파트가 소재한 대한민국법이 이 사건 매매계약과 가장 밀접한 관련이 있는 것으로 추정된다.

따라서 특별한 사정이 없는 한 이 사건 매매계약의 준거법은 대한민국법이라 할 것이므로 이 사건 채권자취소권의 행사 등과 관련한 법률관계에 적용할 준거법도 대한민국법이라고 봄이 타당하다.

제7장 친족

제1절 국제재판관할

- 가사사건에 관한 관할은 크게 부부사건, 부모와 자녀사건, 부양사건, 성년후견사건, 가사조정사건으로 구분

* 주의할 점 : 제7장 제1절은 특별관할을 규정하는 것이고, 이와 별도로 제3조 제1항에 따라 대한민국에 일상거소가 있는 사람에 대한 소에 관하여는 대한민국 법원이 일반관할을 가짐

1. 제56조 : 혼인관계에 관한 사건의 특별관할

제56조(혼인관계에 관한 사건의 특별관할) ① 혼인관계에 관한 사건에 대해서는 다음 각 호의 어느 하나에 해당하는 경우 법원에 국제재판관할이 있다.

1. 부부 중 한쪽의 일상거소가 대한민국에 있고 부부의 마지막 공동 일상거소가 대한민국에 있었던 경우
2. 원고와 미성년 자녀 전부 또는 일부의 일상거소가 대한민국에 있는 경우
3. 부부 모두가 대한민국 국민인 경우
4. 대한민국 국민으로서 대한민국에 일상거소를 둔 원고가 혼인관계 해소만을 목적으로 제기하는 사건의 경우

② 부부 모두를 상대로 하는 혼인관계에 관한 사건에 대해서는 다음 각 호의 어느 하나에 해당하는 경우 법원에 국제재판관할이 있다.

1. 부부 중 한쪽의 일상거소가 대한민국에 있는 경우
2. 부부 중 한쪽이 사망한 때에는 생존한 다른 한쪽의 일상거소가 대한민국에 있는 경우
3. 부부 모두가 사망한 때에는 부부 중 한쪽의 마지막 일상거소가 대한민국에 있었던 경우
4. 부부 모두가 대한민국 국민인 경우

◉ 제1항 1호, 2호, 4호의 경우 원고 구제를 위하여 특별관할 인정

- 제1항 1호 : 부부의 마지막 공동 일상거소가 대한민국에 있었고, 원고가 일상거소를 대한민국에 유지하고 있으면 대한민국 법원에 관할 인정. 피고의 일상거소가 대한민국에 있는 경우에는 제3조에 따라 일반관할이 인정되므로 제1호는 별 의미가 없다.
- 제1항 1호 : 원고와 미성년 자녀 전부 또는 일부의 일상거소가 대한민국에 있는 경우 대한민국 법원에 관할 인정
- 제1항 4호 : 대한민국 국민으로서 대한민국에 일상거소를 둔 원고가 혼인관계 해소만을 목적으로 제기하는 사건의 경우 대한민국 법원에 관할 인정. 한국인이 외국인과 혼인한 뒤 배우자인 외국인의 소재불명 등으로 재판할 수 없게 되는 사정을 고려하여 혼인관계 해소만을 위한 것이라면 대한민국 법원에 관할 인정하여 가족관계등록부를 정리할 수 있게 하려는 것. 따라서 이 경우에는 제6조 제3항에 따른 관할은 인정되지 않는다.

◉ 제1항 제3호는 국적관할 인정.

- 혼인의 일반적 효력(제64조), 부부재산제(제65조 제1항), 이혼(제66조)에 대해 부부의 동일한 국적법이 1차적 준거법이 되므로 준거법과 관할을 병행하도록 하였다.

◉ 제13조에 의해 합의관할과 변론관할은 인정되지 않는다.

- 가사사건의 경우 공익성이 강하므로 당사자의 임의 처분이 제한될 필요가 있다. 다만, 부양사건과 상속사건의 경우 합의관할 및 변론관할 인정

◉ 제2항 : 부부 모두를 상대로 하는 혼인관계 사건 : 제3자가 혼인의 무효·취소 또는 이혼 무효의 소를 제기하는 경우

2. 제57조 : 친생자관계에 관한 사건의 특별관할

제57조(친생자관계에 관한 사건의 특별관할) 친생자관계의 성립 및 해소에 관한 사건에 대해서는 다음 각 호의 어느 하나에 해당하는 경우 법원에 국제재판관할이 있다.

1. 자녀의 일상거소가 대한민국에 있는 경우
2. 자녀와 피고가 되는 부모 중 한쪽이 대한민국 국민인 경우

3. 제58조 : 입양관계에 관한 사건의 특별관할

제58조(입양관계에 관한 사건의 특별관할) ① 입양의 성립에 관한 사건에 대해서는 양자가 되려는 사람 또는 양친이 되려는 사람의 일상거소가 대한민국에 있는 경우 법원에 국제재판관할이 있다.

② 양친자관계의 존부확인, 입양의 취소 또는 파양(罷養)에 관한 사건에 관하여는 제57조를 준용한다.

4. 제59조 : 부모·자녀 간의 법률관계 등에 관한 사건의 특별관할

제59조(부모·자녀 간의 법률관계 등에 관한 사건의 특별관할) 미성년인 자녀 등에 대한 친권, 양육권 및 면접교섭권에 관한 사건에 대해서는 다음 각 호의 어느 하나에 해당하는 경우 법원에 국제재판관할이 있다.

1. 자녀의 일상거소가 대한민국에 있는 경우
2. 부모 중 한쪽과 자녀가 대한민국 국민인 경우

- 1호 : 당국의 신속한 개입이 가능하고, 절차로 인한 아동의 부담을 줄이고, 증거 근접성과 아동 및 청소년 원조와의 근접성을 확보하기 위해 일상거소지국에 관할 인정
- 2호 : 다문화가정의 외국인 여성이 배우자의 동의 없이 아이를 데리고 출국한 경우 한국인 남편이 아이들을 다시 데리고 오고 싶은 경우, 혼인관계가 유지될 경우 이혼 소송을 제기하면서 친권, 양육권 소송이 국내에서 가능하나(제6조 제3항), 혼인관계가 이미 해소된 경우 2호에 의하여 친권, 양육권 소송이 국내에서 가능

5. 제60조 : 부양에 관한 사건의 관할

제60조(부양에 관한 사건의 관할) ① 부양에 관한 사건에 대해서는 부양권리자의 일상거소가 대한민국에 있는 경우 법원에 국제재판관할이 있다.

② 당사자가 부양에 관한 사건에 대하여 제8조에 따라 국제재판관할의 합의를 하는 경우 다음 각 호의 어느 하나에 해당하면 합의의 효력이 없다.

1. 부양권리자가 미성년자이거나 피후견인인 경우. 다만, 해당 합의에서 미성년자이거나 피후견인인 부양권리자에게 법원 외에 외국법원에도 소를 제기할 수 있도록 한 경우는 제외한다.

2. 합의로 지정된 국가가 사안과 아무런 관련이 없거나 근소한 관련만 있는 경우

③ 부양에 관한 사건이 다음 각 호의 어느 하나에 해당하는 경우에는 제9조를 적용하지 아니한다.

1. 부양권리자가 미성년자이거나 피후견인인 경우
2. 대한민국이 사안과 아무런 관련이 없거나 근소한 관련만 있는 경우

- 제1항 : 부양권리자 보호를 위하여 부양권리자의 일상거소지국 법원에 관할 인정
- 부양사건이 재산적 성격을 가지므로 관할합의와 변론관할을 허용하나, 관할합의의 경우 제2항에 의하여 합의의 효력을 부정하는 경우 마련, 변론관할의 경우 제2항에 의하여 변론관할이 부정되는 경우 마련

6. 제61조 : 후견에 관한 사건의 특별관할

제61조(후견에 관한 사건의 특별관할) ① 성년인 사람의 후견에 관한 사건에 대해서는 다음 각 호의 어느 하나에 해당하는 경우 법원에 국제재판관할이 있다.

1. 피후견인(피후견인이 될 사람을 포함한다. 이하 같다)의 일상거소가 대한민국에 있는 경우
2. 피후견인이 대한민국 국민인 경우
3. 피후견인의 재산이 대한민국에 있고 피후견인을 보호하여야 할 필요가 있는 경우

② 미성년자의 후견에 관한 사건에 대해서는 다음 각 호의 어느 하나에 해당하는 경우 법원에 국제재판관할이 있다.

1. 미성년자의 일상거소가 대한민국에 있는 경우
2. 미성년자의 재산이 대한민국에 있고 미성년자를 보호하여야 할 필요가 있는 경우

- 성년후견(제1항)과 미성년후견(제2항)을 구분하여 규정
- 성년후견의 경우 외국에 일상거소가 있더라도 가족적 유대관계에서는 본국과의 밀접한 관련을 가지므로 이를 반영하여 국적관할 인정
- 재산 소재의 경우 이 요건만으로는 부족하고 보호의 필요성도 요건으로 추가
- 후견에 관한 관할권 규정의 신설로 후견에 관한 준거법 규정(제75조)도 수정

7. 제62조 : 가사조정사건의 관할

제62조(가사조정사건의 관할) 제56조부터 제61조까지의 규정에 따라 법원에 국제재판관할이 있는 사건의 경우에는 그 조정사건에 대해서도 법원에 국제재판관할이 있다.

가사사건에 대한 총칙 적용상의 유의점

(1) 일반관할(제3조)

- 가사사건이 대한민국에 일상거소가 있는 사람에 대한 소의 구조를 취하는 경우 대한민국법원에 관할 인정

- 상대방이 없는 가사비송사건의 경우(예 : 입양허가)는 제3조 준용 어려움
- 상대방이 있는 가사비송사건의 경우(예 : 파양)는 제3조 준용 가능

(2) 관련사건의 관할(제6조)

- 제3항 및 제4항에 유의할 것

(3) 합의관할과 변론관할의 배제(제13조)

- 제56조부터 제59조까지(혼인, 친생자관계, 입양관계, 부모·자녀 간의 관계), 제61조(부양), 제62조(가사조정, 제76조 제4항(유언)는 제8조(합의관할), 제9조(변론관할) 적용하지 아니함
- 다만, 부양의 경우 제60조 제2항 및 제3항에 의하여 예외적인 경우에만 부적용, 상속의 경우 제76조 제2항 및 제3항에 의하여 예외적인 경우에만 부적용

(4) 친족(제7장) 및 상속(제8장)의 경우 소송과 비송사건에 공통되는 관할규칙을 규정

제2절 준거법

1. 제63조 제1항 : 혼인의 성립요건

제63조(혼인의 성립) ① 혼인의 성립요건은 각 당사자에 관하여 그 본국법에 따른다.

(1) 준거법의 결정

- 혼인의 실질적 성립요건을 각 당사자의 본국법에 따르도록 함(제1항)
  - 혼인의 각 당사자는 각기 자국법상의 혼인의 요건을 충족하면 됨
  - 혼인 당시의 본국법을 의미
  - 배분적 연결방법 채택 : 하나의 법률관계에 대하여 복수의 당사자가 관련된 경우 각 당사자에게 요건을 구비하도록 연결하는 방법

(2) 준거법의 적용범위

- 혼인이 유효하게 성립하기 위하여 필요한 적극적 요건과 소극적 요건 모든 문제에 대하여 당사자의 본국법이 적용된다.
- 혼인의 실질적 성립요건에는 적극적 요건과 소극적 요건이 있다. 소극적 요건을 혼인장애사유라고 한다.
  - 혼인장애사유에는 일면적 장애사유와 쌍면적 장애사유가 있다. 일방 당사자의 본국법상 쌍면적 장애사유가 존재하는 경우에는 상대방 당사자의 본국법상 그것이 쌍면적 장애사유가 아니더라도 혼인할 수 없다.
  - 일면적 요건 : 당사자의 합의, 혼인적령과 보호자 등 제3자의 동의
  - 쌍면적 요건 : 중혼금지, 근친혼금지 등 (기출)
- 당사자의 본국법이 중혼이나 근친혼을 인정하거나 인종 또는 종교상의 이유로 혼인을 금지하고 있는 경우에는 국제사법 제23조의 공서의 문제가 생길 수 있을 것이다.

제23조(사회질서에 반하는 외국법의 규정) 외국법에 따라야 하는 경우에 그 규정의 적용이 대한민국의 선량한 풍속이나 그 밖의 사회질서에 명백히 위반되는 때에는 그 규정을 적용하지 아니한다.

기출문제 2020년 10월 모의고사

대한민국 국적을 가진 갑이 혼인이 3년 지난 후 Y국에 국적을 가진 을의 중혼사실을 알게 되자, 대한민국 법원에 을을 상대로 혼인취소소송을 제기하였다. 대한민국법에 따르면 중혼은 혼인취소사유가 되나, Y국법에 따르면 중혼은 혼인취소사유가 아니다.

질문 갑이 을을 상대로 대한민국 법원에 제기한 혼인취소소송은 인용될 것인지 논하시오.(대한민국 법원에 국제재판관할권이 존재함을 전제함) (25점)

1. 문제제기

혼인의 실질적 성립요건에 대한 준거법 검토 및 혼인의 장애사유 중 쌍면적 장애사유인 중혼의 경우 일방 당사국에서만 혼인취소사유로 규정하고 있는 경우 혼인취소소송이 인용될 것인지 여부에 대한 검토가 필요하다.

2. 혼인의 실질적 성립요건에 대한 준거법 검토

36조 1항은 혼인의 실질적 성립요건을 각 당사자의 본국법에 의하도록 하고 있다. 혼인의 각 당사자는 각기 자국법상의 혼인의 요건을 충족하면 된다. 혼인 당시의 본국법을 의미하며, 배분적 연결방식을 채택하고 있는 것이다.

사안의 경우 갑은 복수국적자인데 국적 하나가 대한민국이다. 이 경우 제3조 제1항 단서에 따라 대한민국 법을 본국법으로 한다. 따라서 갑에 대한 준거법은 대한민국법이고, 을은 혼인 당시 Y국적자이므로 Y국법이 본국법으로 준거법이 된다.

3. 중혼이 혼인취소사유가 되는지 여부

사안의 경우 갑의 본국법인 대한민국법에 의하면 종혼은 혼인취소사유가 되나 을의 본국법인 Y국법에 의하면 중혼은 혼인취소사유가 되지 않는다. 혼인장애사유에는 일면적 장애사유와 쌍면적 장애사유가 있는데, 일방 당사자의 본국법상 쌍면적 장애사유가 존재하는 경우에는 상대방 당사자의 본국법상 그것이 쌍면적 장애사유가 아니더라도 혼인할 수 없다. 따라서 Y국법상 중혼이 혼인취소사유가 아니라 하더라도 갑의 본국법이 이를 허용하지 않기 때문에 중혼은 허용되지 않는다.

4. 결론

중혼은 비록 을은 본국법인 Y국법에 의하여는 혼인취소사유가 아니라 하더라도 중혼은 쌍면적 장애사유로서 일방 당사자의 본국법상 이를 불허하는 경우 혼인은 허용되지 않는다. 따라서 갑이 대한민국 법원에서 을의 중혼을 이유로 혼인취소소송을 제기한 경우 이 소송은 인용될 것이다.

1-1. 제63조 제2항 : 혼인의 방식

제63조(혼인의 성립)

② 혼인의 방식은 혼인을 한 곳의 법 또는 당사자 중 한쪽의 본국법에 따른다. 다만, 대한민국에서 혼인을 하는 경우에 당사자 중 한쪽이 대한민국 국민인 때에는 대한민국 법에 따른다.

- 혼인의 형식적 성립요건(방식)의 준거법을 혼인을 한 곳의 법과 당사자 중 한쪽의 본국법의 방식을 모두 유효한 것으로 규정(제2항)
  - 가급적 혼인이 유효하게 성립하도록 선택적 연결방식 채택 : 하나의 법률관계에 대하여 준거법을 복수로 정하고 그 중 하나의 준거법에서 정한 요건이 충족되면 그 법률관계의 성립을 인정하는 방법
  - 혼인의 방식이란 혼인의 신고나 혼인 의식 등 외부적 형식 요건을 의미
  - 법률행위의 방식에 관한 일반원칙(제31조)에 대한 특칙 : 방식요건 완화
  - 혼인 당사자 중 한쪽이 대한민국 국민이고 또한 그들이 대한민국에서 혼인하는 경우에는 대한민국 법에 따르도록 규정(제2항 단서)
  - 제2항 단서는 호적 실무상의 문제점을 해소하고, 가족관계에서의 법적 안정성이라는 공적 이익을 위하여 필요

대법원 2019. 12. 27. 선고 2018두55418 판결

국제사법에 의하면, 혼인의 성립요건은 각 당사자에 관하여 그 본국법에 의하고(제36조 제1항), 혼인의 방식은 혼인거행지법 또는 당사자 일방의 본국법에 의한다(제36조 제2항 본문). 이 규정은 우리나라 사람들 사이 또는 우리나라 사람과 외국인 사이의 혼인이 외국에서 거행되는 경우 그 혼인의 방식, 즉 형식적 성립요건은 그 혼인거행지의 법에 따라 정하여야 한다는 취지이고, 그 나라의 법이 정하는 방식에 따른 혼인절차를 마친 경우에는 혼인이 유효하게 성립하는 것이고 별도로 우리나라의 법에 따른 혼인신고를 하지 않더라도 혼인의 성립에 영향이 없으며, 당사자가 「가족관계의 등록 등에 관한 법률」 제34조, 제35조에 의하여 혼인신고를 한다 하더라도 이는 창설적 신고가 아니라 이미 유효하게 성립한 혼인에 관한 보고적 신고에 불과하다.

이러한 관련 규정과 법리에 비추어 앞서 본 사실관계를 살펴보면, 원고는 2006. 3. 30. 미국에서 그 나라의 법이 정하는 방식에 따른 혼인절차를 마침으로써 재혼의 효력이 발생하고 망인의 순직 관련 유족연금수급권을 상실하였으며, 그 후 원고가 매월 지급받은 월별 유족연금액은 '연금수급권 상실신고를 하지 않고 급여를 과다 지급받은 경우'로서 군인연금법 제15조에 의한 환수처분의 대상에 해당한다고 보아야 한다.

혼인의 무효와 취소

- 혼인의 실질적 성립요건의 흠결의 효과도 각각의 본국법에 따른다.
- 혼인의 방식이 준거법에 따른 방식을 갖추지 못한 경우 그 혼인의 효력 문제는 혼인의 방식의 준거법에 따라서 결정
- 사실혼존부확인의 준거법은 혼인의 방식의 준거법에 따른다.

2. 제64조 : 혼인의 일반적 효력

제64조(혼인의 일반적 효력) 혼인의 일반적 효력은 다음 각 호의 법의 순위에 따른다.
1. 부부의 동일한 본국법
2. 부부의 동일한 일상거소지법
3. 부부와 가장 밀접한 관련이 있는 곳의 법

(1) 준거법의 결정

- 혼인의 일반적 효력의 준거법을 결정함에 있어 단계적 연결 방법를 채택 : 하나의 법률관계에 적용될 수 있는 복수의 준거법이 단계적으로 순위가 정하여져 있는 경우의 연결 방법
- 1단계 부부의 동일한 본국법, 동일한 본국법이 없으면 2단계로 이국적 부부의 경우 부부의 동일한 일상거소지법, 동일한 일상거소지가 없으면 3단계로 부부와 가장 밀접한 관련이 있는 곳의 법
- 동일한 본국법은 제73조 부양의 공통의 본국법과 구별됨 : 당사자 중 복수국적자가 있는 경우에 실제적 차이 있음 : 복수국적자의 경우 동일한 본국법이 있기 위해서는 국제사법 제16조 제1항에 따라 결정된 본국법과 상대방의 본국법이 일치해야 하나, 공통 본국법이란 여러 국적 중 상대방과 공통되는 국적이 있을 경우 그 본국법을 의미한다.

(2) 준거법의 적용범위

- 제64조에 의하여 결정된 준거법은 부부재산제(제65조), 부부간 부양(제73조)를 제외한 혼인의 효력에 관한 모든 문제를 규율
- 동거의무 : 유무나 내용은 제64조 적용/ 동거의무위반이 이혼사유인지 여부는

제66조 적용

- 부양의무 : 제73조 적용
- 혼인에 의한 성년의제 : 제28조 제1항 2문 적용
- 일상가사대리권 : 제64조 적용설 vs 제65조 적용설
- 부부의 姓 : 제64조 적용
- 부부간의 계약 : 제64조 적용

3. 제65조 : 부부재산제

제65조(부부재산제) ① 부부재산제에 관하여는 제64조를 준용한다.

② 부부가 합의에 의하여 다음 각 호의 어느 하나에 해당하는 법을 선택한 경우 부부재산제는 제1항에도 불구하고 그 법에 따른다. 다만, 그 합의는 날짜와 부부의 기명날인 또는 서명이 있는 서면으로 작성된 경우에만 그 효력이 있다.

1. 부부 중 한쪽이 국적을 가지는 법
2. 부부 중 한쪽의 일상거소지법
3. 부동산에 관한 부부재산제에 대해서는 그 부동산의 소재지법

③ 대한민국에서 행한 법률행위 및 대한민국에 있는 재산에 관하여는 외국법에 따른 부부재산제로써 선의의 제3자에게 대항할 수 없다. 이 경우 외국법에 따를 수 없을 때에 제3자와의 관계에서 부부재산제는 대한민국 법에 따른다.

④ 제3항에도 불구하고 외국법에 따라 체결된 부부재산계약을 대한민국에서 등기한 경우에는 제3자에게 대항할 수 있다.

(1) 준거법의 결정

- 제1항 : 부부재산제에 대하여 혼인의 일반적 효력의 준거법과의 일치 : 제64조 규정 준용

- 부부의 동일한 본국법, 부부의 동일한 일상거소지법, 부부와 가장 밀접한 관련이 있는 곳의 법의 순서에 따른다.

- 제2항 : 당사자자치 원칙의 도입

- 당사자자치의 원칙을 도입하여 부부가 준거법을 선택하는 것을 허용하고, 준거법 선택 시에는 이를 우선적으로 적용하도록 하였다. 다만 부부재산제의 신분적 측면을 고려하여 준거법으로 선택할 수 있는 법의 범위를 제한하였다. : 3가지 법 중에서 준거법을 선택하도록 제한을 가하였다.

- 또한 선택의 방식에 명확성을 기하기 위하여 날짜와 기명날인 또는 서명이 있는 서면에 의하도록 하였다.

◉ 제3항, 제4항 : 내국 거래 보호 조항의 마련

- 준거법이 외국법인 경우 그 외국법에 의해 부부재산계약이 체결되고 그것이 한국에서 등기된 경우에는 이를 제3자에게 주장할 수 있다(제4항).
- 부부재산계약이 한국에서 등기되지 않았거나 또는 실제로 등기가 불가능한 경우에 외국법이 준거법이 된 경우에는 한국에서 행하여진 법률행위 및 한국에 있는 재산에 관하여 선의의 제3자에게 대항할 수 없도록 하였고, 선의의 제3자가 이를 주장할 때에는 그 외국법에 의할 수 없으므로 한국법에 따르도록 명시하고 있다(제3항).

내국 거래 보호 조항이 적용되는 사례

대한민국 국민 남편 甲과 A국민 부인이 헬레나가 혼인한 후 한국에 거주하면서 부부재산관계는 A국법에 의한다는 합의를 하였다. 남편이 혼인 후 취득하여 자신 명의로 등기한 한국 내 토지를 한국인 乙에게 매각하고 소유권이전등기를 하였다. A국법에 의하면 혼인 후 취득한 부동산은 부부의 공동재산이 되어 각각 2분의 1 지분을 갖는다. ① 헬레나가 乙을 상대로 한국법원에 소유권이전등기말소청구를 한 경우 乙이 선의라면 헬레나는 부부재산계약을 乙에게 대항할 수 없으므로 부부재산관계는 한국법에 따른다. ② 乙이 악의라면 A국법에 의한다(제65조 제3항).

만일 ③ 부부재산계약을 한국에서 등기하였다면 乙의 선악을 불문하고 헬레나는 乙에 대하여 A국법의 적용을 주장할 수 있다(제65조 제4항).

(2) 준거법의 적용범위

◉ 부부재산계약 : 부부재산계약의 가능성, 시기, 내용, 효력 등에 제65조 적용 다만 부부재산계약도 하나의 계약이므로 행위능력은 제28조 적용(제65조 적용설 있음), 법률행위 방식은 제31조 적용(제65조 적용설 있음)

◉ 부부재산계약이 허용되지 않는 경우 또는 부부재산계약을 체결하지 않은 경우 법정재산제에 의하는데 이 경우 제65조 적용

◉ 한쪽 당사자의 사망이나 이혼에 의한 부부재산제의 해소는 제65조 적용

4. 제66조 : 이혼

> 제66조(이혼) 이혼에 관하여는 제64조를 준용한다. 다만, 부부 중 한쪽이 대한민국에 일상거소가 있는 대한민국 국민인 경우 이혼은 대한민국 법에 따른다.

(1) 준거법의 결정

- 본문 : 이혼은 혼인관계의 해소이므로 혼인의 일반적 효력의 준거법 규정을 준용
- 단서 : 내국인조항의 신설
  - 부부 중 일방이 한국에 일상거소가 있는 한국인이 경우 대한민국법에 따른다.
  - 호적공무원의 실무상 어려움을 피하기 위함이다.
  - 실제적으로 한국법이 밀접한 관련이 있는 곳의 법이 되는 경우가 대부분이므로 정당성을 가진다.

(2) 준거법의 적용범위

- 이혼의 허용 여부는 제66조 적용

이혼을 금지하는 외국법의 문제

우리나라 여자가 필리핀인 남편을 상대로 이혼을 청구한 사건에서 이혼을 허용하지 않는 필리핀 민법이 우리나라의 공서에 반한다는 이유로 그 적용을 배척하고 우리나라 민법을 적용하였음 (서울가정법원)

*** 국제사법 제23조 적용문제**

- 이혼의 방법(협의이혼 or 재판상 이혼 등) : 제66조 적용
- 협의이혼의 방식 : 한국인 부부가 일본에서 이혼하는 경우 제31조 제2항에 따라 방식의 준거법인 이혼의 행위지법인 일본법에 의하면 법원의 확인 없이 당사자의 의사만으로 협의상 이혼이 성립한다는 문제 발생(우리나라의 경우 이혼 의사 확인 절차 있음). 따라서 이혼의 방식의 문제는 이혼의 실질적 성립요건으로 보아 이혼의 준거법에 따라야 함

- 어떠한 원인이 이혼의 원인인가 여부에 대하여 제66조 적용
- 이혼의 효력 : 유책배우자의 위자료와 이혼에 따른 재산분할 문제 제66조 적용
- 이혼 당사자 간의 부양의무는 제73조 제2항 특별규정 있다. (대한민국에서 이혼이 이루어지거나 승인된 경우에 이혼한 당사자 간의 부양의무는 이혼의 준거법에 따른다.)
- 이혼배우자의 성씨의 회복문제는 이혼의 준거법이 아닌 각자의 속인법에 따름 (처 자신의 본국법에 따름)(이혼의 준거법에 따른다는 견해 있음)
- 이혼에 따른 자녀의 양육문제 특히 양육권자의 지정과 면접교섭권 문제는 이혼의 효력 문제가 아니라 친자관계의 문제이므로 이혼의 준거법이 아니라 부모·자녀 간의 법률관계의 준거법(제72조)에 따른다는 것이 유력견해
- 자녀의 양육비는 제73조(부양)에 따름
- 이혼이 부부재산제에 미치는 효과는 부부재산제의 소멸에 관한 문제이므로 제65조 적용

기출문제

질문 乙이 甲을 상대로 제기한 이혼, 위자료, 재산분할, 부양 각 청구의 준거법은 무엇인가? (20점)

1. 문제의 소재

이혼 청구와 그에 부수되는 위자료, 재산분할, 부양 각 청구의 준거법이 문제된다.

2. 이혼의 준거법

이혼의 준거법은 ① 부부의 동일한 본국법, ② 부부의 동일한 상거소지법, ③ 부부와 가장 밀접한 관련이 있는 곳의 법의 순서로 단계적 연결에 의하고(제66조 본문, 제64조), 부부 중 일방이 대한민국에 상거소가 있는 대한민국 국민이면 대한민국법에 의한다(제66조 단서).

사안의 경우 乙이 혼인 전부터 현재까지 계속 대한민국에 거주하여 대한민국에 상거소가 있고, 乙이 대한민국 국민이므로, 제66조 단서에 따라 이혼의 준거법은 대한민국법이다(제66조 단서에 해당하므로 제66조 본문에 따라 제64조의 단

계적 연결을 검토할 필요는 없음).

3. 위자료, 재산분할의 준거법

유책배우자의 위자료와 재산분할과 같은 이혼에 따른 부수적 결과도 이혼의 준거법에 의함. 즉 제66조에 따른 이혼의 준거법인 대한민국법이 준거법이 됨.

4. 이혼 당사자 간 부양의 준거법

대한민국에서 이혼이 이루어지거나 승인된 경우에 이혼한 당사자 간의 부양의무는 제73조 제1항의 규정에 불구하고 그 이혼에 관하여 적용된 법에 의한다(제73조 제2항). 즉, 이혼 당사자 간 부양의무는 이혼의 준거법에 의한다. 다만, 부양권리자와 부양의무자가 모두 대한민국 국민이고, 부양의무자가 대한민국에 상거소가 있는 경우에는 대한민국법에 따른다(제73조 제4항).

사안의 경우 甲과 乙이 모두 대한민국 국민이기는 하나 부양의무자인 甲의 상거소가 대한민국이 아닌 미국 캘리포니아주에 있으므로 제73조 제4항은 적용이 없다. 따라서 甲의 乙에 대한 이혼 후 부양의무 문제는 제73조 제2항에 따라 이혼의 준거법인 대한민국법에 의한다.

5. 결론

이혼, 재산분할, 위자료, 부양 청구의 준거법은 모두 대한민국법이다.

(3) 관련문제

- 제66조에서 정하고 있는 이혼의 준거법(외국법이 이혼의 준거법인 경우)에 따라 유효하게 성립한 협의이혼은 우리나라에서도 승인된다.
- 외국의 이혼판결에 대해서도 민사소송법 제217조 1호 내지 3호 요건만 갖추면 우리나라에서 효력이 인정된다.
- 부모·자녀 관계의 문제는 친자관계 성립의 문제(제67조-제71조)와 효력의 문제(제72조)로 나뉜다.

  * 법률행위의 실질의 준거법은 성립의 준거법과 효력의 준거법이 재산적 법률행위에는 일치하나 신분적 법률행위에서는 일치하지 않는다.

5. 제67조 : 혼인 중의 부모·자녀관계

제67조(혼인 중의 부모·자녀관계) ① 혼인 중의 부모·자녀관계의 성립은 자녀의 출생 당시 부부 중 한쪽의 본국법에 따른다.
② 제1항의 경우에 남편이 자녀의 출생 전에 사망한 때에는 남편의 사망 당시 본국법을 그의 본국법으로 본다.

- 제1항 : 선택적 연결의 인정
  - 혼인 중의 부모·자녀관계의 성립을 용이하게 하기 위하여 국제사법은 부부의 본국법 중 어느 하나에 의해 혼인 중의 부모·자녀관계가 성립하면 이를 인정하는 선택적 연결 방법을 채택
  - 연결 시점은 가족관계의 안정을 위하여 가족관계가 성립되는 자녀의 출생 당시로 고정하였다.
- 친생부인의 문제에 제67조에 따른 준거법이 적용되는지 여부
  - 부모·자녀관계의 성립은 부인되지 않을 것을 전제로 하므로 당연히 부모·자녀관계의 부인을 포함한다고 해석
  - 그러나 해석에 있어 주의를 요함 : 부모·자녀관계의 성립에 대하여 선택적 연결을 채택한 취지를 고려하여 부부 중 한쪽의 본국법이 친생을 부인하더라도 다른 한쪽의 본국법이 부모·자녀관계의 성립을 인정하는 때에는 부모·자녀관계의 성립을 인정
- 혼인의 무효 또는 취소되는 경우 그 혼인에 의하여 태어난 자녀의 부모·자녀관계에 대하여는 제68조 적용(제67조는 유효한 혼인이 있는 경우에 부모·자녀관계의 성립에 적용되는 조항이므로)
- 제2항 : 자녀의 출생 전에 남편이 사망한 경우
  - 남편이 사망한 당시의 본국법을 남편의 본국법으로 간주하는 규정을 명시

6. 제68조 : 혼인 외의 부모·자녀관계

제68조(혼인 외의 부모·자녀관계) ① 혼인 외의 부모·자녀관계의 성립은 자녀의 출생 당시 어머니의 본국법에 따른다. 다만, 아버지와 자녀 간의 관계의 성립은 자녀의 출생 당시 아버지의 본국법 또는 현재 자녀의 일상거소지법에 따를 수 있다.

② 인지는 제1항에서 정하는 법 외에 인지 당시 인지자의 본국법에 따를 수 있다.
③ 제1항의 경우에 아버지가 자녀의 출생 전에 사망한 때에는 사망 당시 본국법을 그의 본국법으로 보고, 제2항의 경우에 인지자가 인지 전에 사망한 때에는 사망 당시 본국법을 그의 본국법으로 본다.

◉ 제1항
- 자녀의 출생 당시 어머니의 본국법을 원칙적인 준거법으로 한다.
- 아버지와 자녀 간의 관계의 성립은 관계의 성립을 용이하게 하기 위하여 어머니의 본국법에 추가하여 자녀의 출생 당시 아버지의 본국법과 현재 자녀의 일상거소지법의 선택적 연결을 허용(단서). 따라서 아버지와 자녀 간의 관계의 경우 어머니 또는 아버지의 본국법, 현재 자녀의 일상거소지법 삼자 중 어느 하나에 의해 아버지와 자녀 관계가 성립하면 족하다.

◉ 제2항 : 인지의 선택적 연결의 인정
- 가능한 쉽게 인지가 성립하도록 하기 위하여 제1항이 정하는 법뿐만 아니라 인지 당시 인지자의 본국법에 의하여도 인지가 가능하도록 선택적 연결 방법 채택
- 어머니가 인지하는 경우 ① 자녀의 출생 당시 어머니의 본국법과 ② 인지 당시 어머니의 본국법이 선택적으로 준거법이 되고,
- 아버지가 인지하는 경우 ① 자녀의 출생 당시 어미니의 본국법 또는 ② 자녀의 출생 당시 아버지의 본국법, ③ 현재 자녀의 일상거소지법과 ④ 인지 당시 아버지의 본국법이 선택적으로 준거법이 된다.

◉ 제3항 : 자녀의 출생 전에 아버지가 사망한 경우 또는 인지 전에 사망한 경우
- 자녀의 출생 전에 아버지가 사망한 경우 및 인지자가 인지 전에 사망한 경우를 대비하여 사망 당시 본국법을 그의 본국법으로 간주하는 규정이다.
  * 반면 자녀가 인지 받고 싶지 않을 경우를 대비하여 인지 당시 자녀의 본국법이 자녀 또는 제3자의 승낙이나 동의 등을 요건으로 하는 때에는 그 요건을 갖추지 못하면 인지할 수 없도록 하고 있다 (제71조).

◉ 인지의 준거법의 적용범위
- 인지의 성립 : 인지의 허용 여부, 인지능력, 인지에 필요한 일정한 자녀 또는 제3자의 동의 또는 승낙이 필요한지 여부, 유언인지와 사후인지의 허용 여부,

사후인지의 제소기간 등의 문제에 제68조 적용

- 인지의 효력 : 인지의 직접적 효력의 문제(인지된 자가 어떠한 신분을 취득하는가, 신분의 취득 시기는 언제인가 등)은 제68조 적용/ 인지의 간접적 효력의 문제(아버지 또는 어머니와 인지된 자녀 사이의 권리의무관계)는 제72조 적용
- 인지의 방식 : 제31조 적용. 유언에 의한 인지의 경우 유언의 방식 조항인 제78조 제3항 적용

7. 제69조 : 혼인 외의 출생자

제69조(혼인 외의 출생자) ① 혼인 외의 출생자가 혼인 중의 출생자로 그 지위가 변동되는 경우에 관하여는 그 요건인 사실의 완성 당시 아버지 또는 어머니의 본국법 또는 자녀의 일상거소지법에 따른다.

② 제1항의 경우에 아버지 또는 어머니가 그 요건인 사실이 완성되기 전에 사망한 때에는 아버지 또는 어머니의 사망 당시 본국법을 그의 본국법으로 본다.

- 제1항 : 선택적 연결의 인정

- 아버지 또는 어머니의 본국법 또는 자녀의 일상거소지법을 모두 선택적인 준거법으로 인정하여 되도록 성립되도록 함
- 연결 시점은 요건사실 완성 시

- 제2항 : 요건사실 완성 전에 당사자가 사망한 경우

- 사망 당시 본국법을 그의 본국법으로 간주하는 규정

- 인지와 마찬가지로 제71조에 의하여 자녀의 본국법이 자녀 또는 제3자의 승낙이나 동의를 요구하는 때에는 필요한 승낙이나 동의가 있어야 함

8. 제70조 : 입양 및 파양

제70조(입양 및 파양) 입양 및 파양은 입양 당시 양부모의 본국법에 따른다.

- 입양의 준거법으로 양부모의 본국법주의 채택

- 양자로 되어야 할 자녀의 보호를 위하여 자녀의 본국법이 자녀 또는 제3자의 승낙이나 동의 등을 요건으로 할 때에는 그 요건도 갖추어야 한다 (제71조).

- 입양과 파양의 준거법의 일치

◉ 준거법의 적용범위
- 입양의 실질적 성립요건 : 입양의 허용 여부, 입양당사자의 연령, 법원 허가 요부 등에 대해서 제70조 적용
- 입양의 방식 : 일반규정인 제31조 적용

◉ 부부에 의한 입양의 문제
- 일방의 본국법상 입양이 성립하지 않으면 부부공동입양은 성립하지 않고, 상대방의 본국법에 따른 단독 입양이 성립할 수 있을 뿐
- 이 경우 부부 일방의 본국법이 공동 입양이 아니면 입양할 수 없다고 규정하는 때에는 결국 단독 입양도 성립할 수 없다.

9. 제71조 : 동의

제71조(동의) 제68조부터 제70조까지의 규정에 따른 부모·자녀관계의 성립에 관하여 자녀의 본국법이 자녀 또는 제3자의 승낙이나 동의 등을 요건으로 할 때에는 그 요건도 갖추어야 한다.

◉ 가능한 부모·자녀관계의 성립을 용이하게 하기 위하여 선택적 연결 방법을 채택하였으나, 그것이 반드시 자를 위하는 것이라고 단정할 수 없어 만일 자녀의 본국법이 부모·자녀관계의 성립에 관하여 자녀 측의 동의 등을 요구한다면 그 요건도 갖추도록 규정

10. 제72조 : 부모·자녀 간의 법률관계

제72조(부모·자녀 간의 법률관계) 부모·자녀 간의 법률관계는 부모와 자녀의 본국법이 모두 동일한 경우에는 그 법에 따르고, 그 외의 경우에는 자녀의 일상거소지법에 따른다.

◉ 부모·자녀 간의 법률관계의 준거법의 결정 : 부모와 자녀가 모두 동일한 본국법을 가지고 있는 경우에는 그들의 본국법을 자녀의 일상거소지법에 우선하여 적용하도록 하였다.

◉ 부모·자녀 간의 법률관계의 준거법의 적용범위 : 혼인 중의 부모·자녀관계, 혼인 외의 부모·자녀관계, 양친자관계를 기초로 한 부모·자녀관계에 관한 사항. 구체적으로 친권자의 결정, 친권의 내용(법정대리인이 될 수 있는지 여부),

친권의 박탈, 자녀의 姓, 아동의 신상감호, 아동의 재산관리, 기타 친권의 효력 및 소멸 등에 적용

- 부부의 이혼에 따른 자녀의 친권자의 지정, 양육권자의 지정, 면접교섭권도 제72조가 정한 부모·자녀 간의 법률관계의 준거법에 따른다.
  * 미성년 자녀에 대한 부양의무(양육비)는 제73조 적용

- 부모·자녀 간의 법률관계의 준거법과 후견의 준거법의 관계 : 미성년자에 대한 친권의 문제는 제72조가 적용되고, 미성년자에 대한 후견은 제75조가 적용

11. 제73조 : 부양

제73조(부양) ① 부양의 의무는 부양권리자의 일상거소지법에 따른다. 다만, 그 법에 따르면 부양권리자가 부양의무자로부터 부양을 받을 수 없을 때에는 당사자의 공통 본국법에 따른다.
② 대한민국에서 이혼이 이루어지거나 승인된 경우에 이혼한 당사자 간의 부양의무는 제1항에도 불구하고 그 이혼에 관하여 적용된 법에 따른다.
③ 방계혈족 간 또는 인척 간의 부양의무와 관련하여 부양의무자는 부양권리자의 청구에 대하여 당사자의 공통 본국법에 따라 부양의무가 없다는 주장을 할 수 있으며, 그러한 법이 없을 때에는 부양의무자의 일상거소지법에 따라 부양의무가 없다는 주장을 할 수 있다.
④ 부양권리자와 부양의무자가 모두 대한민국 국민이고, 부양의무자가 대한민국에 일상거소가 있는 경우에는 대한민국 법에 따른다.

(1) 준거법의 결정

- 원칙적으로 부양의 준거법을 부양권리자의 일상거소지법으로 하고, 그 법에 의하면 부양권리자에게 부양청구권이 없는 경우 부양권리자와 부양의무자의 공통의 본국법에 따른다 (제1항).
- 공통의 본국법이란 당사자의 일방 또는 쌍방이 복수의 국적을 가진 경우 그 국적 중 공통되는 것이 있으면 그 국가의 법이 공통의 본국법

제64조 1호의 동일한 본국법과 제73조 제1항 및 제3항의 공통의 본국법의 구별

- 당사자 중 2개 이상의 복수국적자가 있는 경우 의미가 달라짐
- 동일한 본국법은 제3조 제1항에 의하여 결정된 그의 본국법과 상대방의 본국법이 일치

하여야 한다는 의미
- 공통의 본국법은 그의 여러 국적 중 상대방과 공통되는 국적이 있을 경우 그 본국법을 의미
- 남편이 한국과 미국국적을 가지고 있고, 부인은 미국국적을 가지고 있는 경우 제16조 제1항에 의하여 남편의 본국법은 한국법이 되므로 부부간에 동일한 본국법이 존재하지 않음/ 반면 부부간에 미국국적은 공통이므로 미국법이 공통 본국법이 됨

- 이혼시의 부양(제2항) : 대한민국에서 이혼이 이루어지거나 승인된 경우 이혼한 당사자 간의 부양의 의무는 그 이혼에 관하여 적용된 법에 의하도록 규정
- 국제사법에 따라 결정되는 이혼의 준거법이 아니라 실제로 이혼에 적용된 법률에 따름을 의미

- 방계혈족 또는 인척 간의 부양의무에 있어서의 부양의무자의 이의제기권(제3항) : 방계혈족 또는 인척 간의 부양의무의 경우에 부양의무자는 부양권리자의 청구에 대하여 당사자의 공통 본국법에 의하여 부양의무가 없다는 주장을 할 수 있으며, 그러한 법이 없는 때에는 부양의무자의 일상거소지법에 의하여 부양의무가 없다는 주장을 할 수 있다.

- 내국법이 적용되는 특례(제4항) : 부양권리자와 부양의무자가 모두 한국인이고 부양의무자가 한국에 상거소를 두는 경우 당사자의 신뢰와 예측가능성을 위해 한국법을 적용하도록 특별규정을 두었다.
  * 제22조 제2항 3호

(2) 준거법의 적용범위

- 부양의무의 존부, 부양의무자와 부양권리자의 범위, 부양의무발생의 요건, 부양의무의 정도와 방법, 부양의무의 존속기간과 소멸 등

12. 제74조 : 그 밖의 친족관계

제74조(그 밖의 친족관계) 친족관계의 성립 및 친족관계에서 발생하는 권리의무에 관하여 이 법에 특별한 규정이 없는 경우에는 각 당사자의 본국법에 따른다.

- 그 밖의 친족관계 : 법의 흠결에 대비한 규정

13. 제75조 : 후견

제75조(후견) ① 후견은 피후견인의 본국법에 따른다.

② 법원이 제61조에 따라 성년 또는 미성년자인 외국인의 후견사건에 관한 재판을 하는 때에는 제1항에도 불구하고 다음 각 호의 어느 하나에 해당하는 경우 대한민국 법에 따른다.

1. 피후견인의 본국법에 따른 후견개시의 원인이 있더라도 그 후견사무를 수행할 사람이 없거나, 후견사무를 수행할 사람이 있더라도 후견사무를 수행할 수 없는 경우
2. 대한민국에서 후견개시의 심판(임의후견감독인선임 심판을 포함한다)을 하였거나 하는 경우
3. 피후견인의 재산이 대한민국에 있고 피후견인을 보호하여야 할 필요가 있는 경우

(1) 준거법 결정

- 피후견인의 본국법주의 유지(제1항) : 성년자와 미성년자의 후견 모두에 관하여 통일적으로 본국법주의를 고수하였다.

(2) 한국법원의 예외적 관할의 확대(제2항)

- 세 가지 경우에 대한민국법에 의하도록 규정

- 1호에 따라 우리나라 법에 의하여 후견인이 선임된 경우 : 보충적 후견이므로 외국인의 본국법에 의하여 후견 개시의 원인이 소멸하거나 후견인이 선임되어 우리나라에서 후견 사무를 행할 수 있는 경우에는 우리나라 법에 의한 후견은 종료
- 2호에 따라 우리나라 법에 의하여 후견인이 선임된 경우 : 보충적 후견 아니므로 외국인의 본국법에 의하여 후견 개시의 원인이 소멸하거나 후견인이 선임되어 우리나라에서 후견 사무를 행할 수 있는 경우에도 우리나라 법에 의한 후견의 종료 원인이 없는 한, 우리나라 법에 의한 후견은 계속된다.

(3) 준거법의 적용범위

- 후견의 개시 원인, 후견인의 지정과 선임, 후견인의 권리와 의무, 후견의 종료 등 후견에 관한 모든 문제에 적용

제8장 상속

제1절 국제재판관할

제76조(상속 및 유언에 관한 사건의 관할) ① 상속에 관한 사건에 대해서는 다음 각 호의 어느 하나에 해당하는 경우 법원에 국제재판관할이 있다.

1. 피상속인의 사망 당시 일상거소가 대한민국에 있는 경우. 피상속인의 일상거소가 어느 국가에도 없거나 이를 알 수 없고 그의 마지막 일상거소가 대한민국에 있었던 경우에도 또한 같다.
2. 대한민국에 상속재산이 있는 경우. 다만, 그 상속재산의 가액이 현저하게 적은 경우에는 그러하지 아니하다.

② 당사자가 상속에 관한 사건에 대하여 제8조에 따라 국제재판관할의 합의를 하는 경우에 다음 각 호의 어느 하나에 해당하면 합의의 효력이 없다.

1. 당사자가 미성년자이거나 피후견인인 경우. 다만, 해당 합의에서 미성년자이거나 피후견인인 당사자에게 법원 외에 외국법원에도 소를 제기하는 것을 허용하는 경우는 제외한다.
2. 합의로 지정된 국가가 사안과 아무런 관련이 없거나 근소한 관련만 있는 경우

③ 상속에 관한 사건이 다음 각 호의 어느 하나에 해당하는 경우에는 제9조를 적용하지 아니한다.

1. 당사자가 미성년자이거나 피후견인인 경우
2. 대한민국이 사안과 아무런 관련이 없거나 근소한 관련만 있는 경우

④ 유언에 관한 사건은 유언자의 유언 당시 일상거소가 대한민국에 있거나 유언의 대상이 되는 재산이 대한민국에 있는 경우 법원에 국제재판관할이 있다.

⑤ 제1항에 따라 법원에 국제재판관할이 있는 사건의 경우에는 그 조정사건에 관하여도 법원에 국제재판관할이 있다.

- 제1항 : 상속의 경우 일상거소와 상속재산이 대한민국에 있는 경우 대한민국 법원에 관할 인정
- 제4항 : 유언 사건에 대한 특별관할 규정

- 제2항 : 상속에 관하여 관할합의 인정. 상속의 경우 재산법적 성격이 강하기 때문

- 제3항 : 상속에 관하여 변론관할 인정

제2절 준거법

1. 제77조 : 상속

> **제77조(상속)** ① 상속은 사망 당시 피상속인의 본국법에 따른다.
> ② 피상속인이 유언에 적용되는 방식에 의하여 명시적으로 다음 각 호의 어느 하나에 해당하는 법을 지정할 때에는 상속은 제1항에도 불구하고 그 법에 따른다.
> 1. 지정 당시 피상속인의 일상거소지법. 다만, 그 지정은 피상속인이 사망 시까지 그 국가에 일상거소를 유지한 경우에만 효력이 있다.
> 2. 부동산에 관한 상속에 대해서는 그 부동산의 소재지법

(1) 준거법의 결정

- 피상속인의 본국법주의를 채택하되, 제한된 범위 내에서 당사자자치 원칙 도입

- 피상속인의 본국법주의와 상속통일주의의 유지(제1항) : 상속 대상이 부동산인가, 동산인가, 법정상속인가 유언상속인가에 관계없이 사망 당시의 본국법을 준거법으로 한다.
  - 실종선고에 의하여 상속이 개시되는 경우에는 실종선고 당시의 본국법에 따른다.

- 당사자자치 원칙의 제한적 도입(제2항) : 상속은 신분적 측면뿐만 아니라 재산적 측면도 가지고 있으므로 피상속인의 상속준거법의 선택을 명시적으로 허용하였으나, 이해관계 있는 제3자의 권리를 침해할 위험이 있는 점 등을 고려하여 제한적으로 허용
  - 자신의 일상거소가 있는 국가의 법을 선택할 수 있음(제2항 1호). 다만 사망 시에도 피상속인의 일상거소는 그 곳에 유지되어야 한다.
  - 부동산 상속의 경우 그 소재지법을 선택할 수 있음(제2항 2호)
  - 준거법의 선택의 방식은 피상속인의 유언에 적용되는 방식이어야 함. 따라서

이는 제78조 제3항에 규정된 방식에 부합하는 것이어야 한다.

- 당사자가 제2항에 따라 상속의 준거법을 선택한 경우에는 제22조 외국법에 따른 대한민국 법의 적용(구반정)은 불허용(제22조 제2항 제1호)

- 피상속인이 부동산 상속에 관하여 부동산 소재지법을 선택하고, 동법이 피상속인의 사망 당시 본국법과 상이한 경우 부동산과 그 밖의 상속재산은 각각 별개의 상속재산인 것처럼 법적으로 상호 독립하여 각각의 준거법에 따라 상속된다.

(2) 준거법의 적용범위

- 상속의 개시 : 상속개시의 원인, 시기에 대하여 상속의 준거법 적용. 그러나 제24조에 의하여 외국인이 우리나라 법원에서 실종선고 받은 경우 한국에 있는 재산에 관한 상속의 개시 여부 및 시기 등은 우리나라 법에 따른다.

- 상속회복청구권에 관한 문제, 즉 상속회복청구권의 당사자, 상속회복청구권의 효력 등은 상속의 준거법에 따른다.

- 상속인 : 상속인이 될 수 있는 자의 범위, 상속인의 상속능력, 상속순위, 상속결격사유, 태아의 상속능력 등에 대하여 상속의 준거법 적용. 그러나 상속인이 되기 위한 요건으로서 피상속인과 친자관계, 혼인관계 등은 선결문제로서 해결

- 상속재산 : 상속재산의 구성과 이전 등에 대하여 상속의 준거법 적용. 그러나 개별 재산의 준거법이 상속재산으로 인정하지 않을 경우에는 상속재산에서 제외 (개별준거법은 총괄준거법을 깨뜨린다.)

- 상속의 승인 및 포기 : 상속의 준거법에 따른다.

- 상속분·유류분 : 상속의 준거법에 따른다.

- 상속인의 부존재 : 상속설(상속인이 없는 재산의 국고귀속은 상속재산에 관한 문제이므로 상속의 준거법에 따라야 함) vs 선점설(피상속인의 속인법을 적용할 이유가 없으므로 속지법인 재산소재지법에 따라야 함) 국고귀속은 상속과 성질을 달리하므로 선점설 타당

- 사인증여 : 채권계약의 준거법 적용설과 상속의 준거법 적용설이 대립. 법률관

계의 성질결정의 문제인데 사인증여에 따른 상속인의 의무에 유증에 관한 규정이 적용되고, 사인증여도 결국 증여자 사후의 재산에 대한 처리 문제라는 점에서 볼 때 상속의 준거법을 적용하는 것이 타당

2. 제78조 : 유언

제78조(유언) ① 유언은 유언 당시 유언자의 본국법에 따른다.
② 유언의 변경 또는 철회는 그 당시 유언자의 본국법에 따른다.
③ 유언의 방식은 다음 각 호의 어느 하나의 법에 따른다.
1. 유언자가 유언 당시 또는 사망 당시 국적을 가지는 국가의 법
2. 유언자의 유언 당시 또는 사망 당시 일상거소지법
3. 유언 당시 행위지법
4. 부동산에 관한 유언의 방식에 대해서는 그 부동산의 소재지법

(1) 총설

● 유언은 의사표시의 한 형식으로서의 유언 자체의 성립 및 효력의 문제와/ 유언이라는 의사표시를 통해서 당사자가 실현하고자 하는 법률행위(인지나 후견인의 지정 또는 유증 등)의 성립 및 효력의 문제로 구분되어 논의된다.
- 제78조 제1항은 유언 자체의 성립 및 효력에만 적용
- 유언을 통해 실현하고자 하는 법률행위에 적용될 준거법의 확정에는 각각의 법률행위의 준거법에 관한 규정이 적용 (인지 : 제68조 제2항, 후견인의 지정 : 제75조, 유증 : 제77조 제2항, 유언에 의하여 법정상속에 따른 효과 변경 가능 여부 : 제77조 적용)

(2) 유언의 성립과 효력

● 본국법주의와 불변경주의 채택(제1항)
- 유언 성립 당시의 유언자의 본국법주의를 채택
- 불변경주의 : 유언자가 유언을 한 후에 국적을 변경한 때에도 유언 당시의 본국법이 준거법이 된다는 의미
- 유언의 성립은 유언능력, 유언의 의사표시의 하자 등을 의미, 유언의 효력은 의사표시로서의 유언의 효력 발생 시기를 의미하는 것으로 유언의 실질적 문

제는 포함하지 않는다.

- 유언의 변경 또는 철회(제2항)
- 유언의 변경 또는 철회는 그 당시 유언자의 본국법에 따른다.
- 유언의 철회는 이미 유효하게 성립한 유언을 임의로 철회하는 것을 의미하기 때문에 유언의사의 하자로 인하여 취소되는 경우는 포함되지 않는다.

(3) 유언의 방식

- 유언의 방식의 준거법의 확장(제3항)
- 유언의 방식에 관하여는 가능한 한 유언이 방식상 유효한 것으로 하기 위하여 관련된 여러 법 중 어느 하나의 방식요건을 충족하면 유효한 것으로 한다.
- ① 유언자가 유언 당시 또는 사망 당시 국적을 가지는 국가의 법, ② 유언자의 유언 당시 또는 사망 당시 상거소지법, ③ 유언당시 행위지법, ④ 부동산에 관한 유언의 방식에 대하여는 그 부동산의 소재지법 중 어느 하나의 법에 따르면 된다.
- 유언의 방식의 준거법이 지정되는 경우 제22조 외국법에 따른 대한민국 법의 적용(구반정)은 불허(제22조 제2항 4호)

제9장 어음·수표

제1절 국제재판관할

第79條(어음·수표에 관한 소의 특별관할) 어음·수표에 관한 소는 어음·수표의 지급지가 대한민국에 있는 경우 법원에 제기할 수 있다.

제2절 준거법

第80條(행위능력) ① 환어음, 약속어음 및 수표에 의하여 채무를 부담하는 자의 능력은 그의 본국법에 따른다. 다만, 그 국가의 법이 다른 국가의 법에 따르도록 정한 경우에는 그 다른 국가의 법에 따른다.

② 제1항에 따르면 능력이 없는 자라 할지라도 다른 국가에서 서명을 하고 그 국가의 법에 따라 능력이 있을 때에는 그 채무를 부담할 수 있는 능력이 있는 것으로 본다.

- 제1항 : 본국법주의
- 제2항 : 본국법주의의 예외(행위지법주의)
- 제3항 : 반정의 허용. 전정을 포함한 반정을 포함한 유일한 규정

第81條(수표지급인의 자격) ① 수표지급인이 될 수 있는 자의 자격은 지급지법에 따른다.

② 지급지법에 따르면 지급인이 될 수 없는 자를 지급인으로 하여 수표가 무효인 경우에도 동일한 규정이 없는 다른 국가에서 한 서명으로부터 생긴 채무의 효력에는 영향을 미치지 아니한다.

第82條(방식) ① 환어음·약속어음의 어음행위 및 수표행위의 방식은 서명지법에 따른다. 다만, 수표행위의 방식은 지급지법에 따를 수 있다.

② 제1항에서 정한 법에 따를 때 행위가 무효인 경우에도 그 후 행위지법에 따라 행위가 적법한 때에는 그 전 행위의 무효는 그 후 행위의 효력에 영향을 미치지 아니한다.

③ 대한민국 국민이 외국에서 한 환어음·약속어음의 어음행위 및 수표행위의 방식이 행위지법에 따르면 무효인 경우에도 대한민국 법에 따라 적법한 때에는 다른 대한민국 국민에 대하여 효력이 있다.

- 제1항 : 행위지법 원칙
- 제2항 : 어음·수표행위의 독립성. 어음·수표의 유통성을 보호하기 위한 규정
- 제3항 : 대한민국 국민 간의 어음·수표행위의 특칙

제83조(효력) ① 환어음의 인수인과 약속어음의 발행인의 채무는 지급지법에 따르고, 수표로부터 생긴 채무는 서명지법에 따른다.
② 제1항에 규정된 자 외의 자의 환어음·약속어음에 의한 채무는 서명지법에 따른다.
③ 환어음, 약속어음 및 수표의 상환청구권을 행사하는 기간은 모든 서명자에 대하여 발행지법에 따른다.

- 인수인과 발행인의 의무 : 지급지법. 수표로부터 생긴 채무는 서명지법
- 기타 서명자의 의무 : 서명지법
- 상환청구권행사기간 : 발행지법

제84조(원인채권의 취득) 어음의 소지인이 그 발행의 원인이 되는 채권을 취득하는지 여부는 어음의 발행지법에 따른다.

제85조(일부인수 및 일부지급) ① 환어음의 인수를 어음 금액의 일부로 제한할 수 있는지 여부 및 소지인이 일부지급을 수락할 의무가 있는지 여부는 지급지법에 따른다.
② 약속어음의 지급에 관하여는 제1항을 준용한다.

제86조(권리의 행사·보전을 위한 행위의 방식) 환어음, 약속어음 및 수표에 관한 거절증서의 방식, 그 작성기간 및 환어음, 약속어음 및 수표상의 권리의 행사 또는 보전에 필요한 그 밖의 행위의 방식은 거절증서를 작성하여야 하는 곳 또는 그 밖의 행위를 행하여야 하는 곳의 법에 따른다.

제87조(상실·도난) 환어음, 약속어음 및 수표의 상실 또는 도난의 경우에 수행하여야 하는 절차는 지급지법에 따른다.

제88조(수표의 지급지법) 수표에 관한 다음 각 호의 사항은 수표의 지급지법에 따른다.

1. 수표가 일람출급(一覽出給)이 필요한지 여부, 일람 후 정기출급으로 발행할 수 있는지 여부 및 선일자수표(先日字手標)의 효력
2. 제시기간
3. 수표에 인수, 지급보증, 확인 또는 사증을 할 수 있는지 여부 및 그 기재의 효력
4. 소지인이 일부지급을 청구할 수 있는지 여부 및 일부지급을 수락할 의무가 있는지 여부
5. 수표에 횡선을 표시할 수 있는지 여부 및 수표에 "계산을 위하여"라는 문구 또는 이와 동일한 뜻이 있는 문구의 기재의 효력. 다만, 수표의 발행인 또는 소지인이 수표면에 "계산을 위하여"라는 문구 또는 이와 동일한 뜻이 있는 문구를 기재하여 현금의 지급을 금지한 경우에 그 수표가 외국에서 발행되고 대한민국에서 지급하여야 하는 것은 일반횡선수표의 효력이 있다.
6. 소지인이 수표자금에 대하여 특별한 권리를 가지는지 여부 및 그 권리의 성질
7. 발행인이 수표의 지급위탁을 취소할 수 있는지 여부 및 지급정지를 위한 절차를 수행할 수 있는지 여부
8. 배서인, 발행인, 그 밖의 채무자에 대한 상환청구권 보전을 위하여 거절증서 또는 이와 동일한 효력을 가지는 선언이 필요한지 여부

제10장 해상

제1절 국제재판관할

1. 제89조 : 선박소유자등의 책임제한사건의 관할

제89조(선박소유자등의 책임제한사건의 관할) 선박소유자·용선자(傭船者)·선박관리인·선박운항자, 그 밖의 선박사용인(이하 "선박소유자등"이라 한다)의 책임제한사건에 대해서는 다음 각 호의 어느 하나에 해당하는 곳이 대한민국에 있는 경우에만 법원에 국제재판관할이 있다.

1. 선박소유자등의 책임제한을 할 수 있는 채권(이하 "제한채권"이라 한다)이 발생한 선박의 선적(船籍)이 있는 곳
2. 신청인인 선박소유자등에 대하여 제3조에 따른 일반관할이 인정되는 곳
3. 사고발생지(사고로 인한 결과 발생지를 포함한다)
4. 사고 후 사고선박이 최초로 도착한 곳
5. 제한채권에 의하여 선박소유자등의 재산이 압류 또는 가압류된 곳(압류에 갈음하여 담보가 제공된 곳을 포함한다. 이하 "압류등이 된 곳"이라 한다)
6. 선박소유자등에 대하여 제한채권에 근거한 소가 제기된 곳

2. 제90조 : 선박 또는 항해에 관한 소의 특별관할

제90조(선박 또는 항해에 관한 소의 특별관할) 선박소유자등에 대한 선박 또는 항해에 관한 소는 선박이 압류 등이 된 곳이 대한민국에 있는 경우 법원에 제기할 수 있다.

- 선박 자체를 목적으로 하거나 선박으로 말미암은 법률관계에 관한 소(선박에 관한 소) 또는 선박을 항해에 제공함으로써 생기는 모든 법률관계의 소(항해에 관한 소)에 관하여 압류 등이 된 곳에 특별관할 인정

3. 제91조 : 공동해손에 관한 소의 특별관할

제91조(공동해손에 관한 소의 특별관할) 공동해손(共同海損)에 관한 소는 다음 각 호의 어느 하나에 해당하는 곳이 대한민국에 있는 경우 법원에 제기할 수 있다.

1. 선박의 소재지
2. 사고 후 선박이 최초로 도착한 곳
3. 선박이 압류등이 된 곳

4. 제92조 : 선박충돌에 관한 소의 특별관할

제92조(선박충돌에 관한 소의 특별관할) 선박의 충돌이나 그 밖의 사고에 관한 소는 다음 각 호의 어느 하나에 해당하는 곳이 대한민국에 있는 경우 법원에 제기할 수 있다.

1. 가해 선박의 선적지 또는 소재지
2. 사고 발생지
3. 피해 선박이 사고 후 최초로 도착한 곳
4. 가해 선박이 압류 등이 된 곳

5. 제93조 : 해난구조에 관한 소의 특별관할

제93조(해난구조에 관한 소의 특별관할) 해난구조에 관한 소는 다음 각 호의 어느 하나에 해당하는 곳이 대한민국에 있는 경우 법원에 제기할 수 있다

1. 해난구조가 있었던 곳
2. 구조된 선박이 최초로 도착한 곳
3. 구조된 선박이 압류 등이 된 곳

해상 관할 관련 개정안의 특징

① 선박의 가압류에 근거한 본안에 대한 관할 즉 일종의 가압류관할을 인정

- 개정안 제5조 2호 단서 제한 없이 선박이 가압류된 곳에 본안의 관할을 인정함으로써 분쟁 해결의 실효성을 충분히 확보하기 위한 것

② 제3조에 따라 선적지가 주된 사무소·영업소 소재지, 경영 중심지 또는 법인·단체의 설립준거법 소속국이라면 일반관할이 인정됨

제2절 준거법

1. 제94조 : 해상

제94조(해상) 해상에 관한 다음 각 호의 사항은 선적국법에 따른다.

1. 선박의 소유권 및 저당권, 선박우선특권, 그 밖의 선박에 관한 물권
2. 선박에 관한 담보물권의 우선순위
3. 선장과 해원(海員)의 행위에 대한 선박소유자의 책임범위
4. 선박소유자등이 책임제한을 주장할 수 있는지 여부 및 그 책임제한의 범위
5. 공동해손
6. 선장의 대리권

(1) 선적국법주의

◎ 해상에 관한 여섯 가지 사항에 대하여는 선적국법에 따른다.

- 선박우선특권의 성립 여부와 일정한 채권이 선박우선특권에 의하여 담보되는지 여부 및 선박우선특권이 미치는 대상의 범위는 국제사법 제94조 1호에 따라 선적국법이 준거법이 되는 것이고 이는 그 선박이 선적국이 아니라 다른 국가에 나용선[2]등록을 하고 있는 경우라고 하여 달라지지 않는다는 결정이 있다(대법원 2014. 11. 27.자 2014마1099 결정).
- 선적국의 헌법에 '국제조약과 국내법이 상이할 경우 국제조약이 우선한다.'는 규정이 있는 경우에는 선박우선특권에 관하여 그 국제조약이 선적국의 국내법에 우선하여 적용된다는 결정이 있다(대법원 2014. 10. 2.자 2013마1518 결정).
- 제43조 근로계약 관련 선원근로계약에 관하여는 선적국의 선원이 일상적으로 노무를 제공하는 국가로 볼 수 있다고 판시한 바 있다.

◎ 선적국이란 선박의 등록국

- 편의치적의 경우 국제사법 제21조에 따라 편의치적국의 법 대신에 가장 밀접한 관련이 있는 국가의 법이 준거법으로 적용될 수 있다.

---

2) 선박 임대차 계약의 일종으로, 선주가 선박 자체만을 일정 기간 용선자에게 대여하고 임차인인 용선자가 선장 이하 모든 선원의 임명과 해임, 지휘, 감독을 담당함으로써 선박을 점유하는 계약

대법원 2014.12.24. 선고 2014다27128 판결

선박우선특권의 성립 여부, 일정한 채권이 선박우선특권에 의하여 담보되는지 여부 및 선박우선특권이 미치는 대상의 범위는 국제사법 제60조 제1호에 따라 선적국의 법이 준거법이 된다.

대법원 2014.12.11. 선고 2013다203451 판결

몰타국 상선법이 선박우선특권이 인정되는 피담보채권의 범위를 법률에 명시된 것으로 엄격하게 제한하면서, 공급품 등 구입을 위한 계약의 경우 선박우선특권을 발생시킬 수 있는 당사자의 범위를 '선주, 선장 또는 선주로부터 권한을 부여받은 대리인'으로 한정하고 있는 것은 선박소유자의 의사에 의하지 않은 거래로 말미암아 선박에 우선특권이 성립되어 선박소유자나 선박저당권자 등의 이익을 해하는 것을 방지하고, 채권자와 선박소유자의 이익 사이에 합리적인 균형을 도모하기 위하여 법에 명문으로 규정된 당사자가 계약을 체결한 경우에만 그 계약으로부터 발생한 채권을 선박우선특권으로 보호하기 위한 취지라고 보아야 할 것이므로, 선박의 용선자가 체결한 계약으로부터 발생한 채권은 특별한 사정이 없는 한 몰타국 상선법 제50조 m호에 의하여 선박우선특권으로 담보되는 채권에 해당한다고 볼 수 없다.

(2) 제22조 외국법에 따른 대한민국 법의 적용 불허

- 제22조 제2항 5호에서 선적국법이 지정되는 경우에 제22조 제1항 적용 불허

2. 제95조 : 선박충돌

제95조(선박충돌) ① 개항(開港)·하천 또는 영해에서의 선박충돌에 관한 책임은 그 충돌지법에 따른다.

② 공해에서의 선박충돌에 관한 책임은 각 선박이 동일한 선적국에 속하는 경우에는 그 선적국법에 따르고, 각 선박이 선적국을 달리하는 경우에는 가해선박의 선적국법에 따른다.

(1) 개항·하천 또는 영해에서의 선박충돌

- 제1항 : 불법행위의 준거법에 관한 규정인 제52조의 예에 따라 불법행위지법 즉 충돌지법이 준거법으로 적용되도록 하였다. : 영해의 경우

- 불법행위의 일종이나 특칙 제95조가 존재

(2) 공해에서의 선박충돌

- 제2항 : 각 선박이 동일한 선적국에 속하는 때에는 동일 선적국법이, 각 선박

이 선적국을 달리하는 때에는 가해 선박 선적국법이 준거법으로 적용되도록 하였다. : 공해의 경우

3. 제96조 : 해난구조

> **제96조(해난구조)** 해난구조로 인한 보수청구권은 그 구조행위가 영해에서 있는 경우에는 행위지법에 따르고, 공해에서 있는 때에는 구조한 선박의 선적국법에 따른다.

- 해양사고구조는 본질적으로 사무관리의 한 형태
- 해양사고구조란 항해선 또는 그 적하 그 밖의 물건이 어떠한 수면에서 위난에 조우한 경우에 의무 없이 이를 구조하는 행위
- 사무관리의 일종이나 특칙 제96조가 존재

제2부 CISG

CISG 개관

1. 국제물품매매계약에 관한 UN협약의 탄생

- 국제물품매매는 2개 국가 이상이 관련되는 경우가 대부분이므로 그 거래에 관하여 당사자 사이에 분쟁이 발생할 경우 어느 국가의 법을 적용할 것인가에 대한 문제가 발생하였다.
- 어느 국가의 법이 적용될 것인지에 대한 당사자 간의 분쟁과 불안을 해결하기 위하여 국제물품매매를 규율하는 통일된 실질법을 제정할 필요성이 제기되어 왔다.
- 이러한 필요성에 따라 UN은 1966년 12월 UN국제상거래법위원회(UNCITRAL)을 설립하게 되었다.
  - UNCITRAL에서 국제물품매매계약에 관한 협약의 초안을 마련하였다.
  - UN은 1980년 4월에 그 초안을 협약으로 채택하였다.
  - 우리나라는 2004년에 가입서를 UN사무총장에게 기탁하여 그로부터 1년의 유예기간이 경과한 2005년에 위 협약이 발효되었다. 따라서 협약은 우리나라 민법과 상법의 특별법으로서의 지위를 가진다.
  - 대표적인 국가 중 영국은 이 협약에 가입하지 않았다. : 이러한 국가를 비체약국이라고 부른다.

2. CISG의 구성과 특징

- CISG는 전문과 4개의 편과 101개의 조문으로 구성되어 있다.

전문

제1편 적용범위와 총칙 (제1조-제13조)

제1장 적용범위(제1조-제6조)

제2장 총칙(제7조-제13조)

제2편 계약의 성립 (제14조-제24조)

제3편 물품의 매매 (제25조-제88조)

제1장 총칙(제25조-제29조)

제2장 매도인의 의무(제30조-제52조)

제1절 물품의 인도와 서류의 교부(제31조-제34조)

제2절 물품의 적합성과 제3자의 권리주장(제35조-제44조)

제3절 매도인의 계약위반에 대한 구제(제45조-제52조)

제3장 매수인의 의무(제53-제65조)

제1절 대금의 지급(제54조-제59조)

제2절 인도의 수령(제60조)

제3절 매수인의 계약위반에 대한 구제(제61조-제65조)

제4장 위험의 이전(제66조-제70조)

제5장 매도인과 매수인의 의무에 공통되는 규정(제71조-제88조)

제1절 이행기 전의 계약위반과 분할인도계약(제71조-제73조)

제2절 손해배상액(제74조-제77조)

제3절 이자(제78조)

제4절 면책(제79조-제80조)

제5절 해제의 효력(제81조-제84조)

제6절 물품의 보관(제85조-제88조)

제4편 최종 규정 (제89조-제101조)

후문

- CISG는 직접법이고 실체법. 적용될 실체법을 지정해 주는 국제사법과 다르다.

제1편 적용범위와 총칙

제1장 적용범위

1. 협약이 적용되기 위한 공통요건

① 국제성, ② 물품성, ③ 매매계약성(3가지는 적극적 요건), ④ 협약 적용 배제 합의가 없을 것(소극적 요건)

(1) 국제성 : 첫 번째 요건

제1조

(1) 이 협약은 다음의 경우에, 영업소가 서로 다른 국가에 있는 당사자 간의 물품매매계약에 적용된다.

- 국제성의 판단기준 : 협약은 국제성에 대하여 제1조 제1항에서 '당사자의 영업소가 서로 다른 국가에 소재할 것'이라고 규정함으로써 영업소를 판단기준으로 제시하고 있다.

- 협약에는 영업소의 개념을 정의한 규정은 없음. 통상의 영업 거래를 위한 정규적인 장소를 의미하는 것으로 이해할 것. 따라서 호텔 객실과 같이 상담 또는 협상을 하는 동안 일시적으로 체류하는 곳을 영업소라고 볼 수는 없다. (설령 그 장소에서 수개월 체류한다 하여도) - 기출
- 협약에는 영업소의 정의 규정은 없으나, 복수의 영업소가 있는 등의 경우에 대하여 규정하고 있다(제10조).

제10조

이 협약의 적용상,

(가) 당사자 일방이 둘 이상의 영업소를 가지고 있는 경우에는, 계약 체결 전이나 그 체결 시에 당사자 쌍방에 알려지거나 예기된 상황을 고려하여 계약 및 그 이행과 가장

밀접한 관련이 있는 곳이 영업소가 된다.
(나) 당사자 일방이 영업소를 가지고 있지 아니한 경우에는 그의 상거소를 영업소로 본다.

- 당사자에게 복수의 영업소가 있는 경우 계약 체결 전이나 그 체결시에 당사자 쌍방에 알려지거나 예기된 상황을 고려하여 계약 및 그 이행과 가장 밀접한 관련이 있는 영업소가 그 해당 거래에 있어서의 영업소가 된다(제10조(가)).
- 예를 들어 매도인은 대한민국과 폴란드에 각각 영업소를 두고 있는 한편 매수인은 폴란드에 영업소를 두고 있는 경우에 ① 계약 및 그 이행과 가장 밀접한 관련이 있는 매도인의 영업소가 폴란드에 있는 영업소인 경우에는 이 건 계약 당사자들의 영업소는 모두 폴란드에 있는 것이므로 영업소가 서로 다른 국가에 있는 것이 아니므로 CISG가 적용되지 않는다. ② 만약 계약 및 그 이행과 가장 밀접한 관련이 있는 매도인의 영업소가 대한민국에 있는 영업소인 경우에는 영업소가 서로 다른 국가에 있는 것이므로 국제성 요건을 충족하여(다른 나머지 세 가지 요건을 충족한다면) CISG가 적용된다.

- 당사자가 하나의 영업소도 가지고 있지 아니한 경우에는 그의 상거소를 영업소로 본다(제10조(나)).

- 당사자가 서로 다른 국가에 영업소를 가지고 있다는 사실은 계약 체결 당시 또는 그 이전에 나타나 있는 것이어야 한다(제1조 제2항). : 국제성의 가시성
- 국제성의 가시성이란 계약 체결 후에 그러한 사정이 밝혀진 경우에는 CISG를 적용하지 않도록 하는 것. 이는 CISG가 적용됨을 예상할 수 없었던 당사자의 신뢰를 보호하기 위한 규정

제1조
(1) 이 협약은 다음의 경우에, 영업소가 서로 다른 국가에 있는 당사자간의 물품매매계약에 적용된다.
(2) 당사자가 서로 다른 국가에 영업소를 가지고 있다는 사실은, 계약으로부터 또는 계약 체결 전이나 그 체결 시에 당사자 간의 거래나 당사자에 의하여 밝혀진 정보로부터 드러나지 아니하는 경우에는 고려되지 아니한다.

(2) 물품 : 두 번째 요건

- 협약에는 물품에 대한 정의 조항은 없다. 일반적으로 유체동산을 의미한다.

(3) 매매계약성 : 세 번째 요건

- 제2조의 매매에 해당하지 않아야 한다.

- 제작물 공급계약 : 협약은 물품을 제조하거나 생산하여 공급하는 계약에 대해서도 기성품의 경우와 같이 매매계약으로 본다(제3조 제1항 본문). /그러나 물품을 주문한 당사자가 그 제조 또는 생산에 필요한 재료의 중요한 부분을 공급하는 경우에는 매매보다는 도급적 성격이 강하므로 협약 적용되지 않는다(제3조 제1항 단서).

- 노무 또는 서비스 공급계약 : 이 협약은 매매계약에 적용되는 것이므로 물품을 공급하는 당사자의 의무의 주된 부분이 노무 또는 서비스의 공급계약에는 적용되지 않는다 (제3조 제2항).
- 조립라인의 설치나 설비건설계약 또는 기계설치 및 그 운용을 위한 장기간의 매수인측 종업원의 교육과 같이 노무 또는 서비스의 가치가 공급물품의 가치보다 큰 경우에는 협약 적용되지 않는다 (기출).
- 여기서 '주된 부분'이란 적어도 50% 이상의 가치를 가지는 경우를 의미

제3조

(1) 물품을 제조 또는 생산하여 공급하는 계약은 이를 매매로 본다. /다만, 물품을 주문한 당사자가 제조 또는 생산에 필요한 재료의 중요한 부분을 공급하는 경우에는 그러하지 아니한다.

(2) 이 협약은 물품을 공급하는 당사자의 의무의 주된 부분이 노무 그 밖의 서비스의 공급에 있는 경우에는 적용되지 아니한다.

(4) 협약 적용 배제 합의가 없을 것 : 네번째 요건

- 협약이 적용되기 위해서는 소극적 공통요건으로서 당사자 간에 협약의 적용을 배제하기로 하는 합의가 없어야 한다 (제6조).
- 당사자는 합의에 의하여 협약을 전체적으로 적용 배제할 수도 있고, 일부만 적용 배제할 수 있으나, 제12조의 예외가 존재한다.
- 당사자가 매매계약의 체결 또는 입증을 서면에 의하도록 한 체약국(협약 제96조에 따라 유보선언을 한 체약국)에 영업소를 가지고 있는 경우에는 매매계약의 체결 또는 입증을 서면 이외의 방법으로 할 수 있도록 하는 합의는 하지 못한다 (제12조).

제6조
당사자는 이 협약의 적용을 배제할 수 있고, 제12조에 따를 것을 조건으로 하여 이 협약의 어떠한 규정에 대하여도 그 적용을 배제하거나 효과를 변경할 수 있다.

제12조
매매계약, 합의에 의한 매매계약의 변경이나 종료, 청약·승낙 그 밖의 의사표시를 서면 이외의 방법으로 할 수 있도록 허용하는 이 협약 제11조, 제29조 또는 제2편은 당사자가 이 협약 제96조에 따라 유보선언을 한 체약국에 영업소를 가지고 있는 경우에는 적용되지 아니한다. 당사자는 이 조를 배제하거나 그 효과를 변경할 수 없다.

당사자자치와 협약의 적용

- 당사자가 비체약국법(예를 들어 영국법 등)을 국제물품매매계약의 준거법으로 지정한 경우 협약의 적용은 배제됨
  - 당사자 합의에 의하여 협약의 적용을 배제하고 비체약국의 법을 적용하기로 합의한 경우임
- 당사자가 체약국의 실질법(예를 들어 독일의 민법 또는 상법 등)을 준거법으로 지정한 경우에도 협약의 적용은 배제됨
- 당사자가 단순히 체약국의 법(예를 들어 독일법, 뉴욕주법 등)을 준거법으로 지정하는 경우에는 협약의 적용이 배제되지 않음
  - 협약은 체약국 법의 일부로서 체약국의 민법 또는 상법 등 계약에 관한 법률보다 특별법이기 때문

2. 협약의 직접적용과 간접적용

(1) 직접적용

- 직접적용이란 당사자가 서로 다른 국가에 영업소를 두고, 이들 국가가 모두 체약국인 경우에 협약이 적용되는 것

제1조
(1) 이 협약은 다음의 경우에, 영업소가 서로 다른 국가에 있는 당사자간의 물품매매계약에 적용된다.
(가) 해당 국가가 모두 체약국인 경우, 또는

- 협약 제92조 제1항에 따라 협약 제2편 또는 제3편에 구속되지 아니한다는 선언을 한 체약국은 그 선언이 적용되는 편에 의하여 규율되는 사항에 대하여는 체약국으로 보지 아니한다 (제92조 제2항).
- 따라서 A국은 무유보체약국이고, B국은 협약 제2편(계약의 성립)을 유보선언(구속되지 아니한다는 선언을)한 체약국이면 A, B 양국에 소재한 당사자 간에 계약의 성립 여부가 문제된 경우 B국은 체약국이 보지 아니하여 체약국이 아니므로 협약이 직접 적용될 수 없다.

(2) 간접적용

- 협약의 간접적용이란 국제사법규칙에 의하여 체약국법이 준거법으로 선택됨으로써 협약이 적용되는 경우
- 예를 들어 매도인의 영업소는 A국(체약국)에 있고, 매수인의 영업소는 B국(비체약국)에 있는 경우 매수인이 A국에서 매도인을 상대로 소송을 제기하였고, A국의 국제사법에 의하면 매도인이 소재하는 국가, 즉 A국의 법이 준거법이 되는 경우 A국은 체약국이므로 협약이 간접적용 된다.

제1조

(1) 이 협약은 다음의 경우에, 영업소가 서로 다른 국가에 있는 당사자 간의 물품매매계약에 적용된다.

(가) 해당 국가가 모두 체약국인 경우, 또는

(나) 국제사법 규칙에 의하여 체약국법이 적용되는 경우

- 간접적용이 되기 위한 요건

① 당해 국가의 전부 또는 일부가 비체약국이어야 함

* 이 경우에만 간접적용 여부를 검토하는 것임. 영업소가 존재하는 당해 국가 전부가 체약국인 경우에는 직접적용 여부를 검토할 것

② 소송이 제기된 국가(법정지국)의 국제사법 규칙에 의하여 체약국법이 당해 사건에 적용될 경우이어야 함

③ 그 체약국이 협약 제95조에 의한 유보를 하지 않았어야 함

제95조
어떤 국가든지 비준서, 수락서, 승인서 또는 가입서를 기탁할 때, 이 협약 제1조 제1항 (나)호에 구속되지 아니한다는 취지의 선언을 행할 수 있다.

- 예를 들어, 매도인의 영업소는 A국(체약국이나 제95조 유보했음)에 있고, 매수인의 영업소는 B국(비체약국)에 있는데, 이들 사이의 분쟁이 A국의 법원에 제소되고 A국의 국제사법에 의하면 자국법인 A국법이 준거법이 될 경우 A국은 유보하였으므로 협약이 적용되지 않고 A국의 민법이나 상법이 적용됨
- 예를 들어, 위와 같은 경우 분쟁이 C국의 법원에 제소되고 C국의 국제사법에 의하면 A국법이 준거법으로 지정되는 경우에도 A국은 유보하였으므로 협약이 적용되지 않고 A국의 민법이나 상법이 적용됨

3. 협약의 적용배제

(1) 협약의 적용이 배제되는 매매

- 개인용·가족용 또는 가정용으로 구입된 물품의 매매(소비자계약)
  - 소비자계약의 경우 각국이 소비자보호를 위하여 제정한 강행규정을 적용하므로 협약의 적용을 배제한다.
  - 용도는 실제용도가 아니라 계약 체결 전 또는 계약 체결시까지 알려진 용도
  - 개인용·가족용 또는 가정용으로 매수한 물품이라도 매도인이 계약 체결 전이나 그 체결 시에 물품이 그와 같은 용도로 구입된 사실을 알지 못하였고, 알았어야 했던 것도 아닌 경우에는 협약이 적용 (제2조(가)호 단서)
  - 물품을 개인용·가족용 또는 가정용으로 구입하였다는 점에 대한 입증책임은 매수인이, 매수인의 구입목적을 몰랐거나 또는 알았어야 했던 것도 아니었다는 점에 대한 입증책임은 매도인이 부담

- 경매에 의한 매매
  - 경매에 대해서는 협약의 적용을 배제

- 강제집행 기타 법령에 의한 매매
  - 강제집행에 대해서도 협약의 적용을 배제

- 주식, 지분, 투자증권, 유통증권 또는 통화의 매매

- 협약의 적용을 배제

- 선박, 소선, 부선 또는 항공기의 매매

- 협약의 적용을 배제

- 전기의 매매

- 협약의 적용을 배제

제2조

이 협약은 다음의 매매에는 적용되지 아니한다.

(가) 개인용·가족용 또는 가정용으로 구입된 물품의 매매
다만, 매도인이 계약 체결 전이나 그 체결시에 물품이 그와 같은 용도로 구입된 사실을 알지 못하였고, 알았어야 했던 것도 아닌 경우에는 그러하지 아니하다.

(나) 경매에 의한 매매

(다) 강제집행 그 밖의 법령에 의한 매매

(라) 주식, 지분, 투자증권, 유통증권 또는 통화의 매매

(마) 선박, 소선, 부선, 또는 항공기의 매매

(바) 전기의 매매

(2) 계약의 효력에 대한 적용배제

- 협약은 규율 대상을 매매계약의 성립 및 그 계약으로부터 발생하는 매도인과 매수인의 권리·의무로 한정하고 있다.

- 협약은 계약이나 그 조항 또는 관행의 유효성에 대해서는 규율하지 않음. 그러므로 권리능력, 행위능력, 대리, 의사표시의 하자 또는 공서양속에 관한 사항은 국내법에 따른다.

- 협약은 매매된 물품의 소유권에 관하여 계약이 미치는 효력에 대해서는 규율하지 않는다.

- 동산의 소유권 이전에 관하여 의사주의(프랑스법주의)와 인도주의(독일법주의)가 대립하여 왔기 때문이다.

- 협약은 계약으로부터 발생하는 매도인과 매수인의 권리·의무에 관한 사항만을 규율하고 소유권의 양도나 이전에 대해서는 국내법에 따른다.

제4조

이 협약은 매매계약의 성립 및 그 계약으로부터 발생하는 매도인과 매수인의 권리의무만을 규율한다. 이 협약에 별도의 명시규정이 없는 경우를 제외하고, 이 협약은 특히 다음과 관련이 없다.

(가) 계약이나 그 조항 또는 관행의 유효성

(나) 매매된 물품의 소유권에 관하여 계약이 미치는 효력

(3) 제조물책임에 관한 적용배제

- 제조물책임에 대하여는 협약이 적용되지 않으며 국내법에 따른다.
  - 물품으로 인하여 발생한 인적 손해에 대해서는 협약이 적용되지 않으며, 물적 손해에 대해서만 협약이 적용되는 것이다.

제5조

이 협약은 물품으로 인하여 발생한 사람의 사망 또는 상해에 대한 매도인의 책임에는 적용되지 아니한다.

제2장 총칙

1. 제7조 : 협약의 해석

제7조

(1) 이 협약의 해석에는 그 국제적 성격 및 적용상의 통일과 국제거래상의 신의 준수를 증진할 필요성을 고려하여야 한다.

(2) 이 협약에 의하여 규율되는 사항으로서 협약에서 명시적으로 해결되지 아니하는 문제는, 이 협약이 기초하고 있는 일반원칙, 그 원칙이 없는 경우에는 국제사법 규칙에 의하여 적용되는 법에 따라 해결되어야 한다.

- 제7조 제1항은 협약의 해석에 있어서의 중요한 다음의 세 가지 원칙을 선언하고 있다. : ① 국제적 성격, ② 적용상의 통일, ③ 국제거래상의 신의성실의 준수
- 제7조 제2항은 협약규정 흠결시의 보충원칙에 대하여 규정하고 있다.

- 1차적으로 협약이 기초하고 있는 일반원칙에 따르고, 그러한 원칙이 없는 경우에는 법정지의 국제사법 규칙이 지정하는 준거법에 따라 해결
- 따라서 협약에 의하여 규율되는 사항에 대한 적용순서는 ① 협약의 명시적 규정, ② 협약이 기초로 하고 있는 일반원칙, ③ 국제사법규칙에 의하여 지정되는 준거법

2. 제8조 : 당사자 의사의 해석기준

제8조

(1) 이 협약의 적용상, 당사자의 진술 그 밖의 행위는 상대방이 그 당사자의 의도를 알았거나 모를 수 없었던 경우에는 그 의도에 따라 해석되어야 한다.

(2) 제1항이 적용되지 아니하는 경우에 당사자의 진술 그 밖의 행위는, 상대방과 동일한 부류의 합리적인 사람이 동일한 상황에서 이해하였을 바에 따라 해석되어야 한다.

(3) 당사자의 의도 또는 합리적인 사람이 이해하였을 바를 결정함에 있어서는 교섭, 당사자 간에 확립된 관례, 관행 및 당사자의 후속행위를 포함하여 관련된 모든 사항을 적절히 고려하여야 한다.

- 협약의 적용에 있어서 당사자의 의사해석의 기준으로 ① 주관적 의도, ② 객관적 의도, ③ 관련된 모든 상황을 순차적으로 제시하고 있다.

3. 제9조 : 관행 및 관례의 구속력

제9조

(1) 당사자는 합의한 관행과 당사자 간에 확립된 관례에 구속된다.

(2) 별도의 합의가 없는 한, 당사자가 알았거나 알 수 있었던 관행으로서 국제거래에서 당해 거래와 동종의 계약을 하는 사람에게 널리 알려져 있고 통상적으로 준수되고 있는 관행은 당사자의 계약 또는 그 성립에 묵시적으로 적용되는 것으로 본다.

- 제9조 제1항은 당사자들이 합의한 관행 및 당사자 간에 확립된 관례의 법적 구속력을 인정하고 있다.
- 제9조 제2항은 당사자들이 사용하기로 합의하지 아니한 일반적 관행에 대한 법적 구속력을 인정한 것. 이러한 합의되지 않은 관행이 구속력을 가지기 위해서는 ① 당사자가 알았거나 알 수 있었어야 하며, ② 국제거래에서 당해 거래

와 동종의 계약을 하는 사람에게 널리 알려져 있고 통상적으로 준수되는 것이어야 한다. 그리고 ③ 당사자들 사이에 다른 합의가 없어야 한다.

4. 제11조 : 매매계약의 방식과 입증방법

제11조

매매계약은 서면에 의하여 체결되거나 입증될 필요가 없고, 방식에 관한 그 밖의 어떠한 요건도 요구되지 아니한다. 매매계약은 증인을 포함하여 어떠한 방법에 의하여도 입증될 수 있다.

제13조

이 협약의 적용상 '서면'에는 전보와 텔렉스가 포함된다.

- 방식의 자유
  - 제11조는 방식의 자유를 규정하고 있다.
  - 그러나 당사자가 일정한 형식요건을 붙이는 것을 금지하는 것은 아니다.
  - 제11조는 체약국이 제96조에 따라 유보한 경우에는 적용되지 않는다(제12조).
- 제13조는 서면의 범위를 확대한 것

제2편 계약의 성립

- 제14조-제17조는 청약, 제18조-제22조는 승낙, 제23조와 제24조는 계약의 성립시기에 대하여 규정하고 있다.

Ⅰ. 청약

1. 청약의 개념과 요소

- 청약의 개념 : 청약이란 상대방의 승낙이 있으면 계약이 성립된다는 계약 체결을 위한 의사표시
- 청약의 요소 : ① 대상의 특정성, ② 내용의 확정성, ③ 의사의 구속성

- ① 대상의 특정성 : 청약이 되기 위해서는 1인 또는 수인의 특정인에 대한 의사표시이어야 한다. 이러한 점에서 불특정 다수인에 대한 제안인 청약의 유인과 구별 (제14조 제2항)
- ② 내용의 확정성 : 확정성 여부의 판단기준으로 목적물(물품), 수량, 대금의 세 가지 사항이 포함되어야 한다 (제14조 제1항 2문).
- ③ 의사의 구속성 : 피청약자가 승낙하면 청약자도 그에 구속된다는 의사가 표시되어야 한다.

제14조

(1) 1인 또는 그 이상의 특정인에 대한 계약 체결의 제안은 충분히 확정적이고, 승낙시 그에 구속된다는 청약자의 의사가 표시되어 있는 경우에 청약이 된다. 제안이 물품을 표시하고, 명시적 또는 묵시적으로 수량과 대금을 지정하거나 그 결정을 위한 조항을 두고 있는 경우에, 그 제안은 충분히 확정적인 것으로 한다.

(2) 불특정 다수인에 대한 제안은 제안자가 반대 의사를 명확히 표시하지 아니하는 한, 단지 청약의 유인으로 본다.

2. 청약의 효력발생시기와 회수

(1) 청약의 효력발생시기

- 청약은 상대방에게 도달한 때에 효력이 발생한다. : 도달주의
- 도달의 의미에 대하여 제24조에 규정을 두고 있다.
  - ① 의사표시가 구두에 의한 경우에는 '통고된 때'
  - ② 그 외의 경우에는 1차적으로 상대방 본인, 상대방 영업소나 우편 주소에 '전달된 때', 만약 그 상대방이 영업소나 우편 주소를 가지지 아니한 경우에는 2차적으로 그의 상거소에 '전달된 때'에 '도달'된 것으로 정의하고 있다.
  - 이러한 협약의 규정은 협약 제2편의 적용에 있어서 청약이나 승낙은 물론 기타의 의사표시의 도달에 공히 적용된다.

제24조

이 협약 제2편(계약의 성립 : 제14조-제24조)의 적용상, 청약, 승낙 그 밖의 의사표시는 상대방에게 구두로 통고된 때 또는 그 밖의 방법으로 상대방 본인, 상대방의 영업소나 우편주소에 전달된 때, 상대방이 영업소나 우편주소를 가지지 아니한 경우에는 그의 상거소에 전달된 때에 상대방에게 '도달'된다.

(2) 청약의 회수 - 청약의 효력 발생 전

- 청약은 그것이 철회 불능인 경우에도 회수의 의사표시가 청약의 도달 전 또는 그와 동시에 상대방에게 도달하는 경우에는 회수할 수 있다.
  - 청약이 상대방에게 도달된 이후에는 청약자는 그 청약을 회수할 수는 없게 되고, 이 경우에는 철회만 가능하다.

3. 청약의 철회 - 청약의 효력 발생 후

(1) 청약의 철회 가능성

- 청약은 상대방에게 도달된 경우에는 청약의 효력이 발생하나 이 경우에 계약이 체결되기까지는 철회할 수 있다. 다만 상대방이 승낙을 발송하기 전에 그에게 철회의 의사표시가 도달되는 경우에 한한다(제16조 제1항).

(2) 예외(제16조 제2항)

- 그러나 이러한 청약의 철회는 다음의 두 가지 경우에 제한된다.
  - ① 승낙기간의 지정 그 밖의 방법으로 청약이 철회될 수 없음이 청약에 표시되어 있는 경우
  - ② 상대방이 청약이 철회될 수 없음을 신뢰하는 것이 합리적이고, 상대방이 그 청약을 신뢰하여 행동한 경우

> 제16조
> (1) 청약은 계약이 체결되기까지는 철회될 수 있다. 다만, 상대방이 승낙의 통지를 발송하기 전에 철회의 의사표시가 상대방에게 도달되어야 한다.
> (2) 그러나 다음의 경우에는 청약은 철회될 수 없다.
> (가) 승낙기간의 지정 그 밖의 방법으로 청약이 철회될 수 없음이 청약에 표시되어 있는 경우, 또는
> (나) 상대방이 청약이 철회될 수 없음을 신뢰하는 것이 합리적이고, 상대방이 그 청약을 신뢰하여 행동한 경우

4. 청약의 거절

- 청약은 피청약자가 거절하면 그 효력을 잃는다. 이는 그 청약이 철회 불능인지 여부와 상관이 없다.

> 제17조
> 청약은 철회될 수 없는 것이더라도, 거절의 의사표시가 청약자에게 도달한 때에는 효력을 상실한다.

II. 승낙

1. 승낙의 개념과 요소

- 승낙은 청약의 조건과 내용에 대한 피청약자의 동의의 의사표시이다.
- 승낙이 되기 위해서는 ① 청약에의 동의와 ② 표시의 전달이라는 두 가지 요소가 필요하다.

제18조

(1) 청약에 대한 동의를 표시하는 상대방의 진술 그 밖의 행위는 승낙이 된다. 침묵 또는 부작위는 그 자체만으로는 승낙이 되지 아니한다.

(1) 동의

- 승낙을 의도하기는 하지만 부가적 조건 또는 상이한 조건이 포함되어 청약의 조건에 완전히 일치하지는 않는 응답에 대하여 그러한 부가적 조건 또는 상이한 조건이 ① 청약의 조건을 실질적으로 변경하지 않는 경우에는 청약자가 상당한 기간 내에 이에 대한 거부를 하지 않는 한 변경된 내용에 따라 계약이 체결되고(제19조 제2항), ② 청약의 조건을 실질적으로 변경하는 경우에는 승낙이 되지 않고 청약에 대한 거절인 동시에 새로운 청약이 된다고 규정하고 있다(제19조 제1항). 그리고 청약의 내용 중 대금, 대금지급, 물품의 품질과 수량, 인도의 장소와 시기, 당사자 일방의 상대방에 대한 책임범위 또는 분쟁해결에 관한 부가적 조건 또는 상이한 조건을 포함하는 응답은 청약을 실질적으로 변경하는 것으로 본다 (제19조 제3항).

- 비실질적 변경의 예로는 피청약자가 대금 등의 특수한 계약조건을 기밀로 해달라는 요청을 부가한 경우 : 이는 승낙에 해당하므로 승낙도달시에 매매계약이 체결된다. 거래조건 비공개는 이건 매매계약의 내용이 된다.
- 협약 제19조 제3항의 열거는 한정적인 것이 아니라 예시적인 것이다. 또한 위 열거사항에 해당한다고 하여 항상 실질적 변경으로 간주되는 것도 아니며 단지 실질적 변경에 해당하는 것으로 추정될 뿐이다. 따라서 위 열거사항에 해당되지 않는 사항도 실질적 변경이 될 수 있으며 위 열거사항도 구체적 사정에 따라 실질적 변경에 해당되지 않을 수 있다.
- 성실한 청약자가 구체적인 사안에서 청약으로부터의 변경 내지 이탈을 과연 수인할 수 있는지 여부에 따라 결정하여야 한다.

제19조

(1) 승낙을 의도하고 있으나, 부가, 제한 그 밖의 변경을 포함하는 청약에 대한 응답은 청약에 대한 거절이면서 또한 새로운 청약이 된다.

(2) 승낙을 의도하고 있고, 청약의 조건을 실질적으로 변경하지 아니하는 부가적 조건 또는 상이한 조건을 포함하는 청약에 대한 응답은 승낙이 된다. 다만, 청약자가 부당한

지체 없이 그 상위에 구두로 이의를 제기하거나 그러한 취지의 통지를 발송하는 경우에는 그러하지 아니하다. / 청약자가 이의를 제기하지 아니하는 경우에는 승낙에 포함된 변경이 가하여진 청약조건이 계약조건이 된다.

(3) 특히 대금, 대금지급, 물품의 품질과 수량, 인도의 장소와 시기, 당사자 일방의 상대방에 대한 책임범위 또는 분쟁해결에 관한 부가적 조건 또는 상이한 조건은 청약조건을 실질적으로 변경하는 것으로 본다.

(2) 표시의 전달

- 승낙의 표시는 진술뿐만 아니라 기타의 행위(물품의 발송이나 대금지급 등)에 의하여도 가능
  - 단순한 침묵이나 부작위는 그 자체만으로는 승낙이 되지 아니한다.
  - 그러나 침묵이나 부작위가 항상 승낙을 구성하지 않는 것은 아니다. 제9조 제1항은 당사자 간에 합의한 관행과 당사자 간에 확립된 관례에 구속된다고 하므로 청약에 대한 침묵 또는 부작위가 있어도 승낙이 있었다고 볼 수 있는 사정이 있는 경우에는 침묵 또는 부작위가 이와 같은 사정과 결합하여 승낙을 구성할 수도 있다.

2. 승낙의 효력발생시기

(1) 의사표시에 의한 승낙의 효력발생시기

1) 도달주의와 그 예외

- 승낙은 동의의 의사표시가 청약자에게 도달하는 시점에 효력이 발생한다(도달주의; 제18조 제2항 1문).
- 제23조는 계약은 청약에 대한 승낙이 이 협약에 따라 효력이 발생하는 시점에 성립된다고 하므로 승낙의 의사표시가 청약자에게 도달한 때에 계약은 성립한다.

제23조

계약은 청약에 대한 승낙이 이 협약에 따라 효력을 발생하는 시점에 성립된다.

- 실질적 변경을 가하지 않은 승낙에 대해서는 청약자가 부당한 지체 없이 그 상위에 이의를 제기하지 않은 경우에만 승낙이 되므로 이때의 승낙의 효력은

그러한 승낙이 도달한 때가 아니라 승낙이 도달한 후 부당한 지체 없는 이의 제기기간이 경과한 시점에서 발생한다(도달주의의 예외; 제19조 제2항).

제18조

(2) 청약에 대한 승낙은 동의의 의사표시가 청약자에게 도달하는 시점에 효력이 발생한다. 동의의 의사표시가 청약자가 지정한 기간 내에, 기간의 지정이 없는 경우에는 청약자가 사용한 통신수단의 신속성 등 거래의 상황을 적절히 고려하여 합리적인 기간 내에 도달하지 아니하는 때에는, 승낙은 효력이 발생하지 아니한다. 구두의 청약은 특별한 사정이 없는 한 즉시 승낙되어야 한다.

2) 승낙기간 내에 승낙하기

① 서면 청약의 경우

- 승낙은 청약자가 이를 정한 때에는 '그가 지정한 기간'내에, 기간의 지정이 없는 경우에는 '합리적인 기간' 내에 도달하지 아니하는 때에는 승낙은 효력이 발생하지 아니한다(제18조 제2항 2문).
  * 승낙기간이 경과한 후에 승낙의 의사표시가 도달한 경우에 대해서는 제21조에 규정하고 있다.

- 제20조 제1항은 승낙기간의 기산점에 대하여 규정하고 있다.

- 청약자가 승낙기간을 i) 전보 또는 서신에서 지정한 경우에는 전보가 발송을 위하여 교부된 시점 또는 서신에 표시되어 있는 일자(서신에 일자가 표시되지 아니한 경우에는 봉투에 표시된 일자)로부터 기산하고,
- ii) 전화, 텔렉스 그 밖의 동시적 통신수단에 의하여 지정한 경우에는 청약이 상대방에게 도달한 시점으로부터 기산하도록 정하고 있다.

- 제20조 제2항은 승낙기간 중의 공휴일 또는 비영업일은 기간의 계산에 산입되는 것이 원칙이나, 기간의 말일이 청약자의 영업소 소재지의 공휴일 또는 비영업일에 해당하여 승낙의 통지가 기간의 말일에 청약자에게 도달될 수 없는 경우에는 예외적으로 그 다음의 최초 영업일까지 승낙기간이 연장된다고 규정하고 있다.

제20조

(1) 청약자가 전보 또는 서신에서 지정한 승낙기간은 전보가 발송을 위하여 교부된 시점 또는 서신에 표시되어 있는 일자, 서신에 일자가 표시되지 아니한 경우에는 봉투에 표시된 일자로부터 기산한다. 청약자가 전화, 텔렉스 그 밖의 동시적 통신수단에 의하여 지정한 승낙기간은 청약이 상대방에게 도달한 시점으로부터 기산한다.

(2) 승낙기간 중의 공휴일 또는 비영업일은 기간의 계산에 산입한다. 다만, 기간의 말일이 청약자의 영업소 소재지의 공휴일 또는 비영업일에 해당하여 승낙의 통지가 기간의 말일에 청약자에게 도달될 수 없는 경우에는, 기간은 그 다음의 최초 영업일까지 연장된다.

② 구두 청약의 경우

- 구두 청약의 경우 특별한 사정이 없는 경우 즉시 승낙되어야 한다.
  - '즉시'란 지체 없이 이루어지는 것을 의미한다.
  - '특별한 사정'이란 추후에 회답하는 것에 대하여 청약자가 동의한 경우 등을 의미한다.

(2) 제18조 제3항 : 의사규정에 의한 승낙의 효력발생시기

- 의사표시가 없더라도 행위에 의하여 승낙과 같은 효력을 발생시키는 경우가 있다. 제18조 제3항은 청약에 의하여 또는 당사자 간에 확립된 관례나 관행의 결과 상대방이 청약자에 대한 통지 없이, 물품의 발송이나 대금 지급과 같은 행위를 함으로써 동의를 표시할 수 있는 경우에는 그러한 행위(의사실현행위)를 승낙으로 평가한다.
  - 이 경우 승낙의 효력은 의사실현행위가 이루어진 시점에 발생한다.
  - 의사실현행위는 청약자가 승낙기간을 정한 때에는 그 기간 내에, 청약자가 승낙기간을 정하지 않은 때에는 합리적인 기간 내에 이루어져야 한다.

제18조

(3) 청약에 의하여 또는 당사자간에 확립된 관례나 관행의 결과로 상대방이 청약자에 대한 통지 없이, 물품의 발송이나 대금지급과 같은 행위를 함으로써 동의를 표시할 수 있는 경우에는, 승낙은 그 행위가 이루어진 시점에 효력을 발생한다. 다만, 그 행위는 제2항에서 정한 기간 내에 이루어져야 한다.

3. 지연승낙과 승낙의 회수

(1) 제21조 : 지연승낙

- 지연승낙이란 제18조 제2항에 따른 승낙기간이 도과한 후에 도달한 승낙의 의사표시를 말한다. '연착된 승낙'이라고 불리우기도 한다. 지연승낙은 원칙적으로 효력이 없는 것이나, 제21조는 지연승낙도 아래의 예외적인 두 가지 경우에 승낙으로서의 효력을 가진다고 규정하고 있다.
- ① 청약자의 유효 통지 : 지연승낙도 청약자가 상대방에게 지체 없이 구두 또는 기타의 방법으로 승낙으로서 유효하다는 취지의 통지를 발송한 경우에는 승낙으로서의 효력을 가진다 (제21조 제1항).
- ② 적기도달상황 : 지연승낙이 포함된 서신 기타의 서면이 정상적으로 도달되었더라면 청약자에게 승낙기간 내에 도달되었을 것으로 보이는 상황하에서 승낙이 발송되었다고 인정되는 경우에는 승낙으로서의 효력을 가진다(제21조 제2항). 다만 청약자가 상대방에게 지체 없이 청약이 실효되었다는 뜻을 구두통고 또는 서면통지를 발송한 경우에는 승낙으로서의 효력이 없다 (제21조 제2항 단서).

제21조

(1) 연착된 승낙은 청약자가 상대방에게 지체 없이 승낙으로서 효력을 가진다는 취지를 구두로 통고하거나 그러한 취지의 통지를 발송하는 경우에는 승낙으로서의 효력이 있다.

(2) 연착된 승낙이 포함된 서신 그 밖의 서면에 의하여, 전달이 정상적이었다면 기간 내에 청약자에게 도달되었을 상황에서 승낙이 발송되었다고 인정되는 경우에는, 그 연착된 승낙은 승낙으로서의 효력이 있다. 다만, 청약자가 상대방에게 지체없이 청약이 실효되었다는 취지를 구두로 통고하거나 그러한 취지의 통지를 발송하는 경우에는 그러하지 아니하다.

(2) 제22조 : 승낙의 회수

- 승낙은 승낙의 효력이 발생하기 전 또는 그와 동시에 회수의 의사표시가 청약자에게 도달하는 경우에는 회수할 수 있다 (제22조).
- 다만, 승낙이 도달에 의하여 효력이 발생하면 그 즉시 계약이 성립되므로 (제23조), 그 이후에는 회수하지 못한다.

제22조

승낙은 그 효력이 발생하기 전 또는 그와 동시에 회수의 의사표시가 청약자에게 도달하는 경우에는 회수될 수 있다.

제3편 물품의 매매

제1장 총칙

1. 제25조 : 본질적 계약위반

(1) 의의

- 제25조는 본질적 계약위반에 대하여 원칙적으로 '상대방이 그 계약에서 기대할 수 있는 바를 실질적으로 박탈할 정도의 손실을 상대방에게 주는 경우'로 정의하고 있다. 이는 손실의 정도를 기준으로 한 것이다.
- 다만, 위와 같은 손실을 상대방에게 주는 경우라고 하더라도 '위반당사자가 그러한 결과를 예견하지 못하였고, 동일한 부류의 합리적인 사람도 동일한 상황에서 그러한 결과를 예견하지 못하였을 경우'에는 예외적으로 본질적 계약위반으로 되지 아니한다.
- 이러한 예외는 예견가능성을 기준으로 한 것이고 예견가능 여부의 판단은 계약위반 시점이 아니라 계약체결 시점을 기준으로 하여야 할 것이다.

제25조
당사자 일반의 계약위반은, 그 계약에서 상대방이 기대할 수 있는 바를 실질적으로 박탈할 정도의 손실을 상대방에게 주는 경우에 본질적인 것으로 한다. 다만, 위반당사자가 그러한 결과를 예견하지 못하였고, 동일한 부류의 합리적인 사람도 동일한 상황에서 그러한 결과를 예견하지 못하였을 경우에는 그러하지 아니하다.

(2) 유형

- 매도인측에서는 인도 거절(종국적인 불이행의 경우), 확정기 매매에 있어서의 인도 지연, 물품의 중대한 부적합(약정품은 시멘트못인데 나무못을 인도한 경우), 권리부적합(도품) 등

- 매수인측에서는 대금지급거절(종국적인 불이행의 경우), 신용장개설불이행 등

(3) 효과

- 계약해제의 요건이 되고(제49조 제1항, 제51조 제2항, 제64조 제1항(가)호, 제72조 제1항, 제73조 제1항 및 제2항), 물품이 계약에 부적합한 경우에 있어서 대체물인도청구의 요건이 되고(제46조 제2항), 위험의 이전에도 불구하고 매수인이 매도인의 계약위반에 대한 구제를 요구할 수 있는 전제조건이 된다 (제70조).

2. 제26조 : 계약해제의 의사표시

- 계약해제에 대한 의사표시는 상대방에게 사전에 통지하여야 한다.

> 제26조
> 계약해제의 의사표시는 상대방에 대한 통지로 행하여진 경우에만 효력이 있다.

3. 제27조 : 통신의 지연·오류 및 부도달

- 제27조는 협약 제3편에서의 통신의 지연·오류 및 부도달의 위험을 상대방에게 부담시키고 있다 (발신주의). 이는 협약 제2편에서 계약의 성립에 있어서의 승낙에 관하여 도달주의(제18조)를 채택하고 있는 것과 구별된다.
- 제3편이 발신주의를 채택하고 있는 근거는 부적합의 통지 또는 계약해제와 같은 의사표시를 하게 된 동기가 상대방의 잘못에 의하여 유발된 것이므로 상대방이 통신의 지연·오류 및 부도달의 위험을 부담하여야 한다는 데 있다.

> 제27조
> 이 협약 제3편에 별도의 명시규정이 있는 경우를 제외하고, 당사자가 이 협약 제3편에 따라 상황에 맞는 적절한 방법으로 통지, 청구 그 밖의 통신을 한 경우에, 당사자는 통신의 전달 중에 지연이나 오류가 있거나 또는 통신이 도달하지 아니하더라도 그 통신을 주장할 권리를 상실하지 아니한다.

4. 제29조 : 계약의 변경·종료

- 제29조는 계약은 당사자의 합의만으로 변경 또는 종료될 수 있다고 규정하고 (제1항), 만약 계약이 서면에 의하여 이루어진 경우 그 계약에서 합의에 의한 변경 또는 종료는 서면에 의하여야 한다고 약정한 경우에는 서면에 의하여만 합의로 변경 또는 종료될 수 있다는 원칙을 규정하고 있다 (제2항).

- 다만, 예외로써 상대방으로 하여금 자신의 행동을 신뢰하도록 한 경우에는 서면이 없었다는 이유를 들어 합의 변경 또는 종료가 효력이 없다는 주장을 할 수 없다고 규정하고 있다 (제2항 단서).

제29조

(1) 계약은 당사자의 합의만으로 변경 또는 종료될 수 있다.

(2) 서면에 의한 계약에 합의에 의한 변경 또는 종료는 서면에 의하여만 한다는 규정이 있는 경우에, 다른 방법으로 합의 변경 또는 합의 종료될 수 없다. 다만, 당사자는 상대방이 자신의 행동을 신뢰한 한도까지는 그러한 규정을 원용할 수 없다.

제2장 매도인의 의무

제30조 : 매도인의 의무 요약

매도인은 계약과 이 협약에 따라 물품을 인도하고, 관련 서류를 교부하며 물품의 소유권을 이전하여야 한다.

- 매도인의 의무에 어떤 것들이 있는가를 제시하고, 매도인의 의무를 정하는데 있어서는 계약이 가장 중요함을 밝히고 있다.

- 여기서 열거한 의무 이외의 것도 존재한다.

- 물품인도의무

- 인도의무는 매도인의 1차적 의무. 인도의 개념에 대해서는 정의 조항 없다.

- 서류교부의무

- 어떤 서류가 교부되어야 하는 것인가는 계약에 따라 결정된다.

◉ 소유권이전의무

- 매도인의 핵심적인 의무. 따라서 이를 위반하는 경우 협상상의 모든 구제수단을 행사할 수 있다.

제1절 물품의 인도와 서류의 교부

1. 제31조 : 인도의 장소와 방법

제31조

매도인이 물품을 다른 특정한 장소에서 인도할 의무가 없는 경우에, 매도인의 인도의무는 다음과 같다.

(가) 매매계약에 물품의 운송이 포함된 경우에는, 매수인에게 전달하기 위하여 물품을 제1운송인에게 교부하는 것

(나) (가)호에 해당되지 아니하는 경우로서 계약이 특정물에 관련되거나 또는 특정한 재고품에서 인출되는 불특정물이나 제조 또는 생산되는 불특정물에 관련되어 있고, 당사자 쌍방이 계약 체결 시에 물품이 특정한 장소에 있거나 그 장소에서 제조 또는 생산되는 것을 알고 있었던 경우, 그 장소에서 물품을 매수인의 처분 하에 두는 것

(다) 그 밖의 경우에는, 계약 체결 시에 매도인이 영업소를 가지고 있던 장소에서 물품을 매수인의 처분 하에 두는 것

◉ 제31조는 매도인의 물품인도의 장소와 방법에 대하여 당사자가 계약에서 인도장소를 특정한 경우에는 그 장소에서 인도하도록 하고, 그러한 장소가 없는 경우에는 매매계약에 운송이 포함되었는지 여부에 따라 나누어 규정하고 있다.

- 첫째, 계약에서 운송을 포함하고 있는 경우 : 매수인에게 전달하기 위하여 물품을 제1운송인에게 교부함으로써 이행이 완료된다(제31조 가호).
- 둘째, 계약에서 운송이 포함되지 않은 경우 : 그 물품이 존재하는 장소에서 매수인의 처분 하에 둠으로써 이행이 완료된다. '매수인의 처분 하에 둔다'는 의미는 매수인이 점유가능한 상태에 둔다는 것이다(제31조 나호).
- 셋째, 기타의 계약의 경우 : 계약 체결시에 매도인의 영업소에서 물품을 매수인의 처분 하에 둠으로써 이행이 완료된다(제31조 다호).

2. 제32조 : 물품인도에 부수하는 의무

제32조

(1) 매도인이 계약 또는 이 협약에 따라 물품을 운송인에게 교부한 경우에, 물품이 하인, 선적서류, 그 밖의 방법에 의하여 그 계약의 목적물로서 명확히 특정되어 있지 아니한 때에는, 매도인은 매수인에게 물품을 특정하는 탁송통지를 하여야 한다.

(2) 매도인이 물품의 운송을 주선하여야 하는 경우에, 매도인은 상황에 맞는 적절한 운송수단 및 그 운송에서의 통상의 조건으로, 지정된 장소까지 운송하는 데 필요한 계약을 체결하여야 한다.

(3) 매도인이 물품의 운송에 관하여 부보할 의무가 없는 경우에도, 매도인은 매수인의 요구가 있으면 매수인이 부보하는 데 필요한 모든 가능한 정보를 매수인에게 제공하여야 한다.

- 제32조는 매도인의 물품인도에 부수하는 의무로서 탁송통지서 송부의무, 운송계약체결의무 및 운송보험에 관련된 정보제공의무에 대하여 규정하고 있다.
  - 물품을 특정하는 통지를 할 의무(제1항), 운송계약을 체결할 의무(제2항), 보험정보를 제공할 의무(제3항)

(1) 탁송통지서 송부의무(제32조 제1항)

- 매도인이 계약 또는 이 협약에 따라 물품을 운송인에게 교부한 경우에 물품이 명확히 특정되어 있지 않은 때 매수인에게 그 물품을 특정하는 탁송통지서를 송부하여야 한다.

(2) 운송계약체결의무(제32조 제2항)

- 매도인이 매수인을 위하여 운송계약을 체결하여야 하는 경우 이를 체결하여야 한다. 그것은 그 상황에서 적절한 운송수단으로 운송에서의 통상적인 조건에 따라야 한다 (CIF조건부매매의 경우).

  * CIF : Cost, Insurance and Freight

(3) 운송보험에 관련된 정보제공의무(제32조 제3항)

- 매도인이 물품의 운송에 관련한 보험계약을 체결할 의무가 없는 경우에도 매

도인은 매수인의 요청이 있다면 매수인의 보험가입에 필요한 모든 정보를 제공하여야 한다 (FOB조건부매매의 경우).

* FOB : Free on Board

3. 제33조 : 물품의 인도 시기

제33조

매도인은 다음의 시기에 물품을 인도하여야 한다.

(가) 인도기일이 계약에 의하여 지정되어 있거나 확정될 수 있는 경우에는 그 기일

(나) 인도기간이 계약에 의하여 지정되어 있거나 확정될 수 있는 경우에는 그 기간 내의 어느 시기, 다만, 매수인이 기일을 선택하여야 할 사정이 있는 경우에는 그러하지 아니하다.

(다) 그 밖의 경우에는 계약 체결 후 합리적인 기간 내

- 제33조는 물품의 인도시기를 세 가지 경우로 구분하여 규정하고 있다.
  - 첫째, 인도기일이 계약에 의하여 지정되었거나 확정가능한 경우에는 그 기일에 인도하여야 한다(가호).
  - 둘째, 인도기간이 계약에 의하여 지정되었거나 확정가능한 경우에는 매수인이 기일을 선택하여야 할 사정이 없는 한 그 기간 내에 언제든지 인도할 수 있다(나호). / 매수인이 특정한 날을 선택해야 할 사정이 있는 경우에는 매수인이 정해야 한다.
  - 셋째, 그 외의 경우 계약체결 후 합리적인 기간 내에 물품을 인도하여야 한다(다호).
- 매도인이 그 시기를 넘으면 바로 인도의무의 위반이 되어 매수인은 제45조 이하 구제수단을 행사할 수 있다. 이때에 최고나 유예기간 또는 매도인의 과실도 요구하지 않는다.

4. 제34조 : 서류교부의무

제34조

매도인이 물품에 관한 서류를 교부하여야 하는 경우에, 매도인은 계약에서 정한 시기, 장소 및 방식에 따라 이를 교부하여야 한다. 매도인이 교부하여야 할 시기 전에 서류를 교부한 경우에는, 매도인은 매수인에게 불합리한 불편 또는 비용을 초래하지 아니하는 한,

계약에서 정한 시기까지 서류상의 부적합을 치유할 수 있다. 다만, 매수인은 이 협약에서 정한 손해배상을 청구할 권리를 보유한다.

- 제30조에서 언급된 매도인의 서류교부의무를 구체화

(1) 약정에 따른 서류의 교부의무(제34조 1문)

- 매도인이 물품에 관한 서류를 교부하여야 하는 경우에 매도인은 계약에서 정한 시기, 장소 및 방식에 따라 물품에 관한 서류를 매수인에게 교부하여야 한다(서류 : 선하증권, 보험증서, 원산지 증명서, 수출입허가서 등).

(2) 교부한 서류의 부적합치유권(제34조 2문)

- 매도인이 교부하여야 할 시기 이전에 서류를 교부한 경우 그 서류에 부적합이 있는 경우에 서류를 교부해야 할 시점까지 그 부적합을 치유할 수 있다.
- 다만, 매수인에게 불합리한 불편 또는 불합리한 비용을 야기하지 않아야 한다.
- 협약 제34조 제2문은 물품의 인도기일 전에 물품을 인도한 경우에 매도인에게 인정되는 물품의 부적합에 대한 치유권(제37조)에 대응하는 조문

(3) 구제수단(제34조 3문)

- 매도인이 서류교부의무를 위반한 경우 매수인은 45조 이하의 구제수단 행사 가능, 서류의 부적합을 치유하였다 하더라도 매수인은 그로부터 발생한 손해배상청구 가능

제2절 물품의 적합성과 제3자의 권리주장

- 물품 적합성이란 매도인이 매수인에게 물품을 인도함에 있어서 그 물품이 계약에서 정한 종류와 품질 및 수량에 따른 것이어야 한다는 의미이다.

1. 제35조 : 물품의 적합성

제35조

(1) 매도인은 계약에서 정한 수량, 품질 및 종류에 적합하고, 계약에서 정한 방법으로 용기

에 담겨지거나 포장된 물품을 인도하여야 한다.

(2) 당사자가 달리 합의한 경우를 제외하고 물품은 다음의 경우에 계약에 적합하지 아니한 것으로 한다.

(가) 동종 물품의 통상 사용목적에 맞지 아니한 경우

(나) 계약 체결 시에 매도인에게 명시적 또는 묵시적으로 알려진 특별한 목적에 맞지 아니한 경우. 다만, 그 상황에서 매수인이 매도인의 기술과 판단을 신뢰하지 아니하였거나 또는 신뢰하는 것이 불합리하였다고 인정되는 경우에는 그러하지 아니하다.

(다) 매도인이 견본 또는 모형으로 매수인에게 제시한 물품의 품질을 가지고 있지 아니한 경우

(라) 그러한 물품에 대하여 통상의 방법으로, 통상의 방법이 없는 경우에는 그 물품을 보존하고 보호하는 데 적절한 방법으로 용기에 담겨지거나 포장되어 있지 아니한 경우

(3) 매수인이 계약 체결 시에 물품의 부적합을 알았거나 또는 모를 수 없었던 경우에는, 매도인은 그 부적합에 대하여 제2항 제(가)호 내지 (라)호에 따른 책임을 지지 아니한다.

- 제35조는 첫째, 계약에서 정한 물품을 인도할 의무 (1항), 둘째, 합의가 없는 경우 구비되어야 할 물품의 적합성의 판단기준 (2항), 셋째, 물품적합성이 결여되었음에도 불구하고 매도인이 면책되는 경우(3항)에 대하여 규정하고 있다.

(1) 계약에서 정한 물품의 인도의무 (제1항)

- 물품의 적합성 여부는 일차적으로 계약에 의해 결정

(2) 물품적합성의 판단기준 (제2항)

- 당사자 사이에 다른 합의가 없는 경우 물품 적합성의 판단기준으로 네 가지를 제시하고 있다.
  ① 동종물품의 통상적인 사용목적에의 적합성(가호) : 통상적인 사용목적은 거래관념에 따라 정해질 것이지만 흔히 중등 품질가 기준이 될 것임
  ② 계약체결시 매도인에게 명시적 또는 묵시적으로 알려진 특별한 목적에의 적합성(나호) : 특별한 목적이 매도인에게 알려져 있었다고 하더라도 매수인이 매도인의 기술과 판단을 신뢰하지 않았거나 또는 신뢰할 수 없는데도

신뢰한 경우에는 물품이 그 특별한 사용목적에 적합할 것을 주장할 수 없고, 이 경우 입증책임은 매도인이 부담한다.

③ 견본 또는 모형으로 매수인에게 제시한 물품의 품질과의 일치성(다호) : 견본 또는 모형과 합치하는 물품이 계약의 목적물로 된다는 합의가 전제되어야 한다.

④ 통상의 방법 또는 적절한 방법으로 용기에 담겨지거나 포장되어 있어야 한다(라호).

(3) 매도인의 면책(제3항)

- 매수인이 계약체결 시 물품이 2항에서 언급된 객관적 상태에 상응하지 않는다는 사실을 알았거나 모를 수 없었을 때에는 매수인은 매도인에게 물품부적합에 대한 책임을 물을 수 없다.
- 여기서 모를 수 없었을 때란 중과실로 모른 경우를 의미하므로 매수인의 악의 또는 중과실이 있는 경우 매도인은 면책된다.

2. 第36조 : 위험의 이전과 물품적합성의 판단시기

第36조

(1) 매도인은 위험이 매수인에게 이전하는 때에 존재하는 물품의 부적합에 대하여, 그 부적합이 위험 이전 후에 판명된 경우라도, 계약과 이 협약에 따라 책임을 진다.

(2) 매도인은 제1항에서 정한 때보다 후에 발생한 부적합이라도 매도인의 의무위반에 간 기인하는 경우에는 그 부적합에 대하여 책임을 진다. 이 의무위반에는 물품이 일정기통상의 목적이나 특별한 목적에 맞는 상태를 유지한다는 보증 또는 특정한 품질이나 특성을 유지한다는 보증에 위반한 경우에 포함된다.

- 물품의 부적합에 대하여 매도인이 책임을 지기 위해서는 그 부적합이 어느 시점에 존재해야 하는가를 정하고 있다.
- 위험 이전 시까지의 물품부적합(제1항)

\- 매도인은 위험이전 시에 존재하는 물품의 부적합에 대하여 그 부적합이 위험이전 후에 판명된 경우라도 책임을 진다.

- 위험 이전 후의 물품부적합(제2항)

- 제1항의 예외로서 두 가지 경우에 위험이전 후에도 매도인이 물품부적합에 대하여 책임을 진다.
- 첫째, 물품부적합이 매도인의 계약위반에 기인하는 경우. (포장을 잘못하여 운송되어 받은 물품이 훼손된 경우)
- 둘째, 매도인이 물품에 대해 약속한 보증에 위반하여 물품부적합이 나타난 경우 (물품이 일정 기간 통상의 목적이나 특별한 목적에 맞는 상태를 유지한다고 보증한 경우)

3. 제37조 : 사전인도시 추완권(부적합치유권)

제37조
매도인이 인도기일 전에 물품을 인도한 경우에는, 매수인에게 불합리한 불편 또는 비용을 초래하지 아니하는 한, 매도인은 그 기일까지는 누락분을 인도하거나 부족한 수량을 보충하거나 부적합한 물품에 갈음하여 물품을 인도하거나 또는 물품의 부적합을 치유할 수 있다. 다만, 매수인은 이 협약에서 정한 손해배상을 청구할 권리를 보유한다.

● 제37조는 매도인이 인도기일 이전에 미리 인도하였으나 그 인도가 불완전하게 이행된 경우 매도인에게 이행기까지 그 부적합을 치유할 권리를 부여하고 있음
- 제34조는 서류의 부적합치유권을, 제37조는 물품의 부적합치유권을 규정
- 매수인에게 추완이 불합리한 불편 또는 불합리한 비용을 낳는 경우에는 매도인은 추완권을 행사할 수 없고 매수인은 이것을 거절할 수 있다.
- 추완이 완전하게 이루어졌다고 해도 잘못된 물품인도에 의해 발생한 손해배상을 청구할 수 있다(2문).

  * 매수인이 근거 없이 매도인의 정당한 추완을 거부한 경우 매수인은 매도인의 추완권을 박탈한 것이 되어 더 이상 원래의 물품의 부적합 등을 이유로 하는 구제수단을 행사할 수 없다.

4. 제38조, 제39조 : 매수인의 물품검사의무 및 부적합 통지

(1) 물품의 검사

제38조
(1) 매수인은 그 상황에서 실행가능한 단기간 내에 물품을 검사하거나 검사하게 하여야

한다.
(2) 계약에 물품의 운송이 포함되는 경우에, 검사는 물품이 목적지에 도착한 후까지 연기될 수 있다.
(3) 매수인이 검사할 합리적인 기회를 가지지 못한 채 운송중에 물품의 목적지를 변경하거나 물품을 전송하고, 매도인이 계약 체결시에 그 변경 또는 전송의 가능성을 알았거나 알 수 있었던 경우에는, 검사는 물품이 새로운 목적지에 도착한 후까지 연기될 수 있다.

- 제38조는 매수인의 물품검사의무를 규정하고 있다. 검사의무는 독자적인 것이 아니라 39조의 부적합 통지에 영향을 미칠 뿐이다.

\- 검사의 시기와 장소에 대해서 규정

- 검사의 기간(제1항) : 그 상황에서 실행 가능한 단기간 내에 물품을 검사하여야 한다.
- 계약에 물품의 운송이 포함되어 있다면 검사는 물품이 목적지에 도착한 후까지 연기될 수 있다(제2항).
- 매수인이 검사할 합리적인 기회를 갖지 못한 채 물품의 운송 중에 목적지를 변경하거나 다른 곳으로 재송부하는 경우 물품의 검사는 새로운 목적지에 도착한 후까지 연기될 수 있다(제3항).

\- 다만 그러한 변경 또는 재송부의 사실을 계약체결시에 매도인이 알았거나 알 수 있었을 경우에 한하여 연기된다.

*** 매수인의 검사의무에 대해 매도인은 검사를 청구할 권리가 없으며, 검사를 하지 않았다 하더라도 매수인에게 손해배상을 청구할 수 없다.**

(2) 부적합통지

제39조

(1) 매수인이 물품의 부적합을 발견하였거나 발견할 수 있었을 때로부터 합리적인 기간 내에 매도인에게 그 부적합한 성질을 특정하여 통지하지 아니한 경우에는, 매수인은 물품의 부적합을 주장할 권리를 상실한다.
(2) 매수인은 물품이 매수인에게 현실로 교부된 날로부터 늦어도 2년 내에 매도인에게 제1항의 통지를 하지 아니한 경우에는, 물품의 부적합을 주장할 권리를 상실한다. 다만, 이 기간제한이 계약상의 보증기간과 양립하지 아니하는 경우에는 그러하지 아니하다.

- 계약에 부적합한 물품에 대한 매수인의 부적합 통지의무를 규정하는 것은 뒤늦게 부적합을 이유로 매수인이 구제청구를 하는 경우 그 행위의 정당성을 확인하기 어렵게 된다는 문제점이 있으므로 매도인을 보호하기 위한 규정이다.

- ① 합리적인 기간 내의 부적합 통지(제1항)

- 매수인이 물품의 부적합 즉 물품의 하자, 포장 잘못, 수량 미달이나 초과, 다른 물건 인도 등을 발견하였거나 발견할 수 있었던 때로부터 합리적인 기간 내에 매도인에게 그 부적합을 통지하여야 한다.
- ② 부적합 통지의 내용은 구체적이어야 함. 부적합의 종류가 모두 언급되어야 함. 통지는 서면이든 구두이든 무관. 발송함으로써 효력 발생. 통지는 매도인에게
- 부적합 통지가 없는 경우의 법적 효과 : 매수인은 부적합을 주장할 권리를 상실한다. (예외 존재) 제45조 이하의 권리 상실. 물품에 하자가 있거나 수량이 부족하더라도 대금은 모두 지급하여야 한다. 초과 인도한 것을 수령한 경우에는 그 초과분의 대금을 지급하여야 한다(제52조 제2항).

- 2년의 제척기간(제2항)

- 물품이 매수인에게 사실상 교부된 날로부터 2년이 경과했으면 매수인은 부적합에 대해 주장할 권리를 상실한다. 다만, 계약상의 보증기간이 2년을 넘는 경우에는 그 보증기간에 의한다.

5. 제40조, 제44조 : 부적합 통지가 없는 경우의 법적 효과 중 예외 두 가지

제40조

물품의 부적합이 매도인이 알았거나 모를 수 없었던 사실에 관한 것이고, 매도인이 매수인에게 밝히지 아니한 경우에는 매도인은 제38조와 제39조를 원용할 수 없다.

- 매수인의 검사 및 하자통지의무를 정한 38조와 39조의 예외를 정하고 있다.

- 매도인이 물품의 부적합을 알았거나(악의) 모를 수 없었을 때(중과실)에는 매수인이 제때에 부적합 통지를 하지 않아 권리를 상실했다는 주장을 매도인이 할 수 없다. 2년의 제척기간도 주장할 수 없다.

제44조

제39조 제1항과 제43조 제1항에도 불구하고, 매수인은 정하여진 통지를 하지 못한 데에

합리적인 이유가 있는 경우에는 제50조에 따라 대금을 감액하거나 이익의 상실을 제외한 손해배상을 청구할 수 있다.

- 매수인이 통지를 하지 못한 데에 합리적인 이유가 있는 경우에는 제50조에 따라 대금을 감액하거나 이익의 상실을 제외한 손해배상을 청구할 수 있다.
- 대금감액과 손해배상청구권만 인정된다.
- 제40조와 달리 제44조에 따른 예외는 제39조 제2항에 따른 제척기간 도과를 배제하지 않으므로 매수인이 합리적인 이유가 있어 부적합 통지를 하지 않았더라도 그것이 2년의 제척기간이 경과한 뒤에는 매수인은 구제수단을 행사할 수 없다.

6. 제41조, 제42조, 제43조 : 권리적합성

(1) 제41조 : 권리부적합이 없는 물품의 인도 의무

제41조

매수인이 제3자의 권리나 권리주장의 대상이 된 물품을 수령하는 데 동의한 경우를 제외하고, 매도인은 제3자의 권리나 권리주장의 대상이 아닌 물품을 인도하여야 한다. 다만, 그러한 제3자의 권리나 권리주장이 공업소유권 그 밖의 지적재산권에 기초를 두고 있는 경우에는, 매도인의 의무는 제42조에 의하여 규율된다.

- 매도인은 제3자의 권리 또는 권리주장이 없는 물품을 인도하여야 한다.
  - 제3자의 권리 또는 권리주장은 물품의 소유권이 제3자에게 있거나 제한물권이 설정되어 있는 경우 등을 의미
  - 그러한 경우 중 제3자의 권리 또는 권리주장의 기초가 공업소유권 기타 지적재산권인 경우에는 제42조에서 규율하고 있다.

(2) 제42조 : 지식재산권에 기초한 권리부적합

제42조

(1) 매도인은, ① 계약 체결 시에 자신이 알았거나 모를 수 없었던 공업소유권 그 밖의 ② 지적재산권에 기초한 제3자의 권리나 권리주장의 대상이 아닌 물품을 인도하여야

한다. 다만, 제3자의 권리나 권리주장이 ③ 다음 국가의 법에 의한 공업소유권 그 밖의 지적재산권에 기초한 경우에 한한다.

(가) 당사자 쌍방이 계약 체결시에 물품이 어느 국가에서 전매되거나 그 밖의 방법으로 사용될 것을 예상하였던 경우에는, 물품이 전매되거나 그 밖의 방법으로 사용될 국가의 법

(나) 그 밖의 경우에는 매수인이 영업소를 가지는 국가의 법

(2) 제1항의 매도인의 의무는 다음의 경우에는 적용되지 아니한다.

(가) 매수인이 계약 체결 시에 그 권리나 권리주장을 알았거나 모를 수 없었던 경우

(나) 그 권리나 권리주장이 매수인에 의하여 제공된 기술설계, 디자인, 방식 그 밖의 지정에 매도인이 따른 결과로 발생한 경우

- 제3자의 권리가 지적재산권일 경우의 특칙 규정

- 제41조에 비하여 매도인의 책임 완화 (매도인의 책임을 묻기 위한 요건 강화) (제1항) 그리고 매도인 책임 배제도 가능(제2항)

- 제1항(책임을 묻기 위한 요건)

- 첫째, 공업소유권 기타 지적재산권에 기한 제3자의 권리 또는 권리주장이 있는 물품일 것
- 둘째, 매도인이 계약체결 시에 제3자의 권리나 권리주장에 대해서 알았거나 모를 수 없었을 것(악의 또는 중과실)
- 셋째, 지적재산권의 침해가 물품의 사용국가(가호) 또는 매수인의 영업소 소재지 국가(나호)의 법률에 의해 이루어질 것

- 제2항(매도인 책임의 배제)

- (가)호 : 매수인이 그 권리나 권리주장을 계약체결시에 알았거나 모를 수 없었을 경우(악의나 중과실)
- (나)호 : 매수인이 제공한 기술적 지시 등에 따른 결과로 제3자의 권리나 권리주장이 생긴 경우

(3) 제43조 : 권리부적합의 경우 통지의무

제43조

(1) 매수인이 제3자의 권리나 권리주장을 알았거나 알았어야 했던 때로부터 합리적인 기간 내에 매도인에게 제3자의 권리나 권리주장의 성질을 특정하여 통지하지 아니한

경우에는, 매수인은 제41조 또는 제42조를 원용할 권리를 상실한다.
(2) 매도인이 제3자의 권리나 권리주장 및 그 성질을 알고 있었던 경우에는 매도인은 제1항을 원용할 수 없다.

- 제39조와 마찬가지로 물품의 권리부적합에 대한 매수인의 통지의무를 규정하고 있다(제1항).
- 매수인은 제3자의 권리나 권리주장을 알았거나 알았어야 했던 때로부터 합리적인 기간 내에 제3자의 권리나 권리주장의 성질을 특정하여 통지하여야 한다.
- 매도인이 제3자의 권리나 권리주장 및 그 성질을 알고 있었던 경우에는 매수인이 통지를 하지 않았음을 원용할 수 없다(제2항).
  - 즉 매수인은 통지하지 않았다 하더라도 구제수단을 행사할 수 있다.

7. 제44조 : 매수인 보호를 위한 예외규정

제44조
제39조 제1항과 제43조 제1항에도 불구하고, 매수인은 정하여진 통지를 하지 못한 데에 합리적인 이유가 있는 경우에는 제50조에 따라 대금을 감액하거나 이익의 상실을 제외한 손해배상을 청구할 수 있다.

- 매수인이 부적합 통지를 하지 않은 경우에 매수인을 보호하기 위한 예외 규정
- 물품부적합의 경우와 권리부적합의 경우에 모두 적용

제3절 매도인의 계약위반에 대한 구제

1. 제45조 : 매수인의 구제수단 개관

- 협약 제45조는 매수인의 구제수단을 개관하고 있다.
- 손해배상청구권은 매수인이 다른 구제방법을 취하는지 여부와 무관하게 병렬적으로 행사할 수 있는 권리이다.

제45조
(1) 매도인이 계약 또는 협약상의 의무를 이행하지 아니하는 경우에 매수인은 다음을 할 수 있다.

(가) 제46조 내지 제52조에서 정한 권리의 행사
(나) 제74조 내지 제77조에서 정한 손해배상의 청구
(2) 매수인이 손해배상을 청구하는 권리는 다른 구제를 구하는 권리를 행사함으로써 상실되지 아니한다.
(3) 매수인이 계약위반에 대한 구제를 구하는 경우에, 법원 또는 중재판정부는 매도인에게 유예기간을 부여할 수 없다.

2. 제46조 : 의무이행청구권·대체물인도청구권·수리에 의한 부적합치유청구권

제46조
(1) 매수인은 매도인에게 의무의 이행을 청구할 수 있다. 다만, 매수인이 그 청구와 양립하지 아니하는 구제를 구한 경우에는 그러하지 아니한다.
(2) 물품이 계약에 부적합한 경우에, 매수인은 대체물의 인도를 청구할 수 있다. 다만, 그 부적합이 본질적 계약위반을 구성하고, 그 청구가 제39조의 통지와 동시에 또는 그 후 합리적인 기간 내에 행하여진 경우에 한한다.
(3) 물품이 계약에 부적합한 경우에, 매수인은 모든 상황을 고려하여 불합리한 경우를 제외하고, 매도인에게 수리에 의한 부적합의 치유를 청구할 수 있다. 수리 청구는 제39조의 통지와 동시에 또는 그 후 합리적인 기간 내에 행하여져야 한다.

(1) 의무이행청구권(제1항)

- 매도인의 이행청구권인 제62조에 대응하는 권리
- 매수인이 계약해제권이나 대금감액권을 행사한 경우와 같이 이행청구와 양립할 수 없는 구제를 구한 경우에는 이행청구권은 인정되지 않는다.

(2) 대체물인도청구권(제2항)

- 대체물인도청구권은 ① 그 부적합이 본질적 계약위반(제25조)이 되고, ② 그 청구가 제39조의 부적합 통지와 동시 또는 그 후 합리적인 기간 내에 행하여진 경우에 인정된다.

(3) 수리에 의한 부적합치유권(제3항)

- 물품부적합이 본질적 계약위반에까지는 이르지 않은 경우 ① 모든 상황을 고

려하여 그 청구가 불합리하지 않아야 하고, ② 그 청구가 제39조의 부적합 통지와 동시에 또는 그 후 합리적인 기간 내에 행하여져야 한다.

3. 제47조 : 부가기간지정권

제47조

(1) 매수인은 매도인의 의무이행을 위하여 합리적인 부가기간을 정할 수 있다.

(2) 매도인으로부터 그 부가기간 내에 이행을 하지 아니하겠다는 통지를 수령한 경우를 제외하고, 매수인은 그 기간 중 계약위반에 대한 구제를 구할 수 없다. 다만, 매수인은 이행지체에 대한 손해배상을 청구할 권리를 상실하지 아니한다.

- 제46조에 규정된 매수인의 이행청구권을 보충하는 조항이다.
- 제49조 제1항 나호에 따라 부가기간의 설정은 인도 불이행의 경우에만 적용된다.
- 부가기간 설정은 매수인을 구속하여 그 기간 내에는 계약위반에 따른 다른 구제수단을 행사할 수 없다(제2항).

- 다만 이 기간 내에 매도인으로부터 이행하지 않겠다는 통지를 받은 후에는 바로 모든 구제수단 행사 가능
- 예외적으로 이행지체에 따른 손해배상청구는 가능(제2항 단서)
- 부가기간 설정의 가장 중요한 법적 효과는 49조 1항 나호의 계약해제권 : 부가기간 내에 물품을 인도하지 아니한 경우 불인도가 본질적 계약위반이 아니라 하더라도 계약해제 가능

4. 제48조 : 매도인의 이행기 이후의 추완권(불이행치유권)

제48조

(1) 제49조를 따를 것을 조건으로(해제권이 보완권이 앞섬) 매도인은 인도기일 후에도 불합리하게 지체하지 아니하고 매수인에게 불합리한 불편 또는 매수인의 선급 비용을 매도인으로부터 상환 받는 데 대한 불안을 초래하지 아니하는 경우에는, 자신의 비용으로 의무의 불이행을 치유할 수 있다. 다만, 매수인은 이 협약에서 정한 손해배상을 청구할 권리를 보유한다.

(2) 매도인이 매수인에게 이행의 수령 여부를 알려 달라고 요구하였으나 매수인이 합리적인 기간 내에 그 요구에 응하지 아니한 경우에는, 매도인은 그 요구에서 정한 기간 내

에 이행을 할 수 있다. 매수인은 그 기간 중에는 매도인의 이행과 양립하지 아니하는 구제를 구할 수 없다.

(3) 특정한 기간 내에 이행을 하겠다는 매도인의 통지는 매수인이 그 결정을 알려야 한다는 제2항의 요구를 포함하는 것으로 추정한다.

(4) 이 조 제2항 또는 제3항의 매도인의 요구 또는 통지는 매수인에 의하여 수령되지 아니하는 한 그 효력이 발생하지 아니한다.

◉ 이행기 이후에 인정되는 매도인에게 인정되는 권리

- 매도인의 추완권은 모든 계약위반에 대해 적용 (부적합 인도, 일부 인도, 아예 인도가 없는 경우, 서류를 교부하지 않은 경우 등)
- 이행기 이전의 매도인의 추완권 : 제37조

◉ 요건(제1항)

- 매도인이 의무를 위반하였음에도 불구하고 인정되는 권리이므로 엄격한 요건 하에 인정된다.
- 첫째, 제49조가 적용되는 경우에는 매도인의 추완권이 인정되지 않음 : 계약위반이 본질적이어서 매수인이 계약을 해제하는 경우에는 매도인이 추완권을 행사할 수 없다.
- 둘째, 매도인의 추완이 매수인에게 불합리한 지체가 되거나 불합리한 불편을 낳거나 또는 매수인이 이미 지급한 비용을 매도인에게 상환받는 데 불안이 있는 경우 매도인은 추완권을 행사할 수 없다.
- 추완에 필요한 비용은 매도인이 부담
- 매수인은 이로 인해 발생하는 손해배상청구 가능

◉ 추완의 통지(제2항 내지 제4항)

- 매도인이 매수인에게 이행을 수령할 지 여부를 알려 달라고 요구하였는데도 매수인이 합리적인 기간 내에 이에 응답하지 않을 때에는 매도인은 그 요구에서 제시한 기간 내에 추완이 가능하다(제2항 1문). 매수인은 그 기간 중에는 매도인의 이행과 양립하지 아니하는 구제 즉 계약해제나 대금감액 등을 구할 수 없다(제2항 2문).
- 매도인이 일정 기간 내에 이행하겠다는 뜻의 통지를 한 경우 매수인에게 승낙 여부의 결정을 알려주어야 한다는 요구가 포함되어 있는 것으로 추정(제3항)

- 제2항 1문의 요구와 제3항의 통지는 도달로서 효력이 발생(제4항)

5. 제49조 : 계약해제권

제49조

(1) 매수인은 다음의 경우에 계약을 해제할 수 있다.

(가) 계약 또는 이 협약상 매도인의 의무 불이행이 본질적 계약위반으로 되는 경우

(나) **인도 불이행**의 경우에는, 매도인이 **제47조 제1항에 따라** 매수인이 정한 부가기간 내에 물품을 인도하지 아니하거나 그 기간 내에 인도하지 아니하겠다고 선언한 경우

(2) 그러나 매도인이 물품을 인도한 경우에는, 매수인은 다음의 기간 내에 계약을 해제하지 아니하는 한 계약해제권을 상실한다.

(가) 인도지체의 경우, 매수인이 인도가 이루어진 것을 안 후 합리적인 기간 내

(나) 인도지체 이외의 위반의 경우, 다음의 시기로부터 합리적인 기간 내

(i) 매수인이 그 위반을 알았거나 또는 알 수 있었던 때

(ii) 매수인이 제47조 제1항에 따라 정한 부가기간이 경과한 때 또는 매도인이 그 부과기간 내에 의무를 이행하지 아니하겠다고 선언한 때

(iii) 매도인이 제48조 제2항에 따라 정한 부가기간이 경과한 때 또는 매수인이 이행을 수령하지 아니하겠다고 선언한 때

- 매수인이 언제 계약을 해제할 수 있는가를 규정(계약해제의 요건)
- 해제의 의사표시는 제26조, 제27조/ 해제의 효과는 제81조 내지 제84조

- 계약해제의 요건(제1항)
- ① 매도인의 의무불이행이 본질적 계약위반으로 되는 경우(가호), ② 인도불이행의 경우 매도인이 매수인이 정한 부가기간(제47조 제1항) 내에 물품을 인도하지 않거나 인도하지 않겠다고 선언한 경우(나호)
- 주의할 점은 제49조 제1항 나호는 인도불이행의 경우에만 적용, 계약에 부적합한 물품의 인도 또는 그 밖의 계약위반의 경우에는 적용되지 않는다는 점(하자있는 물품이 인도된 경우 그것이 본질적인 계약위반이 되지 않는 한 부가기간이 지났다고 하더라도 매수인은 계약을 해제할 수 없음)

- 물품을 인도한 경우의 해제권의 상실(제2항)
- 매도인이 핵심적인 의무를 이행하였음에도 매수인이 물품의 가격 변동을 이용

하여 투기할 가능성을 배제하고자 하였다.

- 매도인이 물품을 인도한 경우에는 매수인이 아래의 기간 내에 계약을 해제하지 않으면 해제권을 상실한다.
  가. 인도지체의 경우 : 매수인이 인도가 이루어진 것을 안 후 합리적인 기간 내
  나. 인도지체 외의 경우 : ① 매수인이 그 위반을 알았거나 알 수 있었던 때, ② 매수인이 제47조 제1항에 따라 정한 부가기간이 경과한 때 또는 그 기간 내에 매도인이 의무불이행을 선언한 때, ③ 매도인이 제48조 제2항에 따라 정한 부가기간이 경과한 때 또는 매수인이 이행불수령을 선언한 때로부터 각각 합리적인 기간 내

6. 제50조 : 대금감액권

제50조

물품이 계약에 부적합한 경우에, 대금의 지급 여부에 관계없이 매수인은 현실로 인도된 물품이 인도시에 가지고 있던 가액이 계약에 적합한 물품이 그때에 가지고 있었을 가액에 대하여 가지는 비율에 따라 대금을 감액할 수 있다. 다만, 매도인이 제37조나 제48조에 따라 의무의 불이행을 치유하거나 매수인이 동 조항에 따라 매도인의 이행의 수령을 거절한 경우에는 대금을 감액할 수 없다.

- 제50조는 인도받은 물품이 계약에 부적합한 경우 매수인이 적합한 물품이 인도시에 가지고 있었을 가액의 비율에 따라 대금을 감액할 수 있음을 규정
- 인도된 물품의 가액/계약에 적합한 물품의 가액 × 약정대금 = 감액 후 대금
- 을이 실크스카프를 50달러에 3만장 병에게 매도하기로 계약. 그러나 스카프에 하자 있다. 스카프의 인도시 같은 종류의 스카프가 장당 80달러에 판매될 수 있었으나 을이 인도한 스카프에는 하자가 있어서 64달러에 판매 가능. 병은 얼마의 금액을 감액청구할 수 있나?
  → 40=50×64/80 따라서 장당 10달러 감액청구 가능

- 매도인의 귀책사유가 없는 경우에도 행사할 수 있고, 대금의 지급 여부와도 무관하게 인정되는 형성권이다.

- 대금감액 불인정 : 제37조나 제48조에 따라 채무의 불이행을 추완한 경우 또는 매도인의 추완을 매수인이 수령거절한 경우 매수인이 대금감액을 주장할

수 없다(단서). 따라서 매수인의 대금감액권보다는 매도인의 사전적 또는 사후적 추완권에 우선한다.

- 추완권이 우선한다는 의미는 매도인이 실제로 추완을 한 경우 뿐만 아니라 매도인이 추완권을 가지는 경우 즉 불합리하게 지체하지 아니하고 매수인에게 불합리한 불편 또는 비용상환의 불안을 초래하지 아니하는 경우 합리적인 기간 동안에는 매수인이 대금감액권을 행사할 수 없다는 의미

7. 제51조 : 일부불이행과 일부부적합

제51조

(1) 매도인이 물품의 일부만을 인도하거나 인도된 물품의 일부만이 계약에 적합한 경우에, 제46조 내지 제50조는 부족 또는 부적합한 부분에 적용된다.

(2) 매수인은 인도가 완전하게 또는 계약에 적합하게 이루어지지 아니한 것이 본질적 계약위반으로 되는 경우에 한하여 계약 전체를 해제할 수 있다.

◎ 물품의 일부만 인도되었거나 또는 인도된 물품의 일부만 계약에 부적합한 경우에는 그 부족분 또는 부적합에 대해서 제46조 내지 제50조의 규정이 적용된다(제1항).

- 이 부분에 대해서 이행청구, 대체물인도, 보완청구, 부가기간설정, 매도인의 추완권, 계약해제, 대금감액이 이루어질 수 있다.
- 손해배상에 관한 조항을 언급하지 않지만, 일부인도 또는 일부의 부적합으로 인하여 매수인에게 손해가 발생한 경우 매수인은 손해배상청구를 할 수 있다.
- 매수인은 일부인도 또는 일부부적합이라는 이유만으로 수령을 거절할 수 없다. 다만 그로 인하여 발생하는 운송비 등의 추가적인 비용은 매도인에게 청구할 수 있다.

◎ 일부인도 또는 일부의 부적합이 계약전체에 대해 본질적 계약위반이 되는 경우에 한해서는 계약 전체를 해제할 수 있다(제2항).

- 계약 전체의 본질적 계약위반이 존재하는지는 제25조에 따라 판단할 것
- 일부인도가 이루어진 경우 나머지 부분이 인도되지 않으면 매수인이 인도된 부분만을 사용하거나 전매할 수 없기 때문에 인도된 부분이 매수인에게 의미가 없는 경우 계약전체 해제 가능

8. 제52조 : 이행기 전 인도, 초과인도

제52조

(1) 매도인이 이행기 전에 물품을 인도한 경우에, 매수인은 이를 수령하거나 거절할 수 있다.

(2) 매도인이 계약에서 정한 것보다 다량의 물품을 인도한 경우에, 매수인은 초과분을 수령하거나 이를 거절할 수 있다. 매수인이 초과분의 전부 또는 일부를 수령한 경우에는 계약대금의 비율에 따라 그 대금을 지급하여야 한다.

- 매도인이 계약에서 정한 또는 제33조의 인도시기 전에 인도하는 것은 계약위반이므로 매수인은 부적합 통지를 하고 이를 거절할 수 있다(제1항). (거절하는 경우 제86조에 의하여 보관 의무를 질 수 있음)
  - 매수인은 이를 수령 해도 무방. 매수인의 대금지급의무는 본래의 시기대로 행해지면 될 것
  - 매수인이 사전인도를 거절하든 수령하든 이로 인해 발생된 손해는 배상을 청구할 수 있다.

- 계약에서 인도한 양보다 많이 인도한 경우 매수인은 이를 거절할 수 있음(제2항). 이때에도 매수인은 제86조의 보관 의무를 부담할 수 있다. 거절하기 위해서는 부적합 통지를 하여야 한다.
  - 초과 인도분을 수령한 경우 수령한 초과분의 대금을 지급하여야 한다. 그 기준 가격은 계약가격
  - 주의할 점은 매수인이 물품검사 시에 초과인도임을 알았지만, 이에 대해 매도인에게 통지하지 않았다면 그 전체의 인도물품이 계약의 목적물이 되므로 매수인은 초과분에 대해 대금을 지급하여야 한다.

제3장 매수인의 의무

- 제53조 : 매수인의 의무요약

제53조

매수인은 계약과 이 협약에 따라, 물품의 대금을 지급하고, 물품의 인도를 수령하여야 한다.

◎ 중요한 매수인의 의무인 대금지급의무와 수령의무를 제시하고 있다. 매도인에 대한 규정인 제30조에 대응하는 조항

제1절 대금의 지급

1. 제54조 : 대금지급의무의 내용

제54조

매수인의 대금지급의무에는 그 지급을 위하여 계약 또는 법령에서 정한 조치를 취하고 절차를 따르는 것이 포함된다.

◎ 제53조에 규정된 매수인의 대금지급의무 보충하는 규정

- 대금지급 이전에 대금지급을 위해 필요한 조치와 방식에 따르는 것도 대금지급의무에 포함(신용장 개설이나 은행보증보험 가입 등, 법령 : 외환법상 송금 절차, 필요시 정부허가 신청 등)

2. 제55조, 제56조 : 대금의 결정

제55조

계약이 유효하게 성립되었으나 그 대금을 명시적으로 또는 묵시적으로 정하고 있지 아니하거나 이를 정하기 위한 조항을 두지 아니한 경우에는, 당사자는 반대의 표시가 없는 한, 계약 체결시에 당해 거래와 유사한 상황에서 매도되는 그러한 종류의 물품에 대하여 일반적으로 청구되는 대금을 묵시적으로 정한 것으로 본다.

◎ 물품의 가격이 정해지지 않은 경우에 그 가격을 결정하는 규정

- 물품의 가격은 계약체결시에 당해 거래와 유사한 상황 아래에서 매도되는 물품에 대하여 일반적으로 청구되는 가액으로 정해진다.
- 즉 계약체결시 객관적으로 통용되는 가격이 계약대금이 된다.

제56조

대금이 물품의 중량에 따라 정하여지는 경우에, 의심이 있을 때에는 순중량에 의하여 대금을 결정하는 것으로 한다.

◎ 물품의 대금이 중량에 의해 정해지는 경우에 적용되는 규정

- 의심스러운 경우 순중량에 의해 대금이 결정. 순중량이란 총중량에서 포장무게를 뺀 것
- 당사자의 의사나 관행, 관례가 없는 경우에 적용되는 규정

3. 제57조 : 대금지급장소

제57조

(1) 매수인이 다른 특정한 장소에서 대금을 지급할 의무가 없는 경우에는, 다음의 장소에서 매도인에게 이를 지급하여야 한다.

(가) 매도인의 영업소, 또는

(나) 대금이 물품 또는 서류의 교부와 상환하여 지급되어야 하는 경우에는 그 교부가 이루어지는 장소

(2) 매도인은 계약 체결 후에 자신의 영업소를 변경함으로써 발생하는 대금지급에 대한 부수비용의 증가액을 부담하여야 한다.

◎ 당사자들이 대금지급을 하기로 정한 곳이 있으면 그곳이 지급장소가 됨(합의한 지급장소)(제1항)

- 물품의 교부 또는 서류의 교부와 상환하여 대금을 지급해야 하는 경우에 한해 그 교부가 이루어지는 곳이 대금지급장소가 된다(나호).
- 최종적으로 매도인의 영업소가 지급장소가 된다. : 지참채무원칙(가호)

*** 영업소 관련 규정 : 제10조**

◎ 계약체결 후 매도인이 영업소를 변경함으로써 생긴 증가된 비용은 매도인이 부담(제2항)

4. 제58조 : 대금지급시기

제58조

(1) 매수인이 다른 특정한 시기에 대금을 지급할 의무가 없는 경우에는, 매수인은 매도인이 계약과 이 협정에 따라 물품 또는 그 처분을 지배하는 서류를 매수인의 처분 하에 두는 때에 대금을 지급하여야 한다. 매도인은 그 지급을 물품 또는 서류의 교부를 위한 조건으로 할 수 있다.

(2) 계약에 물품의 운송이 포함되는 경우에는, 매도인은 대금의 지급과 상환하여서만 물품 또는 그 처분을 지배하는 서류를 매수인에게 교부한다는 조건으로 물품을 발송할 수 있다.
(3) 매수인은 물품을 검사할 기회를 가질 때까지는 대금을 지급할 의무가 없다. 다만, 당사자간에 합의된 인도 또는 지급절차가 매수인이 검사 기회를 가지는 것과 양립하지 아니하는 경우에는 그러하지 아니하다.

- 매도인이 물품 또는 처분을 지배하는 서류를 매수인의 처분에 맡긴 때에 매수인은 대금을 지급해야 한다(제1항 1문).
- 물품의 처분을 지배하는 서류는 제34조의 물품에 관한 서류보다 좁은 의미. 소지인으로 하여금 물품의 처분을 가능하게 하는 서류로서 선하증권 또는 창고증권 또는 화물상환증과 같이 서류의 교부가 물품의 교부와 동일한 의미를 가지는 서류만을 의미함. 물품의 수령만을 증명하는 서류는 이에 해당하지 않는다.

- 매도인은 대금지급을 물품 또는 서류의 교부를 위한 조건으로 삼을 수 있다(제1항 2문).

- 운송을 포함하는 매매의 경우 대금지급과 상환으로 물품 또는 서류를 매수인에게 교부한다는 조건으로 물품을 발송할 수 있다(제2항).

- 원칙적으로 매수인이 물품을 검사할 기회를 가지기 전에는 대금지급의 시기가 도래하지 않는다(제3항).
- 그러나 당사자 간에 합의한 내용이 매수인의 검사와 양립하지 않는 경우에는 검사 없이 대금 지급의 시기가 도래한다.
- 제38조에서 요구하는 매수인의 검사와는 다르다. 여기의 검사는 엄격한 검사가 아니라 간단한 피상적 검사로 충분하다.

5. 제59조 : 지급시기 도래의 효과

제59조

매수인은 계약 또는 이 협약에서 지정되거나 확정될 수 있는 기일에 대금을 지급하여야 하며, 이 경우 매도인의 입장에서는 어떠한 요구를 하거나 절차를 따를 필요가 없다.

- 대금은 계약 또는 협약에 지급하기로 정해져 있는 때에 바로 지급해야 한다.
  - 매도인의 지급요구 또는 최고 등을 별도로 필요로 하지 않는다.
- 지급시기가 지나면 바로 계약위반이 되고, 매도인은 제61조 이하 구제수단도 행사 가능하고, 제78조에 따른 이자도 발생한다.

제2절 인도의 수령

제60조
매수인의 수령의무는 다음과 같다.
(가) 매도인의 인도를 가능하게 하기 위하여 매수인에게 합리적으로 기대될 수 있는 모든 행위를 하는 것, 및
(나) 물품을 수령하는 것

- 제53조에 언급된 매수인의 수령의무를 구체화
- 수령의무의 내용
  - 물품을 수령하는 것(나호) 외에 매도인의 인도가 가능하도록 매수인에게 요구되는 모든 행위를 하는 것(가호)도 매수인의 수령의무에 속하는 것 (예를 들어 수입허가를 얻는 일이나 운송수단을 제때에 제공하는 일 등) : 매도인의 물품 인도를 가능하게 하기 위한 합리적으로 협력한 의무
- 매수인은 이행기 전 인도 또는 초과인도시(제52조) 수령거절 가능

제3절 매수인의 계약위반에 대한 구제

1. 제61조 : 매도인의 구제방법 개관

제61조
(1) 매수인이 계약 또는 이 협약상의 의무를 이행하지 아니하는 경우에 매도인은 다음을 할 수 있다.
(가) 제62조 내지 제65조에 정한 권리의 행사

(나) 제74조 내지 제77조에서 정한 손해배상의 청구

(2) 매도인이 손해배상을 청구하는 권리는 다른 구제를 구하는 권리를 행사함으로써 상실되지 아니한다.

(3) 매도인이 계약위반에 대한 구제를 구하는 경우에, 법원 또는 중재판정부는 매수인에게 유예기간을 부여할 수 없다.

- 매수인의 구제수단을 언급하고 있는 제45조에 대응하는 규정
- 손해배상청구권의 근거 밝혀주고 있다. : 제74조부터 제77조
- 손해배상청구권은 항상 다른 구제수단과 함께 행사할 수 있음을 명시(제2항)
- 매도인이 계약위반에 대한 구제를 구하는 경우에 법원이나 중재기관은 매수인에게 유예기간을 부여할 수 없다(제3항).
- 그러나 임의규정이므로 매도인 스스로 유예기간 부여할 수 있음

2. 제62조 : 매도인의 의무이행청구권

제62조

매도인은 매수인에 대하여 대금의 지급, 인도의 수령 또는 그 밖의 의무의 이행을 청구할 수 있다. 다만, 매도인이 그 청구와 양립하지 아니하는 구제를 구한 경우에는 그러하지 아니하다.

- 제46조 제1항에 대응하여 매수인의 채무불이행시에 인정되는 매도인의 이행청구권 규정
- 매도인은 매수인에게 대금 지급뿐만 아니라 인도의 수령 기타 의무의 이행을 청구할 수 있다. 그러나 계약을 해제하면서 이행을 청구하는 것은 양립할 수 없으므로 인정되지 않는다.

3. 제63조 : 부가기간지정권

제63조

(1) 매도인은 매수인의 의무이행을 위하여 합리적인 부가기간을 정할 수 있다.

(2) 매수인으로부터 그 부가기간 내에 이행을 하지 아니하겠다는 통지를 수령한 경우를 제외하고, 매도인은 그 기간 중 계약위반에 대한 구제를 구할 수 없다. 다만, 매도인은 이행지체에 대한 손해배상을 청구할 권리를 상실하지 아니한다.

◎ 제47조 매수인의 부가기간 설정에 대응하는 규정

◎ 매도인은 합리적인 부가기간을 설정하여 이행을 청구할 수 있다(제1항).

◎ 매도인이 부가기간을 설정하였다면 그 기간 중에는 계약위반에 대한 구제수단을 행사할 수 없다(제2항 1문).

- 매수인으로부터 이행하지 않겠다는 통지를 받은 경우에는 바로 계약위반에 대한 구제수단을 행사할 수 있다.

◎ 부가기간 중에 발생한 손해배상 청구는 별도로 가능(제2항 2문) : 이행지체에 따른 손해배상

4. 제64조 : 매도인의 계약해제권

제64조

(1) 매도인은 다음의 경우에 계약을 해제할 수 있다.

(가) 계약 또는 이 협약상 매수인의 의무 불이행이 본질적 계약위반으로 되는 경우

(나) 매수인이 제63조 제1항에 따라 매도인이 정한 부가기간 내에 대금지급 또는 물품수령 의무를 이행하지 아니하거나 그 기간 내에 그러한 의무를 이행하지 아니하겠다고 선언한 경우

(2) 그러나 매수인이 대금을 지급한 경우에는, 매도인은 다음의 기간 내에 계약을 해제하지 아니하는 한 해제권을 상실한다.

(가) 매수인의 이행지체의 경우, 매도인이 이행이 이루어진 것을 알기 전

(나) 매수인의 이행지체 이외의 위반의 경우, 다음의 시기로부터 합리적인 기간 내

(i) 매도인이 그 위반을 알았거나 또는 알 수 있었던 때

(ii) 매도인이 제63조 제1항에 따라 정한 부가기간이 경과한 때 또는 매수인이 그 부가기간 내에 의무를 이행하지 아니하겠다고 선언한 때

◎ 매수인의 해제권을 규정한 제49조에 대응하는 조항

◎ 계약해제권 발생사유(제1항)

- 본질적 계약위반(제25조)(가호) : 매수인의 계약위반이 본질적 계약위반이 된다면 매도인은 바로 계약을 해제할 수 있음 (본질적 계약위반이 무엇인가는 제25조가 규정하고 있음)
- 부가기간의 경과(나호) : 대금지급의무나 수령의무를 이행하지 않아서 매도인

이 부가기간을 정해주었으나 부가기간 내에 이행하지 않거나 또는 그 채무를 이행하지 않겠다고 명확히 한 경우

- 해제권의 상실(제2항)
- 매수인이 대금을 지급한 경우에 매도인에게 발생하는 해제권은 두 가지 경우에 그 행사기간이 제한되며 이 기간을 넘기면 매도인의 해제권은 상실됨
- 첫째, 매수인의 이행지체의 경우 매도인은 매수인의 이행사실을 알기 전까지는 계약을 해제할 수 있으나, 이행사실을 알게 된 후에는 해제권을 상실한다(가호). 매도인이 매수인이 대금을 지급하였음을 안 이상 계약을 해제할 수 없다.
  cf) 제49조 : 인도지체의 경우, 매수인이 인도가 이루어진 것을 안 후 합리적인 기간 내에 해제권을 행사할 수 있다고 규정하였음에 반하여,/ 매도인의 경우 이행이 이루어진 것을 알기 전에만 해제권을 행사할 수 있다고 규정한 점에서 차이가 있음
- 둘째, 매수인의 이행지체 이외의 위반인 경우(수령의무의 불이행 등)에는 매도인이 그 위반을 알았거나 알 수 있었을 때부터 합리적 기간이 지나면 해제권을 상실하고(나호 i), 매도인이 정한 부가기간을 경과한 후 또는 그 부가기간 내에 채무를 이행하지 않겠다고 매수인이 명확히 한 후 합리적인 기간이 경과하면 매도인은 해제권을 상실(나호 ii)
- 해제권을 상실하였다 해도 매도인은 손해배상청구 등 다른 구제수단을 여전히 행사할 수 있다.

5. 제65조 : 물품명세지정권

제65조

(1) 계약상 매수인이 물품의 형태, 규격 그 밖의 특징을 지정하여야 하는 경우에, 매수인이 합의된 기일 또는 매도인으로부터 요구를 수령한 후 합리적인 기간 내에 그 지정을 하지 아니한 경우에는, 매도인은 자신이 보유하는 다른 권리를 해함이 없이, 자신이 알고 있는 매수인의 필요에 따라 스스로 지정할 수 있다.

(2) 매도인은 스스로 지정하는 경우에 매수인에게 그 상세한 사정을 통고하고, 매수인이 그와 다른 지정을 할 수 있도록 합리적인 기간을 정하여야 한다. 매수인이 그 통지를 수령한 후 정하여진 기간 내에 다른 지정을 하지 아니하는 경우에는, 매도인의 지정이 구속력을 가진다.

- 물품의 형태, 규격, 그 밖의 특징을 매수인이 지정하기로 하는 경우에 결정하기로 합의한 기일 또는 매도인으로부터 결정하도록 요구받은 후 합리적인 기간 내에 매수인이 이를 정하지 않는 경우 매도인이 알고 있는 매수인의 필요에 따라 매도인 스스로 지정할 수 있다(제1항).
- 매도인의 다른 권리를 해하지 않으므로 손해배상 등을 청구할 수 있다.
- 매도인이 스스로 지정하지 않고 계약위반을 이유로 구제수단을 행사할 수 있다.

- 매도인이 스스로 정하는 경우에는 매수인에게 그 상세한 사정을 알리고 또한 매수인이 달리 정할 수 있는 합리적인 기간을 정해주어야 한다(제2항).

- 이러한 요건이 충족되었는데도 그 기간 내에 매수인의 결정이 없다면 매도인이 정한 내용이 구속력을 가진다(제2항).
- 매도인측의 귀책사유로 위 통지가 도달하지 않은 경우 매도인의 물품명세지정권은 효력이 없게 된다.

제4장 위험의 이전

- 위험부담이란 당사자 쌍방 모두에게 책임 없는 사유로 멸실 또는 훼손이 발생한 경우에 그 위험을 어느 쪽이 부담하는가의 문제

1. 제66조 : 위험부담의 일반원칙

제66조
위험이 매수인에게 이전된 후에 물품이 멸실 또는 훼손되더라도 매수인은 대금지급의무를 면하지 못한다. 다만, 그 멸실 또는 훼손이 매도인의 작위 또는 부작위로 인한 경우에는 그러하지 아니하다.

- 위험이 매수인에게 이전된 후에 물품이 멸실 또는 훼손되더라도 매수인은 대금지급의무를 면하지 못한다(본문).

- ① 위험이전의 예외도 규정하고 있다(단서).
- 그러나 ②위험이전의 또 다른 예외는 제70조에서 규정하고 있음

- 매수인에게 위험이 이전된 후에 물품이 멸실 또는 훼손되더라도 그 멸실 또는 훼손이 매도인의 작위 또는 부작위에 기인하는 경우에는 매수인은 대금지급의무에서 벗어난다.
- 작위 또는 부작위는 반드시 계약위반행위일 것을 요하지 않는다.
- 만약 매도인의 작위 또는 부작위가 본질적 계약위반행위라면 위험이전과는 무관하게 매수인은 계약을 해제할 수 있고 이로써 대금지급의무를 면하게 될 것

2. 위험이전의 시기

(1) 제67조 : 운송계약을 포함한 매매

제67조

(1) 매매계약에 물품의 운송이 포함되어 있고, 매도인이 특정한 장소에서 이를 교부할 의무가 없는 경우에, 위험은 매매계약에 따라 매수인에게 전달하기 위하여 물품이 제1운송인에게 교부된 때에 매수인에게 이전된다.

매도인이 특정한 장소에서 물품을 운송인에게 교부하여야 하는 경우에는, 위험은 그 장소에서 물품이 운송인에게 교부될 때까지 매수인에게 이전하지 아니한다.

매도인이 물품의 처분을 지배하는 서류를 보유할 권한이 있다는 사실은 위험의 이전에 영향을 미치지 아니한다.

(2) 제1항에도 불구하고 위험은 물품이 하인, 선적서류, 매수인에 대한 통지 그 밖의 방법에 의하여 계약상 명확히 특정될 때까지 매수인에게 이전하지 아니한다.

- 매매계약에 물품의 운송이 포함되어 있고 또한 매도인이 특정한 장소에서 물품을 운송인에게 교부할 의무가 없는 경우 : 첫 번째 운송인에게 물품을 교부한 때에 위험은 매수인에게 이전(제1항 1문)
  - 운송인은 독립적인 운송업자를 의미. 매도인의 보조자나 단순히 운송주선인인 경우에는 원칙적으로 여기에 해당되지 않는다.

- 운송을 포함하는 매매에 있어 매도인이 특정한 장소에서 물품을 운송인에게 교부할 의무가 있는 경우에는 그 장소에서 물품을 운송인에게 교부하기까지는 위험이 매수인에게 이전하지 않는다(제1항 2문).

- 운송을 포함하는 매매에 있어 이렇게 위험이 이전되는 경우에 매도인이 물품의 처분을 지배하는 서류를 갖고 있다는 사실은 그 위험이전에 영향을 미치지 않는다(3문).
  - 국제거래에서는 매도인이 물품을 운송인에게 교부한 후에도 여전히 그 물품에 대한 처분권 또는 처분권을 부여하는 운송서류를 갖고 있는 것이 일반적임. 이 경우에도 위험이전의 시기가 늦추어지지 않는다는 것을 확인하는 조항
- 매도인이 물품을 운송인에게 교부했다고 하더라도 그것이 매수인의 물품인 것으로 명확히 특정되어 있지 않는 한 위험은 매수인에게 이전하지 않음 : 종류물 매매의 경우의 특칙(제2항)
  - 종류물(곡식 등)을 여러 매수인을 위하여 구분 없이 함께 선적하여 보내는 경우

(2) 제68조 : 운송 중의 물품의 매매

> **제68조**
> 운송 중에 매도된 물품에 관한 위험은 계약 체결 시에 매수인에게 이전한다.
> 다만, 특별한 사정이 있는 경우에는, 위험은 운송계약을 표창하는 서류를 발행한 운송인에게 물품이 교부된 때로부터 매수인이 부담한다.
> 그럼에도 불구하고, 매도인이 매매계약 체결 시에 물품이 멸실 또는 훼손된 것을 알았거나 알았어야 했고, 매수인에게 이를 밝히지 아니한 경우에는 그 멸실 또는 훼손은 매도인의 위험으로 한다.

- 운송 중의 물품에 대해 매매계약을 체결하는 경우에 위험의 이전은 원칙적으로 계약체결 시에 이루어진다(1문).
- 특별한 사정이 있는 경우에는 운송계약을 나타내는 서류를 발행한 운송인에게 물품이 교부된 때에 위험이 이전된다(2문).
  - 특별한 사정이란 매도인이 운송보험을 들어 매수인에게 이를 양도함으로써 매수인이 계약체결 이전에도 보험상의 보호를 받을 수 있었던 경우가 이에 해당
- 계약체결 시에 물품이 멸실 또는 훼손되었음을 매도인이 알았거나 알 수 있었는데 이를 매수인에게 알리지 않은 경우에는 그 멸실 또는 훼손의 위험을 매도인이 부담한다(3문).

(3) 제69조 : 운송을 포함하지 않는 매매

제69조

(1) 제67조(운송포함매매)와 제68조(운송중매매)가 적용되지 아니하는 경우에, 위험은 매수인이 물품을 수령한 때, 매수인이 적시에 이를 수령하지 아니한 경우에는 물품이 매수인의 처분 하에 놓여지고 매수인이 이를 수령하지 아니하여 계약을 위반하는 때에 매수인에게 이전한다 (매도인이 영업소에서 인도하는 경우).

(2) 매수인이 매도인의 영업소 이외의 장소에서 물품을 수령하여야 하는 경우에는, 위험은 인도기일을 도래하고 물품이 그 장소에서 매수인의 처분 하에 놓여진 것을 매수인이 안 때에 이전한다.

(3) 불특정물에 관한 계약의 경우에, 물품은 계약상 명확히 특정될 때까지 매수인의 처분 하에 놓여지지 아니한 것으로 본다.

- (매매계약이 운송을 포함하지 않으며) 매도인의 영업소에서 인도하는 경우 매수인이 물품을 수령하는 때에 위험이 매수인에게 이전. 매수인이 수령지체 하는 경우 물품이 매수인의 처분 하에 놓여지고, 매수인이 매수인이 이를 수령하지 아니하여 계약을 위반하는 때에 위험이 이전된다(수령의무 위반시)(제1항).

- (매매계약이 운송을 포함하지 않으며), (매수인이 매도인의 영업소 이외의 장소에서 물품을 수령하여야 하는 경우) 첫째 인도의 이행기가 도래하고, 둘째 물품이 그 장소에서 매수인의 처분에 맡겨졌으며, 셋째 그러한 사실을 매수인이 안 경우에 위험이 매수인에게 이전된다(제2항).
  - 매도인이 물품을 직접 운송하여 도착지에서 매수인에게 인도하기로 약정한 경우(도착지매매) 또는 매수인이 창고에 보관 중인 물품을 직접 수령하기로 한 경우 등이 이에 해당

- 불특정물에 관한 계약의 경우에, 물품은 계약상 명확히 특정될 때까지 매수인의 처분 하에 놓여지지 아니한 것으로 본다(제3항).

3. 제70조 : 매도인의 계약위반과 위험과의 관계

제70조

매도인이 본질적 계약위반을 한 경우에는, 제67조, 제68조 및 제69조는 매수인이 그 위반을 이유로 구할 수 있는 구제를 방해하지 아니한다.

- 매수인에게 위험이 이전되었더라도 그 전에 매도인에게 본질적 계약위반이 있었다면 매수인은 매도인의 계약위반을 이유로 한 제46조 이하의 모든 구제수단을 행사할 수 있다. 그 중에서도 계약해제와 대체물인도청구가 큰 의미를 가짐
- 매도인이 인도한 물품이 제1운송인에게 교부할 당시 본질적 계약위반에 해당하는 계약부적합이 있는데, 운송 중 물품이 해수에 의하여 멸실 또는 훼손된 경우에는 위험이 이전되었더라도 매수인은 본질적 계약위반을 이유로 계약을 해제할 수 있다.
- 위험은 소급적으로 매도인에게 복귀하는 결과가 된다.

제5장 매도인과 매수인의 의무에 공통되는 규정

제1절 이행이전의 계약위반과 분할인도계약

Ⅰ. 이행기 전의 계약위반에 대한 구제

- 이행기 전의 계약위반은 채무자의 이행기 도래 전 이행능력저감 등의 사유나 채무자의 행위로 보아 이행기에 채무자로부터 계약 내용에 따른 이행을 기대할수 없다고 합리적으로 판단되는 경우를 의미한다. 이러한 경우에 채권자에 대해서만 그 이행을 요구하면 가혹한 결과를 초래할 수 있으므로 협약은 채권자에게 의무이행정지권(제71조)와 계약해제권(제72조)을 부여하고 있다. 그 외 계약해제 후 손해배상청구권도 인정된다(제75조).

1. 제71조 : 이행의 정지

제71조

(1) 당사자는 계약체결 후 다음의 사유로 상대방이 의무의 실질적 부분을 이행하지 아니할 것이 판명된 경우에는, 자신의 의무 이행을 정지할 수 있다.

(가) 상대방의 이행능력 또는 그 신용도의 중대한 결함
(나) 계약의 이행준비 또는 이행에 관한 상대방의 행위

(2) 제1항의 사유가 명백하게 되기 전에 매도인이 물품을 발송한 경우에는, 매수인이 물품을 취득할 수 있는 증권을 소지하고 있더라도 매도인은 물품이 매수인에게 교부되는 것을 저지할 수 있다. 이 항은 매도인과 매수인 간의 물품에 관한 권리에 대하여만 적용된다.

(3) 이행을 정지한 당사자는 물품의 발송 전후에 관계없이 즉시 상대방에게 그 정지를 통지하여야 하고, 상대방이 그 이행에 관하여 적절한 보장을 제공한 경우에는 이행을 계속하여야 한다.

- 제72조와 함께 이행기 이전에 존재하는 계약위반의 가능성에 대해 그 상대방의 권리를 규정하고 있다.
- 사전 계약위반의 가능성에 대해 그 상대방이 자기의 채무이행을 거절할 수 있는 권리를 부여하고 있다.

(1) 이행정지권(제1항)

1) 요건

- 첫째, 상대방이 채무의 실질적 부분을 이행하지 못할 가능성이 계약체결 후에 분명해졌어야 한다.
- 실질적 부분은 본질적 계약위반의 본질적인 것만큼 엄격할 필요는 없으나, 판단은 제3자의 객관적인 입장에서 판단되어야 한다.

- 둘째, 다음 두 가지 사유 중 어느 하나의 결과이어야 한다.
- 상대방의 이행이 현저하게 곤란하거나 신용이 현저하게 악화된 결과로(제1항 가호) 또는 상대방의 계약이행에 대한 준비행위 또는 이행에 관한 행위의 결과(제1항 나호)로 채무의 실질적 부분을 이행하지 못하게 될 가능성이 있어야 함
- 이 요건에서는 실제로 의무위반이 존재할 필요는 없고 단지 의무위반의 가능성만으로 족함
- 상대방이 의무의 실질적 부분을 이행하지 아니할 것이 판명된 경우라 함은, 불이행이 확실해야 하는 것은 아니고, 객관적으로 평가할 때 불이행이 발생할 고도의 개연성이 있으면 족함

- 이행능력에 중대한 결함 : 채무자의 영향범위 내에 있는 기술적인 또는 경제적인 장애, 전쟁, 파업, 자연재해, 영업정지처분 등
- 신용도에 중대한 결함 : 파산절차 또는 도산절차 개시, 지급정지 등

2) 효과

- 요건이 충족되면 채무자는 자기 채무의 이행을 정지할 수 있다. 이러한 이행정지는 즉시 상대방에게 통지하여야 한다(제3항 1문). 발신주의 적용
- 장애사유가 사라지거나 상대방이 실질적 부분을 이행하거나 또는 이행에 관하여 적절한 보장을 하는 경우에는 이행정지권이 소멸하므로 다시 이행하여야 한다(제3항 2문).

(2) 운송정지권(제2항)

- 매도인의 특별한 이행정지권 - 운송정지권
- 요건 : 제1항에서 언급된 요건이 존재하고, 제1항에서 언급된 사유가 분명해지기 전에 매도인이 물품을 발송했어야 한다.
- 효과 : 매도인은 발송된 물품이 매수인에게 교부되는 것을 저지할 수 있는 권리가 있다.
  - 매수인이 물품을 취득할 수 있는 증권을 소지하고 있더라도 매도인은 물품이 매수인에게 교부되는 것을 저지할 수 있다.
- 매도인과 매수인간의 물품에 관한 권리에 대해서만 적용된다.
  - 매수인으로부터 제3자에게 이미 물품의 소유권이 이전되었거나 물품을 처분할 수 있는 서류가 넘겨졌다면 매도인은 제3자에게 물품인도를 거절할 수 없다.
  - 이 권리는 매수인에게만 행사할 수 있으므로 운송인이나 창고업자 등 제3자에게는 행사할 수 없다.

2. 제72조 : 이행기일전의 계약해제

제72조

(1) 계약의 이행기일 전에 당사자 일방이 본질적 계약위반을 할 것이 명백한 경우에는, 상대방이 계약을 해제할 수 있다.

(2) 시간이 허용하는 경우에는, 계약을 해제하려고 하는 당사자는 상대방이 이행에 관하여 적절한 보장을 제공할 수 있도록 상대방에게 합리적인 통지를 하여야 한다.
(3) 제2항의 요건은 상대방이 그 의무를 이행하지 아니하겠다고 선언한 경우에는 적용되지 아니한다.

(1) 요건(제1항)

- 이행기 이전에 채무자가 본질적 계약위반을 하리라는 것이 명백하여야 한다. (매수인의 지급불능, 제조공장의 소실, 매수인이 매도인의 선적 개시 전까지 신용장을 개설하지 못하여 매도인이 선적할 수 없게 된 경우 등). 본질적 계약위반은 제25조에서 언급하고 있다.

 - 명백하다는 의미는 제71조보다 엄격하게 해석하여야 한다.
 - 통지는 해제의 요건이 아니다.

- 이행거절(제3항) : 즉시 해제 가능(통지 불요)

(2) 통지와 적절한 보장(제2항) : 제1항에 대해서만 적용

- 해제하고자 하는 채권자는 시간이 허용하는 경우에 채무자에게 합리적인 통지를 하여야 한다. 통지의 목적은 채무자가 이행에 대해 적절한 보장을 제공할 기회를 주기 위함

- 채무자가 이행하지 않을 것을 명확히 한 경우(이행거절)에는 통지할 필요가 없다.

- 채권자가 이러한 통지를 하지 않았다고 하더라도 해제권을 잃거나 해제의 표시가 무효로 되는 것은 아니다. 다만, 통지하지 않음으로써 입은 채무자의 손해를 배상해 주어야 한다.

(3) 해제의 효과(제81조 이하 해제의 효과 발생)

- 당사자는 계약상의 의무를 면하고, 이미 계약을 이행한 당사자는 상대방에게 이행한 것의 반환을 청구할 수 있다.

- 계약을 위반한 당사자는 협약상의 면책사유가 존재하지 않는 한 그로 인한 손해배상의무를 부담한다.

II. 제73조 (분할이행계약의 해제) : 분할인도계약에서 이행기 전에 계약위반에 기한 계약해제의 특칙

제73조

(1) 물품을 분할하여 인도하는 계약에서 어느 분할부분에 관한 당사자 일방의 의무 불이행이 그 분할부분에 관하여 본질적 계약위반이 되는 경우에는, 상대방은 그 분할부분에 관하여 계약을 해제할 수 있다.

(2) 어느 분할부분에 관한 당사자 일방의 의무 불이행이 장래의 분할부분에 대한 본질적 계약위반의 발생을 추단하는 데에 충분한 근거가 되는 경우에는, 상대방은 장래에 향하여 계약을 해제할 수 있다. 다만, 그 해제는 합리적인 기간 내에 이루어져야 한다.

(3) 어느 인도에 대하여 계약을 해제하려는 매수인은, 이미 행하여진 인도 또는 장래의 인도가 그 인도와의 상호의존관계로 인하여 계약 체결시에 당사자 쌍방이 예상했던 목적으로 사용될 수 없는 경우에는, 이미 행하여진 인도 또는 장래의 인도에 대하여도 동시에 계약을 해제할 수 있다.

● 분할인도계약의 해제에 대해 규정

- 분할인도계약이란 하나의 통일적인 계약으로서 최소한 두 번 이상 서로 다른 시기에 물품을 나누어 인도하는 계약 (남성용 코트와 여성용 코트와 같이 각각의 분할분이 다른 종류의 물품의 인도이더라도 무방함)
- 제73조는 매도인이 물품을 분할인도해야 하는 경우에 적용되고, 반대로 매수인이 대금을 분할지급해야 하는 경우에는 적용되지 않는다.

● 개별적인 분할부분의 해제(제1항)

- 제49조 및 제64조에 따르면 일방당사자의 본질적 계약위반이 있는 경우 상대방은 계약을 해제할 수 있는데, 제73조 제1항은 이러한 해제의 원칙이 분할인도계약의 분할부분에도 적용됨을 명시한 것이다.
- 분할인도계약에서 인도된 개별부분이 본질적 계약위반이 되는 경우에 상대방은 그 개별부분(그 분할부분)에 대해 계약을 해제할 수 있다.
- 개별적인 분할부분은 독립적인 매매계약처럼 취급된다. (계약해제를 위한 요건들 제38조(검사), 제39조(부적합통지), 제43조(권리부적합통지)와 제82조에 따른 반환가능성은 당해 분할부분에 관하여 구비되어야 한다.)
- 분할부분에 관하여 매도인이 물품을 인도하였거나 매수인이 대금을 지급한 경

우에는 합리적인 기간 내에 해제권을 행사해야 한다는 제49조 제2항, 제64조 제2항의 원칙 역시 적용된다.

- 분할인도계약의 어느 분할부분에 관하여 비본질적인 계약위반이 존재하는 경우 제49조 제1항 나호와 제64조 제1항 나호에 따라 부가기간 설정에 의하여 계약해제가 가능할 수 있다. 이 경우 부가기간 설정은 인도불이행의 경우에 한하여 인정되므로 이 요건이 구비되어야 한다.

◉ 장래의 분할부분에 대한 해제(제2항)

- 어느 분할부분에 대해 계약위반이 존재하는 경우에 장래의 분할부분에 대한 본질적 계약위반의 발생을 추단하는 데에 충분한 근거가 되는 경우에는 상대방은 장래에 향하여 계약을 해제할 수 있다. (장래의 분할부분에 대해서만 해제 인정, 계약 전체가 소급 해제는 아님 : 우리 법상의 개념으로 해지에 해당)
- 그러나 그 위무위반이 장래의 분할부분에 대해 본질적 계약위반이 되리라고 판단하는 데 충분한 근거를 주어야 한다.
- 충분한 근거란 제72조의 명백한 경우보다 약한 정도를 의미
- 과거 분할부분에 대해 의무위반이 존재하면 족하며 그것이 본질적 계약위반일 필요는 없다.

◉ 관련성에 의한 해제(제3항) : '매수인만' : 매수인의 계약해제권 확장

- 분할인도계약에서 어느 인도에 대해 매수인이 계약을 해제하는 경우에 이미 행해진 인도 또는 장래의 인도가 그 인도와의 상호 의존관계로 인하여 계약체결 시 당사자 쌍방이 예상했던 목적으로 사용될 수 없는 경우, 당해 분할부분은 물론, 이미 행하여진 인도 또는 장래의 인도에 대하여도 동시에 매수인은 계약을 해제할 수 있다.
- 어느 분할부분에 대하여 본질적 계약위반이 있어서 계약을 해제할 수 있는 매수인이 해제권을 행사하는 경우 당해 분할부분은 물론, 이미 인도된 분할부분에 관하여도 계약을 소급적으로 해제할 수 있을 뿐만 아니라 장래의 분할부분에 대하여도 계약을 해제할 수 있다 (매수인의 계약해제권 확장).
- 다만, 과거의 인도 또는 장래의 인도가 해제하고자 하는 지금의 인도와 서로 관련되어 있어서 이미 수령한 부분 또는 장래에 수령할 부분만으로 계약체결 시에 당사자 쌍방이 예상했던 목적으로 이용될 수 없어야 한다. (예를 들어 동일한 품질의 원자재로 계속 만들어야 하는 물품이나 인도된 원자재의 일부가

그러한 품질이 아닌 경우)

- 제3항의 경우 장래의 인도가 계약체결 시에 예상했던 목적으로 이용될 수 없으면 되고(객관적으로 판단 : 사용목적을 계약서에 명시하는 것이 바람직, 매도인이 알았거나 알 수 있었던 것이 아닌 매수인의 일방적인 사용목적은 고려하지 않음)
- 당해분할부분에 대해서는 본질적 계약위반이 있어야 하나, 기인도분과 장래의 인도부분에 대한 본질적 계약위반을 요구하지 않는다. 본질적 계약위반의 발생을 추단할 수 있어야 하는 것도 아니다.

제2절 손해배상액

1. 제74조 : 손해배상의 범위에 관한 원칙

제74조

당사자 일방의 계약위반으로 인한 손해배상액은 이익의 손실을 포함하여 그 위반의 결과 상대방이 입은 손실과 동등한 금액으로 한다. 그 손해배상액은 위반 당사자가 계약 체결시 알았거나 알 수 있었던 사실과 사정에 비추어, 계약위반의 가능한 결과로서 발생할 것을 예견하였거나 예견할 수 있었던 손실을 초과할 수 없다.

(1) 완전배상의 원칙

- 손해배상은 계약위반의 결과로 이익의 상실을 포함하여 상대방이 입은 모든 손실을 금액으로 환산하여 행한다(1문). 완전배상과 금전배상을 원칙으로 한다.
- 제74조가 보호하려는 채권자의 이익은 유효한 계약의 존재를 전제로 계약이 적법하게 이행되었더라면 채권자가 받았을 이익, 즉 이행이익과 채권자가 계약이 유효한 것으로 믿은데 대한 이익 즉 신뢰이익을 포함
- 과실 및 귀책사유의 유무는 직접적으로 문제되지 않으며, 각국의 법에서 손해배상 범위에 대한 제한 기준으로 인정되는 직접손해와 간접손해의 구별, 통상손해와 특별 손해의 구별, 상당인과관계 등도 문제되지 않음. 또한 계약 해제 유무도 묻지 않고 적용

(2) 예견가능성(2문)

- 배상범위는 계약위반자가 계약체결 시에 예견 가능했던 손해에 한정됨. 예견가능성의 대상은 계약위반이 아니라 손해이며, 예견가능성의 시점은 계약체결 시라는 점. 예견하는 주체는 합리적인 계약위반자를 기준으로 한다.
  - 1문의 완전배상주의가 2문의 예견가능성에 의하여 손해배상범위가 제한됨으로써 결국 제한배상주의의 결과
  - 예견의 주체는 계약위반자 자신이 아니라 그와 동일한 상황에 있는 동일한 부류의 합리적인 사람을 기준으로 함
  - 예견의 대상은 계약위반으로 인하여 가능한 결과 즉 손해

2. 계약해제에 따른 손해액의 산정방법

(1) 제75조 : 대체거래시의 손해배상액

> 제75조
> 계약이 해제되고 계약해제 후 합리적인 방법으로, 합리적인 기간 내에 매수인이 대체물을 매수하거나 매도인이 물품을 재매각하는 경우에, 손해배상을 청구하는 당사자는 계약대금과 대체거래대금과의 차액 및 그 외에 제74조에 따른 손해액을 배상받을 수 있다.

1) 요건

- ① 계약해제가 있어야 하고, ② 물품에 대한 대체거래가 있어야 함
  - 대체거래는 합리적인 방법으로, 해제 후 합리적인 기간 내에 이루어져야 함. 특히 합리적인 가격으로 이루어져야 함(입증책임은 피해당사자가 부담)

2) 손해의 산정

- 대체거래자는 계약대금과 대체거래대금의 차액을 청구할 수 있다. 그 외에 손해가 있다면(예를 들어 보관비용, 반환비용, 중개비용, 운송비용 등)은 제74조에 따라 추가적으로 손해배상을 청구할 수 있다.

  * 계약을 해제하지 않고 대체거래를 한 경우, 제74조에 따라 계약상의 대금과 대체거래대금의 차액의 배상을 구할 수 있다.

(2) 第76조 : 시가에 기초한 손해배상액

第76조

(1) 계약이 해제되고 물품에 시가가 있는 경우에, 손해배상을 청구하는 당사자는 제75조에 따라 구입 또는 재매각하지 아니하였다면 계약대금과 계약해제시의 시가와의 차액 및 그 외에 제74조에 따른 손해액을 배상받을 수 있다. 다만, 손해배상을 청구하는 당사자가 물품을 수령한 후에 계약을 해제한 경우에는, 해제 시의 시가에 갈음하여 물품 수령시의 시가를 적용한다.

(2) 제1항의 적용상, 시가는 물품이 인도되었어야 했던 장소에서의 지배적인 가격, 그 장소에 시가가 없는 경우에는 물품 운송비용의 차액을 적절히 고려하여 합리적으로 대체할 수 있는 다른 장소에서의 가격을 말한다.

- 제75조와 마찬가지로 계약해제 시 손해를 산정하는 특별한 경우를 규정
  - 대체거래가 없었다면 시가에 의하도록
    * 피해당사자가 계약 수량보다 적게 대체거래를 체결한 경우 제75조와 제76조 모두 적용될 수 있다.

1) 요건(세 가지)

- 계약의 해제는 표시되어야 하고 또 유효해야 함
- 대체거래가 없었거나 또는 불합리해서 제75조가 적용될 수 없어야 함
- 시가가 존재하여야 함
  - 시가의 결정시점은 원칙적으로 해제 시(제1항 1문), 손해배상청구권자가 물품을 수령한 후에 계약을 해제하는 경우에는 물품수령시가 기준이 된다(제1항 2문).
    * 매수인이 물품의 가격변동에 따라 자기에게 유리한 때에 계약을 해제함으로써 부당한 이익을 취하는 것을 막기 위하여
  - 시가가 결정되는 장소는 물품의 인도장소. 인도장소에 시가가 존재하지 않는다면 합리적인 대체장소가 기준이 될 수 있다. 그러나 이곳의 시가를 결정할 때에는 물품운송비용의 차액을 적절히 고려하여야 한다(제2항).

2) 손해의 산정

- 손해배상청구권자는 계약상 대금과 시가 간의 차액을 손해배상으로 청구할 수 있다.
- 그 외에 손해가 있으면 제74조에 의해 추가적으로 배상청구 가능

3. 제77조 : 손해경감의 의무

제77조
계약위반을 주장하는 당사자는 이익의 손실을 포함하여 그 위반으로 인한 손실을 경감하기 위하여 그 상황에서 합리적인 조치를 취하여야 한다. 계약위반을 주장하는 당사자가 그 조치를 취하지 아니한 경우에는, 위반 당사자는 경감되었어야 했던 손실액만큼 손해배상액의 감액을 청구할 수 있다.

- 손해배상의 채권자에게 손해를 경감시킬 의무 부과(제7조 제1항의 신의칙 구체화)

(1) 합리적인 조치(1문)

- 합리적인 조치가 어떤 것인가는 상황에 따라 달라질 수 있다. 채권자와 동일한 상황에 있는 합리적인 사람의 관점에서 판단될 것이다.
- 합리적인 조치란 손해의 확대를 막기 위한 조치뿐만 아니라 손해의 발생을 막기 위한 조치. 조치에 따른 비용상환청구권 행사 가능
- 피해당사자는 자신의 손실을 경감하기 위하여 필요한 조치를 취할 의무만을 부담할 뿐이고, 달리 손해배상청구에 있어 가장 저렴한 산정기준을 선택하거나 대체물 인도청구 대신에 손해배상청구를 하는 것과 같이 위반당사자에게 가장 유리한 구제방법을 선택해야 하는 것은 아니다.

(2) 의무위반의 결과(2문)

- 합리적인 조치를 취하지 않아서 손해가 발생하거나 확대되었다면, 합리적인 조치를 취했다면 경감되었을 손해액만큼 배상액이 감축된다.
- 입증책임은 배상의무자가 진다.

제3절 이자

제78조
당사자가 대금 그 밖의 연체된 금액을 지급하지 아니하는 경우에, 상대방은 제74조에 따른 손해배상청구권을 해함이 없이, 그 금액에 대한 이자를 청구할 수 있다.

- 금전채무(매매대금청구권, 비용상환청구권 등)에 대하여 원칙적으로 이자청구권이 있다는 것을 명시
- 이자청구권은 손해배상과 별개 : 지연이자외의 손해에 대하여 손해배상청구 가능
- 이자율에 대해서는 언급 없음

제4절 면책

1. 제79조 : 통제불가능한 장애에 의한 면책

제79조
(1) 당사자는 그 의무의 불이행이 자신이 통제할 수 없는 장애에 기인하였다는 점과 계약 체결 시에 그 장애를 고려하거나 또는 그 장애나 그로 인한 결과를 회피하거나 극복하는 것이 합리적으로 기대될 수 없었다는 것을 증명하는 경우에, 그 의무불이행에 대하여 책임이 없다.
(2) 당사자의 불이행이 계약의 전부 또는 일부의 이행을 위하여 사용한 제3자의 불이행으로 인한 경우에는, 그 당사자는 다음의 경우에 한하여 그 책임을 면한다.
(가) 당사자가 제1항의 규정에 의하여 면책되고, 또한
(나) 당사자가 사용한 제3자도 그에게 제1항이 적용된다면 면책되는 경우
(3) 이 조에 규정된 면책은 장애가 존재하는 기간 동안에 효력을 가진다.
(4) 불이행 당사자는 장애가 존재하다는 것과 그 장애가 자신의 이행능력에 미치는 영향을 상대방에게 통지하여야 한다. 불이행 당사자가 장애를 알았거나 알았어야 했던 때로부터 합리적인 기간 내에 상대방이 그 통지를 수령하지 못한 경우에는, 불이행 당사자는 불수령으로 인한 손해에 대하여 책임이 있다.

(5) 이 조는 어느 당사자가 이 협약에 따라 손해배상청구권 이외의 권리를 행사하는 것을 방해하지 아니한다.

- 손해배상에 관하여 채무자가 전혀 예측할 수 없는 결과까지 부담하는 것은 부당하므로 그 책임을 면할 수 있는 예외를 규정하고 있음
- 그러나 요건이 엄격하므로 이 규정에 의하여 면책받을 수 있는 경우는 제한적임

(1) 통제불가능한 장애에 의한 불이행

- 협약 제79조 제1항은 통제불가능한 장애에 의한 의무불이행에 대한 면책을 규정하고 있다. 즉 ① 의무불이행이 통제할 수 없는 장애(자연재해나 전쟁, 폭동 등)에 기인한 것과 ② 계약 체결 시에 그러한 장애를 고려하거나 그 장애 또는 장애로 인한 결과를 회피하거나 극복하는 것이 합리적으로 기대될 수 없었다는 점을 증명하는 경우 책임을 면한다.
- 통제할 수 없는 장애에는 채무자의 통제권 안에 있는 사유 : 채무자의 영업조직, 물품조달, 이행능력, 자신의 이행보조자가 발생시킨 문제 등을 불포함

(2) 이행보조자에 의한 불이행 : 제3자에 대한 책임(제2항)

- 채무자가 제1항에 의해 면책되고(제3자의 의무위반이 채무자의 통제 밖에 있고, 채무자에게 예견불가능하고 회피불가능하며), 제3자도 제1항에 의하여 면책되는 경우에 한해서 채무자가 면책된다.

- 채무자와 제3자 모두 면책요건을 충족하여야 하므로 채무자의 면책이 어렵게 되어 채무자의 책임이 강화된다.

- 제3자는 독립적인 제3자를 말하므로 채무자의 종속적인 이행보조자의 경우 제3자에 포함되지 않으며 이 경우에는 제1항이 적용
- 매매계약이 운송을 포함하는 경우 다른 합의가 없으면 매도인은 물품을 제1운송인에게 교부함으로써 인도의무를 이행한 것이 되므로 그 때의 운송인은 여기의 제3자에 포함되지 않는다.
- 매도인이 지참채무를 부담하는 경우 매도인과 계약을 체결하고 물품을 운송하는 운송인은 여기의 제3자에 해당한다. 매수인이 지참채무를 부담하는 경우

대금의 송금을 위하여 이용하는 은행도 제3자에 해당한다.

(3) 면책의 시적범위(제3항)

- 면책은 원칙적으로 장애가 존재하는 동안에 인정된다.
- 일시적 장애로 인하여 채무자가 이행지체에 빠졌으나 그 후 장애가 소멸하였음에도 불구하고 이행하지 않으며 지체에 대한 책임을 진다. (일시적 장애가 있는 경우 제79조의 요건이 구비되면 채무자의 이행기가 연장되는 효력 발생)

(4) 장애발생의 통지(제4항)

- 면책에 대하여 채무자는 장애가 존재한다는 것과 그것이 자기의 이행능력에 미치는 영향에 대해 상대방에게 통지하여야 한다.
- 이는 상대방에게 장애에 대응하기 위하여 필요한 조치를 신속하게 취할 수 있도록 하기 위한 것
- 채무자는 장애를 알았거나 알 수 있었을 때부터 합리적인 기간 내에 통지하여야 함. 그러한 통지는 도달하여야 한다. 상대방이 합리적인 기간 내에 통지를 받지 못하여 생기는 손해에 대해 채무자는 배상하여야 한다.

(5) 면책과 물적범위(제5항)

- 면책은 원칙적으로 손해배상에만 적용됨. 그 외의 구제수단에는 이 규정의 면책사유가 있더라도 영향이 없다(계약해제, 의무이행청구, 대금감액, 이자청구 등 가능).

2. 제80조 : 채권자의 행위에 의한 불이행

제80조
당사자는 상대방의 불이행이 자신의 작위 또는 부작위에 기인하는 한, 상대방의 불이행을 주장할 수 없다.

- 채무자의 불이행이 채권자의 작위 또는 부작위에 기인하여야 한다. (채권자의 작위 또는 부작위가 있어야 하고, 계약위반과 채권자의 행위 간에 인과관계가

존재하여야 함)

- 채권자는 채무자의 불이행을 원용할 수 없다. 따라서 그 불이행에 기한 구제수단을 주장할 수 없게 된다. 손해배상뿐만 아니라 이행청구, 대금감액, 계약해제에도 모두 적용됨

- 채권자는 자기의 채무는 모두 이행하여야 한다.

제5절 해제의 효력

- 해제되면 계약당사자는 계약상의 의무로부터 면제되므로 이행하지 아니한 부분에 대해서는 이행할 의무가 없어지고, 이미 이행한 부분에 대해서는 서로 원상회복할 의무를 부담하게 되며, 원상회복에 의하여도 전보되지 않는 손해가 있는 때에는 손해배상을 청구할 수 있게 된다.

1. 제81조 : 계약의무의 소멸과 반환청구

제81조

(1) 계약의 해제는 손해배상의무를 제외하고 당사자 쌍방을 계약상의 의무로부터 면하게 한다. 해제는 계약상의 분쟁해결조항 또는 해제의 결과 발생하는 당사자의 권리의무를 규율하는 그 밖의 계약조항에 영향을 미치지 아니한다.

(2) 계약의 전부 또는 일부를 이행한 당사자는 상대방에게 자신이 계약상 공급 또는 지급한 것의 반환을 청구할 수 있다. 당사자 쌍방이 반환하여야 하는 경우에는 동시에 반환하여야 한다.

- 계약해제에서 발생하는 법적 효력을 규정

- 급무의무로부터 해방(제1항)

- 해제에 의해 양 당사자는 계약의무로부터 해방
- 손해배상의무와 계약상 분쟁해결조항(예를 들어 관할합의조항, 중재조항 등)과 해제 후의 권리의무에 관한 합의조항은 그대로 남는다.
- 소급효가 없고 단지 장래를 향하여 당사자에게 청산의무를 부과할 뿐

◉ 반환의무(제2항)

- 양당사자는 해제 시 이미 이행된 것이 있으면 원칙적으로 동시에 반환하여야 한다.
- 반환비용은 일종의 손해이므로 계약을 해제할 수 있는 당사자는 상대방에 대하여 제45조 제1항 나호 또는 제61조 제1항 나호에 기하여 제74조의 범위 내에서 이를 청구할 수 있다.

2. 제82조 : 반환불능에 의한 매수인의 계약해제권 및 대체물청구권의 상실

제82조

(1) 매수인이 물품을 수령한 상태와 실질적으로 동일한 상태로 그 물품을 반환할 수 없는 경우에는, 매수인은 계약을 해제하거나 매도인에게 대체물을 청구할 권리를 상실한다.

(2) 제1항은 다음의 경우에는 적용되지 아니한다.

(가) 물품을 반환할 수 없거나 수령한 상태와 실질적으로 동일한 상태로 반환할 수 없는 것이 매수인의 작위 또는 부작위에 기인하지 아니한 경우

(나) 물품의 전부 또는 일부가 제38조에 따른 검사의 결과로 멸실 또는 훼손된 경우

(다) 매수인이 부적합을 발견하였거나 발견하였어야 했던 시점 전에, 물품의 전부 또는 일부가 정상적인 거래과정에서 매각되거나, 통상의 용법에 따라 소비 또는 변형된 경우

◉ 매수인이 해제권 또는 대체물청구권을 가지고 있지만 물품을 받은 그대로 반환할 수 없는 경우에 대하여 규정

(1) 해제권 또는 대체물청구권의 상실(제1항) - 원칙

◉ 매수인이 물품을 수령한 상태와 실질적으로 동등한 상태로 반환할 수 없는 경우

- 실질적 반환불능인지의 판단시점은 해제의 의사표시나 대체물청구의 의사표시를 발송한 때 (매수인 적법하게 계약을 해제한 뒤 물품이 멸실 또는 훼손된 경우 제82조에 따른 매수인의 해제권 상실은 문제되지 않고, 매수인은 제86조에 따른 보관의무 위반으로 책임을 짐)
- 실질적으로 동일한 상태로 반환할 수 없다는 것은 물품의 상태에 관한 변경이 충분히 중요한 것이어서 비록 매도인이 본질적인 계약위반을 저지르기는 했지만

그로 하여금 매수인에게 인도한 물품에 상응하는 물품을 회수하도록 요구하는 것이 부적절한 정도가 되어야 한다.

* 사소한 상태의 변경 시는 매수인은 계약을 해제할 수 있으나, 매도인의 손실은 제84조에 따른 이익의 조정 또는 손해배상으로 해결

(2) 해제권이나 대체물청구권을 유지하는 예외(제2항)

- 매수인이 물품을 실질적으로 반환할 수 없는 경우에도 세 가지 예외의 경우에는 매수인이 여전히 해제권이나 대체물청구권을 행사할 수 있다.

① 물품을 실질적으로 동일한 상태대로 반환할 수 없게 된 사유가 매수인의 작위 또는 부작위에 기인하지 않은 경우 (물품의 하자로 인한 경우, 자연재해에 의한 경우, 제3자의 행위에 의해 물품이 멸실 또는 훼손된 경우 등)

- 매수인이 제79조 제1항에 따라 책임을 져야하는 매수인측 사람의 행위로 인하여 물품이 멸실 또는 훼손된 경우, 그가 제79조에 따라 면책되지 않는다면 매수인의 해제권은 상실된다.

* 중요한 것은 매수인의 작위 또는 부작위로 인하여 물품의 멸실 또는 훼손을 초래하였는지 여부이고, 매수인에게 귀책사유가 있었는지 여부는 불문

② 물품의 전부 또는 일부가 제38조에 규정된 검사의 결과로 멸실 또는 훼손된 경우(적법한 검사가 이루어지고 검사로 인하여 물품의 멸실 또는 훼손이 불가피한 경우 그 범위 내. 적은 부분의 임의 추출 등)

③ 물품이 전부 또는 일부가 정상적인 거래에 의하여 매각되거나 또는 정상적인 사용으로 소비 또는 변형된 경우. 그러나 이때에 물품의 계약부적합을 매수인이 몰랐거나 알 수도 없었어야 한다. (매수인이 정상적인 거래과정에서 매각하거나 또는 통상의 용법에 따라 소비하였고, 매수인이 행위 당시 물품의 부적합을 알지 못하였고 알지 못한 데 대하여 과실이 없는 경우에는 매수인은 여전히 계약을 해제할 수 있음)

- 검사를 통해 알 수 있었는데도 하자를 모르고 매각, 소비, 변형하였다면 매수인은 해제권과 대체물청구권 상실
- 매수인은 계약을 해제하고 그 상태의 물품의 반환과 대금의 반환을 요구할 수 있음. 이 경우 매수인은 물건의 전매, 사용으로 인한 이익, 또는 제3자에 대하여 취득한 권리를 매도인에게 반환하여야 한다(제84조 제2항).

3. 제83조 : 기타의 구제방법

제83조
매수인은, 제82조에 따라 계약해제권 또는 대체물인도청구권을 상실한 경우에도, 계약과 이 협약에 따른 그 밖의 모든 구제권을 보유한다.

- 제82조를 보충하는 규정
- 다른 구제수단들이 계약해제권이나 대체물청구권과 별도로 다루어진다는 것을 명시 (대금감액, 손해배상, 이행청구권 등)

4. 제84조 : 이자와 이익의 반환

제84조
(1) 매도인은 대금을 반환하여야 할 의무가 있는 경우에, 대금이 지급된 날부터 그에 대한 이자도 지급하여야 한다.
(2) 매수인은 다음의 경우에는 물품의 전부 또는 일부로부터 발생한 모든 이익을 매도인에게 지급하여야 한다.
(가) 매수인이 물품의 전부 또는 일부를 반환하여야 하는 경우
(나) 물품의 전부 또는 일부를 반환할 수 없거나 수령한 상태와 실질적으로 동일한 상태로 전부 또는 일부를 반환할 수 없음에도 불구하고, 매수인이 계약을 해제하거나 매도인에게 대체물의 인도를 청구한 경우

- 반환관계에서 나오는 의무들을 규정

- 이자의 반환(제1항)
- 매도인은 받은 대금에 이자를 붙여 반환하여야 한다.
- 이자의 발생시점은 대금을 반환하여야 하는 날이 아니라 대금이 지급된 날
- 이자는 손해배상과 별개의 구제수단

- 이익의 반환(제2항)
- 매수인이 물품의 전부 또는 일부를 반환하여야 하는 경우에 그 물품으로부터 생긴 이익은 모두 반환하여야 한다.
- 여기서 이익이란 산출물 또는 차임 등의 과실과 사용이익
- 물품에 대하여 매수인이 지출한 비용은 공제

- 이익은 매수인이 사실상 얻은 이익을 의미. 얻을 수 있었으나 얻지 못한 이익은 포함하지 않는다.
- 매수인이 물품을 반환할 수 없음에도 불구하고 계약을 해제하였거나 대체물을 청구하였을 때에도 매수인은 그 물품으로부터 생긴 모든 이익을 반환하여야 한다. (예를 들어, 전매대금, 보험금 등)

제6절 물품의 보관

- 물품보관의무는 계약위반여부와는 무관한 의무이다. 계약위반당사자는 물품보관을 위하여 상대방이 지출한 비용을 포함한 계약위반으로 인한 손해를 부담하여야 한다. 협약은 제85조에 매도인의 물품보관의무를, 제86조에 매수인의 물품보관의무를, 제87조와 제88조에 매도인과 매수인 양자에게 부과되는 창고임치와 매각에 대하여 규정하고 있다.

1. 제85조 : 매도인의 보관의무

제85조
매수인이 물품 인도의 수령을 지체하거나 또는 대금지급과 물품 인도가 동시에 이루어져야 함에도 매수인이 대금을 지급하지 아니한 경우로서, 매도인이 물품을 점유하거나 그 밖의 방법으로 그 처분을 지배할 수 있는 경우에는, 매도인은 물품을 보관하기 위하여 그 상황에서 합리적인 조치를 취하여야 한다. 매도인은 매수인으로부터 합리적인 비용을 상환 받을 때까지 그 물품을 보유할 수 있다.

- 매도인에게 물품을 보관할 의무를 정하고 있음
- 이 보관의무는 신의칙에서 나온 것

- 보관의무의 요건
- 매도인에게 보관의무가 부과되기 위해서는 매수인측의 요건과 매도인측의 요건이 필요
- 매수인측의 요건 : 매수인이 수령지체에 빠져있거나 또는 대금 지급과 물품 인도가 동시이행관계에 있는데, 매수인이 대금 지급을 하지 않는 경우

- 매도인측의 요건 : 매도인이 물품을 점유하고 있거나 또는 처분권을 가지고 있어야 한다. (처분을 지배할 수 있다는 의미는 매도인이 물품을 지배하고 있거나, 운송계약 또는 임치계약에 기하여 물건에 관하여 지시할 수 있거나, 선하증권 등을 물건의 처분을 지배하는 서류를 점유하는 경우 등)

◐ 보관의무의 내용
- 매도인은 물품의 보관을 위해 그 상황에서 합리적인 조치를 취해야 한다.
- 물품을 창고에 임치하거나 물품을 매각하는 행위 등 (여러 가지 가능성 중에서 가장 적절한 조치의 선택은 매도인이 함)

◐ 보관의무위반의 효과
- 매도인이 이 의무를 위반하면 매도인은 손해를 배상하여야 한다.
- 매도인이 이 의무를 위반하였더라도 매도인은 매수인의 수령의무 위반이나 대금지급 의무 위반에 대한 구제수단을 행사할 수 있다.

◐ 비용상환과 유치권(2문)
- 보관비용은 매수인이 부담
- 매도인은 비용을 상환받을 때까지 물품을 유치할 수 있다. (유치권)
- 보관비용상환과 물품인도는 동시이행관계

2. 제86조 : 매수인의 보관의무

제86조

(1) 매수인이 물품을 수령한 후 그 물품을 거절하기 위하여 계약 또는 이 협약에 따른 권리를 행사하려고 하는 경우에는, 매수인은 물품을 보관하기 위하여 그 상황에서 합리적인 조치를 취하여야 한다. 매수인은 매도인으로부터 합리적인 비용을 상환 받을 때까지 그 물품을 보유할 수 있다.

(2) 매수인에게 발송된 물품이 목적지에서 매수인의 처분 하에 놓여지고, 매수인이 그 물품을 거절하는 권리를 행사하는 경우에, 매수인은 매도인을 위하여 그 물품을 점유하여야 한다. 다만, 대금 지급 및 불합리한 불편이나 경비소요 없이 점유할 수 있는 경우에 한한다. 이 항은 매도인이나 그를 위하여 물품을 관리하는 자가 목적지에 있는 경우에는 적용하지 아니한다. 매수인이 이 항에 따라 물품을 점유하는 경우에는, 매수인의 권리와 의무에 대하여는 제1항이 적용된다.

- 매수인의 보관의무 규정

- 매수인의 보관의무(제1항)
- 두 가지 요건이 충족되어야 함
- 첫째, 매수인이 물품을 수령했어야 한다. (사실상 점유)
- 둘째, 매수인이 정당한 물품거절권을 가지고 있으며 이 권리를 행사하고자 하여야 한다. (계약해제, 대체물청구)
- 매수인은 물품보관을 위해 그 상황에서 합리적인 조치를 취해야 한다.
- 매도인으로부터 비용을 상환받을 때까지 물품을 유치할 수 있다(2문).

- 잠정적 점유의무(제2항)
- 매수인에게 발송된 물품이 목적지에서 매수인의 처분 하에 놓여지고, 매수인이 그 물품을 거절하는 권리를 행사하는 경우에, 매수인은 매도인을 위하여 그 물품을 점유하여야 함. 다만, 대금 지급 및 불합리한 불편이나 경비소요 없이 점유할 수 있는 경우로 제한한다.
- 매수인이 아직 물품을 점유하고 있지 않은 경우에는 일정한 요건(이하 다섯 가지) 하에서 매수인에게 먼저 점유의무를 부과하고, 이에 따라 매수인이 점유한 후에는 제1항에 의한 보관의무를 부담시키고 있다.
- 점유의무의 발생요건 : 첫째, 물품이 목적지에서 매수인의 처분에 맡겨져야 한다. 둘째, 매수인이 물품을 거절하는 권리를 행사하여야 한다. 셋째, 대금지급 없이 매수인이 물품을 점유할 수 있어야 한다. 넷째, 매수인이 점유로 인해 불합리한 불편이나 불합리한 경비가 생기지 않아야 한다. 다섯째, 도착지에 매도인이나 매도인을 위한 물품의 관리인이 없어야 한다.

3. 제87조 : 창고임치

제87조

물품을 보관하기 위한 조치를 취하여야 하는 당사자는 그 비용이 불합리하지 아니하는 한, 상대방의 비용으로 물품을 제3자의 창고에 임치할 수 있다.

- 제85조, 제86조의 보관의무자에게 상대방의 비용으로 물품을 제3자에게 임치하는 것을 명시적으로 인정하고 있다.

◉ 보관의무자는 상대방의 비용으로 물품을 제3자의 창고에 임치할 수 있지만, 그 비용이 불합리하지 않아야 한다. (창고보관은 권리이지 의무가 아님)
- 만약 비용이 불합리하게 높았다면 합리적인 비용만 청구할 수 있다.
- 비용이 너무 많이 든다면 제3자에게 임치하지 않고 매각해야 할 수도 있다.
- 창고임치사실을 상대방에게 통지할 의무 없다.

4. 제88조 : 매각

제88조

(1) 제85조 또는 제86조에 따라 물품을 보관하여야 하는 당사자는 상대방이 물품을 점유하거나 반환받거나 또는 대금이나 보관비용을 지급하는 데 불합리하게 지체하는 경우에는, 상대방에게 매각의사를 합리적으로 통지하는 한, 적절한 방법으로 물품을 매각할 수 있다.

(2) 물품이 급속히 훼손되기 쉽거나 그 보관에 불합리한 경비를 요하는 경우에는, 제85조 또는 제86조에 따라 물품을 보관하여야 하는 당사자는 물품을 매각하기 위하여 합리적인 조치를 취하여야 한다. 이 경우에 가능한 한도에서 상대방에게 매각의사가 통지되어야 한다.

(3) 물품을 매각한 당사자는 매각대금에서 물품을 보존하고 매각하는 데 소요된 합리적인 비용과 동일한 금액을 보유할 권리가 있다. 그 차액은 상대방에게 반환되어야 한다.

◉ 물품을 보관할 의무가 있는 매도인 또는 매수인이 보관하고 있는 물품을 어떤 경우에 스스로 매각할 수 있는가(제1항), 어떤 경우에 매각해야만 하는가(제2항), 매각대금의 처리방법(제3항)에 대하여 규정하고 있음

◉ 자조매각권(제1항)
- 물품을 보관하여야 할 매도인 또는 매수인은 첫째, 상대방이 물품을 점유하거나 반환받는 것 또는 대금이나 보관비용을 지급하는 것을 불합리하게 지체하는 경우에, 둘째, 상대방에게 매각의 의사를 합리적으로 통지하는 한, 물품을 매각할 수 있다
- 상대방의 불합리한 지체가 없거나 또는 자신의 합리적인 통지 없이 매각한 경우에는 물품의 매각으로 인해 발생한 손해를 매각한 자가 배상하여야 한다. (손해는 물품의 시가와 실제로 수령한 매각대금의 차액)

◉ 자조매각의무(제2항)

- 물품이 급속히 훼손될 염려가 있는 경우 또는 보관하는 데 불합리한 비용이 드는 경우에는 보관의무자가 물품을 매각하기 위해 합리적인 조치를 취해야 한다.
- 물품의 가격이 급락하는 경우에는 여기에 해당하지 않는다.
- 매각의무가 있는 경우에는 가능한 한도에서 상대방에게 매각의사를 통지하면 된다. 따라서 상황이 너무 급박하여 통지가 소용없는 경우에는 통지하지 않아도 된다.
- 매각의무를 위반한 경우에는 그 손해를 배상하여야 한다.

◉ 매각대금의 처리(제3항)

- 매각대금은 합리적인 보관비용과 매각비용을 공제하고 상대방에게 반환하여야 한다.

제4편 최종 규정

- 최종규정은 당사자들이 적용을 배제할 수 없는 강행규정

- 수탁자(제89조)
- 협약의 수탁자는 국제연합 사무총장. 협약에 명시된 수탁자의 임무는 비준서, 수락서, 승인서 또는 가입서의 수탁, 각종 선언의 수령 및 보관 등

- 다른 조약과의 관계
- 이미 발효하였거나 또는 앞으로 발효하게 될 국제협정이 협약이 규율하는 사항에 관하여 규정을 두고 있는 경우에, 협약은 그러한 국제협정에 우선하지 아니함(제90조) : 우선하지 아니한다는 의미는 대등한 효력을 가진다는 의미로 해석
- 다만, 이는 구체적인 매매계약의 양 당사자들이 그러한 국제협정의 당사국에 영업소를 가지고 있는 것을 조건으로 함

- 유보선언(제92조-제96조, 제98조)
- 우리나라는 협약에 가입하면서 아무런 유보도 하지 않음
  ① 제2편 또는 제3편의 유보(제92조)
  - 체약국은 서명, 비준, 수락, 승인 또는 가입 시에 협약 2편(계약의 성립) 또는 제3편(물품의 매매)에 구속되지 아니한다는 취지의 선언을 할 수 있음(제92조 제1항)
  - 제92조 제1항에 따라 협약 제2편 또는 제3편을 배제하는 유보선언을 한 체약국은 당해 편에 관하여 협약 제1조 제1항에서 말하는 체약국으로 보지 아니함(제92조 제2항)
  - 덴마크, 핀란드, 노르웨이 및 스웨덴은 비준시, 아이슬란드는 가입 시에 각각 유보 선언하였다.

② 연방국가의 유보(제93조)

- 연방국가는 협약의 적용범위를 연방의 전부 또는 일부에만 한정하는 취지의 유보를 할 수 있는데(제93조 제1항), 이 선언은 수탁자에게 통고하여야 하며, 협약이 적용되는 영역을 명시하여야 함(제93조 제2항)
- 위 선언에 의하여 협약이 연방국가인 체약국의 일부 영역에만 적용되는 경우, 당사자의 영업소가 그 국가의 협약이 적용되지 않는 영역에 있는 때에는 그 영업소는 체약국에 있지 아니한 것으로 봄(제93조 제3항)
- 체약국이 이러한 선언을 하지 아니한 경우에는 협약은 당해 국가의 전체영역에 적용됨(제93조 제4항)

  * 연방국인 A국의 제93조 유보에 의하여 X지역은 협약의 적용을 받고, Y지역은 협약의 적용을 받지 않는 경우 체약국인 B국과의 관계에서 B국에 영업소를 둔 당사자와 A국의 X지역에 영업소를 둔 당사자 간에는 직접적용이, B국에 영업소를 둔 당사자와 A국의 Y지역에 영업소를 둔 당사자 간에는 간접적용의 문제가 발생

③ 유사한 법을 가진 국가들의 유보(제94조)

- 국제매매계약에 관하여 서로 동일하거나 밀접하게 관련된 법규를 가진 복수의 국가들은 그들이 모두 체약국이든 또는 체약국과 비체약국이든 간에 양 당사자의 영업소가 그러한 국가에 있는 경우에 매매계약에 관하여 또는 매매계약의 성립에 관하여 협약을 적용하지 아니한다는 취지의 선언을 할 수 있음(제94조 제1항, 제2항)
- 북유럽국가들(덴마크, 핀란드, 노르웨이, 스웨덴)

④ 제1조 제1항 나호의 유보(제95조)

- 법정지의 국제사법규칙에 따라 어느 체약국의 법이 매매계약의 준거법이 되는 경우 (협약이 간접적용되는 경우) 각 국가는 협약을 비준하거나 또는 가입할 때 제1조 제1항 나호에 구속되지 아니한다는 취지의 선언을 행할 수 있음(제95조)
- 실제로 미국과 중국 등이 제95조 유보를 하였음

간접적용

- 협약의 간접적용이란 영업소가 서로 다른 국가에 있는 경우 당해 국가의 전부 또는 일부가 비체약국이고, 국제사법규칙에 의하여 체약국법이 준거법으로 선택됨으로써 협약이 적용되는 경우

- 예를 들어 매도인의 영업소는 A국(체약국)에 있고, 매수인의 영업소는 B국(비체약국)에 있는 경우 매수인이 A국에서 매도인을 상대로 소송을 제기하였고, A국의 국제사법에 의하면 매도인이 소재하는 국가, 즉 A국의 법이 준거법이 되는 경우 A국은 체약국이므로 협약이 간접적용됨

제1조

(1) 이 협약은 다음의 경우에, 영업소가 서로 다른 국가에 있는 당사자간의 물품매매계약에 적용된다.

(가) 해당 국가가 모두 체약국인 경우, 또는

(나) 국제사법 규칙에 의하여 체약국법이 적용되는 경우

• 간접적용이 되기 위한 요건

① 당해 국가의 전부 또는 일부가 비체약국이어야 함

*** 이 경우에만 간접적용 여부를 검토하는 것임. 영업소가 존재하는 당해 국가 전부가 체약국인 경우에는 직접적용 여부를 검토할 것.**

② 소송이 제기된 국가(법정지국)의 국제사법 규칙에 의하여 체약국법이 당해 사건에 적용될 경우이어야 함

③ 그 체약국이 협약 제95조에 의한 유보를 하지 않았어야 함

제95조

어떤 국가든지 비준서, 수락서, 승인서 또는 가입서를 기탁할 때, 이 협약 제1조 제1항 (나)호에 구속되지 아니한다는 취지의 선언을 행할 수 있다.

- 예를 들어, 매도인의 영업소는 A국(체약국이나 유보했음)에 있고, 매수인의 영업소는 B국(비체약국)에 있는데, 이들 사이의 분쟁이 A국의 법원에 제소되고 A국의 국제사법에 의하면 자국법인 A국법인 준거법이 될 경우 A국은 유보하였으므로 협약이 적용되지 않고 A국의 민법이나 상법이 적용됨
- 예를 들어, 위와 같은 경우 분쟁이 C국의 법원에 제소되고 C국의 국제사법에 의하면 A국법이 준거법으로 지정되는 경우에도 A국은 유보하였으므로 협약이 적용되지 않고 A국의 민법이나 상법이 적용됨

⑤ 방식에 관한 규정의 유보(제96조)

- 국내법상 매매계약의 체결 또는 입증 시 서면을 요구하는 국가의 경우, 일방당사자가 그 국가에 영업소를 가지고 있는 때에는 방식에 관하여 협약 제11조, 제29조, 제2편의 규정(협약이 정한 방식자유의 원칙 규정들)의 적

용을 유보할 수 있음

- 제96조 유보의 효력 : 일방당사자가 그의 영업소를 제96조 유보국에 가지고 있는 경우 협약이 정한 방식자유의 원칙은 적용되지 않는다. 그러나 이 경우 그 국가의 방식에 대한 규정이 당연히 적용되는 것은 아니고, 법정지의 국제사법규칙에 의하여 결정되는 방식에 대한 규정이 적용되는 것이다.
  * 제96조 유보국은 체약국이므로 일방당사가가 그의 영업소를 제96조 유보국에 가지고 있고, 타방당사자는 그의 영업소를 체약국에 두고 있는 경우 협약은 직접적용되는 것이며 다만 사안에서 제11조, 제29조, 제2편이 적용되지 않을 뿐이다. 간접적용을 검토할 사안 아님

◉ 협약의 효력 발생

- 협약은 국제연합회의의 최종일(1980년 4월 11일)부터 1981년 9월 30일까지 서명을 위하여 개방되었고(제91조 제1항), 제99조 제1항에 따라 10번째 비준서, 수락서, 승인서 또는 가입서가 기탁된 날로부터 12월이 경과된 다음 달의 1일에 효력이 발생
- 중국과 미국 등이 비준, 가입함으로써 1988년 1월 1일부터 발효
- 협약이 발효된 뒤에 가입하는 체약국에 대하여는 그 국가의 비준서, 수락서, 승인서 또는 가입서가 기탁된 날로부터 12월이 경과된 다음 달의 1일에 효력 발생(제99조 제2항)
- 우리나라는 2003년 2월 17일 가입서를 기탁한 결과 2005년 3월 1일부터 발효

◉ 협약의 시간적 효력범위(제100조) : 협약은 소급효가 없다.

- 이 협약은 제1조 제1항 (가)호 또는 (나)호의 체약국에게 협약의 효력이 발생한 날 이후에 계약체결을 위한 제안(청약)이 이루어진 경우에 한하여 계약의 성립(1편 및2편)에 대하여 적용된다(제100조 제1항).
- 이 협약은 제1조 제1항 (가)호 또는 (나)호의 체약국에게 협약의 효력이 발생한 날 이후에 체결된 계약에 대하여만 적용된다(제100조 제2항).
  * 제1항과의 관계상 계약의 효력에 관한 조항. 계약의 효력(제1편 및 제3편)에 관하여는 체약국에게 협약의 효력이 발생한 날 이후에 체결(성립)된 계약에 대하여만 적용됨

문 제

질문 협약이 A국에 대해서는 90년 3월 1일에 B국에 대해서는 09년 5월 1일에 각각 발효됨. 90년 4월 20일에 매도인이 매수인에게 청약. 매도인의 영업소는 A국에, 매수인의 영업소는 B국에 있다. 90년 5월 10일에 계약이 성립됨. 협약이 적용되는지 논하시오.

청약일인 90년 4월 20일에는 협약이 A국에 대해서만 발효하였으므로 계약성립에 관한 규정(제1편 및 제2편)은 직접적용될 수 없다. 그러나 간접적용 가능성은 있다. 즉 국제사법 규칙이 A국법을 준거법으로 지정한다면 협약이 간접적용될 수 있다(A국이 제95조 유보를 하지 않았다면 간접적용됨). 그러나 국제사법 규칙이 B국을 준거법으로 지정한다면 간접적용도 될 수 없음

계약 성립일인 90년 5월 10일에는 A국, B국에 모두 협약이 발효하였으므로 협약이 직접 적용됨

- 폐기(제101조)
  - 체약국은 수탁자에게 서면통고를 함으로써 협약 전부 또는 협약의 제2편 또는 제3편을 폐기할 수 있는데(제101조 제1항), 폐기는 체약국이 폐기통고에서 달리 장기간을 명시하지 않는 한 수탁자가 통고를 수령한 후 12월이 경과한 다음 달의 1일에 발효함(제101조 제2항)

제3부 최신 판례

1. 대법원 2022. 1. 13. 선고 2021다269388 판결

2. 서울고등법원 2021. 10. 14. 선고 2021나2003630 판결

3. 서울고등법원 2019. 5. 14. 선고 2018나2031789 판결

4. 대법원 2018. 8. 1. 선고 2017다246739 판결

1. 대법원 2022. 1. 13. 선고 2021다269388 판결

(1) 사실관계

네덜란드 법인인 원고는 대한민국 법인인 피고에게 물품을 공급하고 물품대금 잔액의 지급을 청구하였다. 피고는 대금채권의 소멸시효가 완성되었다고 주장하였다. 원심은 피고의 소멸시효 항변을 받아들여 원고의 청구를 기각하였는데, 이와 같은 당사자들의 주장과 원심의 판단은 모두 대한민국 민법이 적용되는 것을 전제로 하고 있었다.

(2) 판결요지

외국적 요소가 있는 법률관계에 관하여 적용되는 준거법으로서의 외국법은 법으로서 법원은 직권으로 그 내용을 조사하여야 한다. 따라서 외국적 요소가 있는 사건이라면 준거법과 관련한 주장이 없더라도 법원으로서는 적극적으로 석명권을 행사하여 그 법률관계에 적용될 국제협약 또는 국제사법에 따른 준거법에 관하여 심리, 조사할 의무가 있다.

우리나라가 가입한 국제조약은 일반적으로 민법이나 상법 또는 국제사법보다 우선적으로 적용된다. 네덜란드와 대한민국은 모두 '국제물품매매계약에 관한 국제연합 협약'(이하 '매매협약' 또는 'CISG')에 가입하였으므로, 본건 물품매매계약에 관하여는 매매협약 제1조 제1항에 따라 위 협약이 우선 적용되고, 매매협약이 적용을 배제하거나 직접적으로 규정하고 있지 않는 사항에 대하여는 법정지의 국제사법에 따라 결정된 준거법이 적용된다.

국제사법 제25조 제1항에서 계약의 준거법을 당사자가 자유롭게 선택할 수 있도록 하면서도 그것이 부당하게 확대되는 것을 방지하기 위하여 묵시적인 선택은 계약 내용 그 밖에 모든 사정으로부터 합리적으로 인정할 수 있는 경우로 제한하고 있으므로, 준거법에 관한 명시적인 합의가 없더라도 묵시적인 합의를 인정할 수도 있으나 소송절차에서 당사자가 준거법에 관하여 다투지 않았다는 사정만으로는 준거법에 관한 묵시적 합의를 인정하기 어렵다.

2. 서울고등법원 2021. 10. 14. 선고 2021나2003630 판결

(1) 사실관계

스웨덴국 법인인 갑이 필리핀국 법인인 을과 사이에 항공기 리스계약을 체결한 후, 을회사의 국내 관계회사의 대표자인 대한민국 국민 병이 을 회사의 리스료 등 채무를 갑 법인에게 보증하는 내용의 보증계약을 체결하면서 보증계약의 준거법을 뉴욕주 법으로 정하였다. 을 회사가 리스료를 연체하여 갑 법인이 보증인인 병을 상대로 연체된 리스료의 지급을 한국법원에 청구하자, 보증인인 병이 민법 제428조의3이 국제사법 제7조의 이른바 '국제적 강행법규'라고 주장하면서, 근보증의 경우 보증하는 채무의 최고액을 서면으로 특정하지 아니한 보증계약은 효력이 없다고 항변하였다.

(2) 판결요지

민법 제428조의3이 이른바 '국제적 강행법규'에 해당하는지는 당해 법규의 의미와 입법 목적 등에 비추어 개별적으로 판단하여야 한다. 이러한 점을 종합하여 보면, 민법 제428조의3이 국제적인 계약관계에도 언제나 적용되어야 하는 '국제적 강행법규'에 해당한다고 보기 어렵다.

(3) 해설

국제사법 제7조는 국제사법에 의하여 외국법이 준거법으로 지정되더라도 입법 목적에 비추어 준거법에 관계없이 적용되어야 하는 법정지인 한국의 강행법규는 여전히 적용된다는 점을 명시하고 있다. 여기서 문제되는 한국의 강행규정은, 당사자의 합의에 의해 그 적용을 배제할 수 없다는 의미의 국내적 강행법규가 아니라, 당사자의 합의에 의해 적용을 배제할 수 없을 뿐만 아니라 준거법이 외국법이라도 그의 적용이 배제되지 않는 '국제적 강행법규(internationally mandatory rules)'를 말하고, 대외무역법, 외국환거래법, 공정거래법과 문화재보호법 등이 그 예로 열거되고 있다.

3. 서울고등법원 2019. 5. 14. 선고 2018나2031789 판결

(1) 사실관계

소외 A사는 생체인증장치 기기 및 관련 칩 등을 제조·판매하는 일본회사이고 피고는 대한민국에서 생체인식 관련 보안사업 등을 영위하는 회사이다. 소외 A사는 피고와 사이에 기술지원 및 물품공급계약을 체결하였고 피고는 소외 A에 위 물품을 주문하였다. 소외 A는 피고에게 물품을 인도할 준비를 마치고 수차례 물품의 수령을 요구하였음에도 불구하고 피고가 이에 불응하자 피고를 상대로 미지급 물품대금 미화 40만 달러 및 지연손해금 지급을 구하는 소를 제기하였다. 제1심 소송 계속 중에 소외 A는 파산절차개시결정을 받게 되었고 원고가 파산자 A사의 파산관재인으로 선임되어 이 사건 소송절차를 수계하였다. 피고는 원고에게 '소외 A와 피고 사이의 별개의 계약인 2015년 4월 28일자 통상실시권 설정계약 이행불능으로 인한 원상회복 및 손해배상채권'이 있음을 주장하며 이를 자동채권으로 원고의 이 사건 기술지원 및 물품공급계약에 따른 물품대금채권과 대등액의 범위에서 상계한다고 주장하였다.

(2) 판결요지

상계는 반대채권(자동채권)을 이용하여 상대방의 채권(수동채권)을 일방적으로 소멸시키는 효과를 가지므로 상대방 보호의 필요성이 높은 반면 양측의 준거법을 중첩적으로 적용할 경우 상계가 사실상 곤란해질 수 있고 이는 당사자들의 기대에 반하거나 형평에 반하는 결과를 낳을 수 있는 점 등을 고려하여 일응 수동채권의 준거법을 적용하여 상계 주장에 대해 판단하여야 한다.

(3) 해설

사안에서 자동채권의 근거가 되는 '통상실시권 설정계약'에서 당사자 간에 준거법 합의가 존재하지 않았고 국제사법 제26조 제1항·제2항 제2호에 따라 특허권이나 의장권 등 권리를 이용하도록 하는 계약에 관해서는 계약체결 당시 그 권리를 이용하도록 하는 당사자의 상거소가 있는 국가의 법이 가장 밀접한 관련이 있는 것으로 추정되므로 자동채권에 관하여는 위 계약상 특허권 및 의장권 보유자인 원고의 주된 사무소가 있는 일본국의 법률이 준거법이 된다고 판단하였다.

이에 반해 수동채권에 관하여는 그 근거가 되는 '이 사건 기술지원 및 공급계약'에서 합의한 대로 '국제물품매매에 관한 UN협약(CISG)'가 준거법이 되고 CISG에 정하지 않은 사항이 있을 경우에는 대한민국 법률이 적용되는데 CISG에는 상계에 관한 명문의 규정이 없으므로 수동채권의 준거법은 대한민국 법률이 된다고 보았다.

상계의 자동채권과 수동채권의 준거법이 다른 경우 상계의 준거법에 관하여 1) 양 채권의 준거법을 누적적용한다는 견해, 2) 수동채권의 준거법을 적용한다는 견해 등이 있는데 해당판결에서는 수동채권의 준거법을 적용한다는 견해에 따랐다. 수동채권의 준거법을 따르게 되는 경우 자신의 의사에 반하여 채권을 상실하게 되는 상대방을 보호할 수 있다는 이점이 있으나 누가 상계의 의사표시를 하느냐에 따라 상계의 준거법이 달라지게 되는 결과가 초래될 수 있다. 즉 상계의 효력에 관하여 한국법과 독일법은 상계의 소급효를 인정하는 반면 영국 보통법은 상계의 소급효를 인정하지 않는데 이러한 경우 누가 상계의 의사표시를 하느냐에 따라 수동채권의 준거법이 달라져 소송의 결과가 달라질 수도 있다.

4. 대법원 2018. 8. 1. 선고 2017다246739 판결

(1) 사실관계

농어업경영체 육성 및 지원에 관한 법률(이하 '구 농어업경영체법')에 따라 설립된 영농조합법인인 피고 법인은 재미교포들의 은퇴 후 국내 거주를 위한 휴양타운의 개발사업을 추진하면서 미국 캘리포니아주 법인인 원고와 사이에 타운 분양 및 회원모집을 위한 대행계약을 체결하였다. 원고가 분양과 모집을 위해 지출한 비용을 피고법인이 지급하기로 하는 계약을 캘리포니아주에서 체결하였는데, 준거법은 캘리포니아주 법으로 정하였다. 개발사업이 중단되고 피고 법인이 약정금을 지급하지 않자, 원고는 피고 법인과 그 조합원을 상대로 약정금의 연대 지급을 구하는 소를 제기하였다.

(2) 판결요지

국제사법 제16조는 법인의 준거법은 설립의 준거법에 의하도록 하고 있다. 이 조항이 적용되는 사항을 제한하는 규정이 없으므로, 그 적용범위는 법인의 설립과 소멸, 조직과 내부관계, 기관과 구성원의 권리와 의무, 행위능력 등 법인에 관한 문제 전반을 포함한다고 보아야 한다.

따라서 법인의 구성원이 법인의 채권자에 대하여 책임을 부담하는지, 만일 책임을 부담한다면 그 범위는 어디까지인지 등에 관하여도 해당 법인의 설립 준거법에 따라야 한다.

피고 법인은 대한민국의 구 농어업경영체법에 의하여 설립되었으므로 그 조합원들이 피고 법인의 채권자에 대하여 연대책임을 지는지에 관하여는 대한민국 법이 준거법이 된다.

(3) 해설

원심은 원고가 피고 조합원들에게 주장하는 채권이 계약에 기한 채권이 아니라 법정채권이라고 보고 국제사법상 사무관리, 부당이득, 불법행위로 인한 채권의 준거법에 관한 규정을 유추적용하여 그 채권의 근거가 된 계약의 체결지인 캘리포니아주의 법을 준거법으로 보았다. 그런데 당사자들이 캘리포니아주의 법에 관한 자료를 제출하지 않아 그 내용을 확인할 수 없다는 이유로 조리를 적용하여, 법인과 구성원의 책임은 분리된다는 일반적인 법원칙에 따라 피고 조합원들에게는 피고법인과 연대하여 채무를 이행할 책임이 없다고 보았다.

그러나 대법원은 법인 구성원이 법인의 채무에 대하여 책임을 부담하는지 여부도 법인에 관한 문제로 보아 동 영농조합법인의 설립 준거법인 대한민국법을 준거법으로 적용하였다. 그 결과 구농어업경영체법 제16조 제7항에 따라 조합에 관한 민법 제712조와 상법 제57조 제1항이 적용되었으며, 이 사건 채무는 조합원 전원을 위한 상행위로 인하여 발생하였으므로 결국 피고 조합원들은 상법 제57조 제1항에 따라 연대하여 약정금을 지급할 의무가 있다고 보았다.

제4부 법 조 문

국제사법

CISG

제2장 매도인의 의무(제30조-제52조)

제3장 매수인의 의무(제53-제65조)

제4장 위험의 이전(제66조-제70조)

제5장 매도인과 매수인의 의무에 공통되는 규정(제71조-제88조)

제4편 최종 규정 (제89조-제101조)

후문

국제사법

제1장 총칙

제1절 목적

제1조(목적) 이 법은 외국과 관련된 요소가 있는 법률관계에 관하여 국제재판관할과 준거법(準據法)을 정함을 목적으로 한다.

제2절 국제재판관할

제2조(일반원칙) ① 대한민국 법원(이하 "법원"이라 한다)은 당사자 또는 분쟁이 된 사안이 대한민국과 실질적 관련이 있는 경우에 국제재판관할권을 가진다. 이 경우 법원은 실질적 관련의 유무를 판단할 때에 당사자 간의 공평, 재판의 적정, 신속 및 경제를 꾀한다는 국제재판관할 배분의 이념에 부합하는 합리적인 원칙에 따라야 한다.

② 이 법이나 그 밖의 대한민국 법령 또는 조약에 국제재판관할에 관한 규정이 없는 경우 법원은 국내법의 관할 규정을 참작하여 국제재판관할권의 유무를 판단하되, 제1항의 취지에 비추어 국제재판관할의 특수성을 충분히 고려하여야 한다.

제3조(일반관할) ① 대한민국에 일상거소(habitual residence)가 있는 사람에 대한 소(訴)에 관하여는 법원에 국제재판관할이 있다. 일상거소가 어느 국가에도 없거나 일상거소를 알 수 없는 사람의 거소가 대한민국에 있는 경우에도 또한 같다.

② 제1항에도 불구하고 대사(大使)·공사(公使), 그 밖에 외국의 재판권 행사대상에서 제외되는 대한민국 국민에 대한 소에 관하여는 법원에 국제재판관할이 있다.

③ 주된 사무소·영업소 또는 정관상의 본거지나 경영의 중심지가 대한민국에 있는 법인 또는 단체와 대한민국 법에 따라 설립된 법인 또는 단체에 대한 소에 관하여는 법원에 국제재판관할이 있다.

제4조(사무소·영업소 소재지 등의 특별관할) ① 대한민국에 사무소·영업소가 있는 사람·법인 또는 단체에 대한 대한민국에 있는 사무소 또는 영업소의 업무와 관련된 소는 법원에 제기할 수 있다.

② 대한민국에서 또는 대한민국을 향하여 계속적이고 조직적인 사업 또는 영업활동을 하는 사람·법인 또는 단체에 대하여 그 사업 또는 영업활동과 관련이 있는 소는 법원에 제기할 수 있다.

제5조(재산소재지의 특별관할) 재산권에 관한 소는 다음 각 호의 어느 하나에 해당하는 경우 법원에 제기할 수 있다.

1. 청구의 목적 또는 담보의 목적인 재산이 대한민국에 있는 경우
2. 압류할 수 있는 피고의 재산이 대한민국에 있는 경우. 다만, 분쟁이 된 사안이 대한민국과 아무런 관련이 없거나 근소한 관련만 있는 경우 또는 그 재산의 가액이 현저하게 적은 경우는 제외한다.

제6조(관련사건의 관할) ① 상호 밀접한 관련이 있는 여러 개의 청구 가운데 하나에 대하여 법원에 국제재판관할이 있으면 그 여러 개의 청구를 하나의 소로 법원에 제기할 수 있다.

② 공동피고 가운데 1인의 피고에 대하여 법원이 제3조에 따른 일반관할을 가지는 때에는 그 피고에 대한 청구와 다른 공동피고에 대한 청구 사이에 밀접한 관련이 있어서 모순된 재판의 위험을 피할 필요가 있는 경우에만 공동피고에 대한 소를 하나의 소로 법원에 제기할 수 있다.

③ 다음 각 호의 사건의 주된 청구에 대하여 제56조부터 제61조까지의 규정에 따라 법원에 국제재판관할이 있는 경우에는 친권자·양육자 지정, 부양료 지급 등 해당 주된 청구에 부수되는 부수적 청구에 대해서도 법원에 소를 제기할 수 있다.

1. 혼인관계 사건
2. 친생자관계 사건
3. 입양관계 사건

4. 부모·자녀 간 관계 사건
5. 부양관계 사건
6. 후견관계 사건

④ 제3항 각 호에 따른 사건의 주된 청구에 부수되는 부수적 청구에 대해서만 법원에 국제재판관할이 있는 경우에는 그 주된 청구에 대한 소를 법원에 제기할 수 없다.

제7조(반소관할) 본소(本訴)에 대하여 법원에 국제재판관할이 있고 소송절차를 현저히 지연시키지 아니하는 경우 피고는 본소의 청구 또는 방어방법과 밀접한 관련이 있는 청구를 목적으로 하는 반소(反訴)를 본소가 계속(係屬)된 법원에 제기할 수 있다.

제8조(합의관할) ① 당사자는 일정한 법률관계로 말미암은 소에 관하여 국제재판관할의 합의(이하 이 조에서 "합의"라 한다)를 할 수 있다. 다만, 합의가 다음 각 호의 어느 하나에 해당하는 경우에는 효력이 없다.

1. 합의에 따라 국제재판관할을 가지는 국가의 법(준거법의 지정에 관한 법규를 포함한다)에 따를 때 그 합의가 효력이 없는 경우
2. 합의를 한 당사자가 합의를 할 능력이 없었던 경우
3. 대한민국의 법령 또는 조약에 따를 때 합의의 대상이 된 소가 합의로 정한 국가가 아닌 다른 국가의 국제재판관할에 전속하는 경우
4. 합의의 효력을 인정하면 소가 계속된 국가의 선량한 풍속이나 그 밖의 사회질서에 명백히 위반되는 경우

② 합의는 서면[전보(電報), 전신(電信), 팩스, 전자우편 또는 그 밖의 통신수단에 의하여 교환된 전자적(電子的) 의사표시를 포함한다]으로 하여야 한다.

③ 합의로 정해진 관할은 전속적인 것으로 추정한다.

④ 합의가 당사자 간의 계약 조항의 형식으로 되어 있는 경우 계약 중 다른 조항의 효력은 합의 조항의 효력에 영향을 미치지 아니한다.

⑤ 당사자 간에 일정한 법률관계로 말미암은 소에 관하여 외국법원을 선택하는 전속적 합의가 있는 경우 법원에 그 소가 제기된 때에는 법원은 해당 소를 각하하여야 한다. 다만, 다음 각 호의 어느 하나에 해당하는 경우에는 그러하지 아니하다.

1. 합의가 제1항 각 호의 사유로 효력이 없는 경우
2. 제9조에 따라 변론관할이 발생하는 경우
3. 합의에 따라 국제재판관할을 가지는 국가의 법원이 사건을 심리하지 아니하기로 하는 경우
4. 합의가 제대로 이행될 수 없는 명백한 사정이 있는 경우

제9조(변론관할) 피고가 국제재판관할이 없음을 주장하지 아니하고 본안에 대하여 변론하거나 변론준비기일에서 진술하면 법원에 그 사건에 대한 국제재판관할이 있다.

제10조(전속관할) ① 다음 각 호의 소는 법원에만 제기할 수 있다.

1. 대한민국의 공적 장부의 등기 또는 등록에 관한 소. 다만, 당사자 간의 계약에 따른 이전이나 그 밖의 처분에 관한 소로서 등기 또는 등록의 이행을 청구하는 경우는 제외한다.
2. 대한민국 법령에 따라 설립된 법인 또는 단체의 설립 무효, 해산 또는 그 기관의 결의의 유효 또는 무효에 관한 소
3. 대한민국에 있는 부동산의 물권에 관한 소 또는 부동산의 사용을 목적으로 하는 권리로서 공적 장부에 등기나 등록이 된 것에 관한 소
4. 등록 또는 기탁에 의하여 창설되는 지식재산권이 대한민국에 등록되어 있거나 등록이 신청된 경우 그 지식재산권의 성립, 유효성 또는 소멸에 관한 소
5. 대한민국에서 재판의 집행을 하려는 경우 그 집행에 관한 소

② 대한민국의 법령 또는 조약에 따른 국제재판관할의 원칙상 외국법원의 국제재판관할에 전속하는 소에 대해서는 제3조부터 제7조까지 및 제9조를 적용하지 아니한다.

③ 제1항 각 호에 따라 법원의 전속관할에 속하는 사항이 다른 소의 선결문제가 되는 경우에는 제1항을 적용하지 아니한다.

제11조(국제적 소송경합) ① 같은 당사자 간에 외국법원에 계속 중인 사건과 동일한 소가 법원에 다시 제기된 경우에 외국법원의 재판이 대한민국에서 승인될 것으로 예상되는 때에는 법원은 직권 또는 당사자의 신청에 의하여 결정으로 소송절차를 중지할 수 있다. 다만, 다음 각 호의 어느 하나에 해당하는 경우에는 그러하지 아니하다.

1. 전속적 국제재판관할의 합의에 따라 법원에 국제재판관할이 있는 경우
2. 법원에서 해당 사건을 재판하는 것이 외국법원에서 재판하는 것보다 더 적절함이 명백한 경우

② 당사자는 제1항에 따른 법원의 중지 결정에 대해서는 즉시항고를 할 수 있다.

③ 법원은 대한민국 법령 또는 조약에 따른 승인 요건을 갖춘 외국의 재판이 있는 경우 같은 당사자 간에 그 재판과 동일한 소가 법원에 제기된 때에는 그 소를 각하하여야 한다.

④ 외국법원이 본안에 대한 재판을 하기 위하여 필요한 조치를 하지 아니하는 경우 또는 외국법원이 합리적인 기간 내에 본안에 관하여 재판을 선고하지 아니하거나 선고하지 아니할 것으로 예상되는 경우에 당사자의 신청이 있으면 법원은 제1항에 따라 중지된 사건의 심리를 계속할 수 있다.

⑤ 제1항에 따라 소송절차의 중지 여부를 결정하는 경우 소의 선후(先後)는 소를 제기한 때를 기준으로 한다.

제12조(국제재판관할권의 불행사) ① 이 법에 따라 법원에 국제재판관할이 있는 경우에도 법원이 국제재판관할권을 행사하기에 부적절하고 국제재판관할이 있는 외국법원이 분쟁을 해결하기에 더 적절하다는 예외적인 사정이 명백히 존재할 때에는 피고의 신청에 의하여 법원은 본안에 관한 최초의 변론기일 또는 변론준비기일까지 소송절차를 결정으로 중지하거나 소를 각하할 수 있다. 다만, 당사자가 합의한 국제재판관할이 법원에 있는 경우에는 그러하지 아니하다.

② 제1항 본문의 경우 법원은 소송절차를 중지하거나 소를 각하하기 전에 원고에게 진술할 기회를 주어야 한다.

③ 당사자는 제1항에 따른 법원의 중지 결정에 대해서는 즉시항고를 할 수 있다.

제13조(적용 제외) 제24조, 제56조부터 제59조까지, 제61조, 제62조, 제76조제4항 및 제89조에 따라 국제재판관할이 정하여지는 사건에는 제8조 및 제9조를 적용하지 아니한다.

제14조(보전처분의 관할) ① 보전처분에 대해서는 다음 각 호의 어느 하나에 해당하는 경우 법원에 국제재판관할이 있다.

1. 법원에 본안에 관한 국제재판관할이 있는 경우

2. 보전처분의 대상이 되는 재산이 대한민국에 있는 경우

② 제1항에도 불구하고 당사자는 긴급히 필요한 경우에는 대한민국에서만 효력을 가지는 보전처분을 법원에 신청할 수 있다.

제15조(비송사건의 관할) ① 비송사건의 국제재판관할에 관하여는 성질에 반하지 아니하는 범위에서 제2조부터 제14조까지의 규정을 준용한다.

② 비송사건의 국제재판관할은 다음 각 호의 구분에 따라 해당 규정에서 정한 바에 따른다.

1. 실종선고 등에 관한 사건: 제24조
2. 친족관계에 관한 사건: 제56조부터 제61조까지
3. 상속 및 유언에 관한 사건: 제76조
4. 선박소유자 등의 책임제한에 관한 사건: 제89조

③ 제2항 각 호에서 규정하는 경우 외에 개별 비송사건의 관할에 관하여 이 법에 다른 규정이 없는 경우에는 제2조에 따른다.

제3절 준거법

제16조(본국법) ① 당사자의 본국법에 따라야 하는 경우에 당사자가 둘 이상의 국적을 가질 때에는 그와 가장 밀접한 관련이 있는 국가의 법을 그 본국법으로 정한다. 다만, 국적 중 하나가 대한민국일 경우에는 대한민국 법을 본국법으로 한다.

② 당사자가 국적을 가지지 아니하거나 당사자의 국적을 알 수 없는 경우에는 그의 일상거소가 있는 국가의 법[이하 "일상거소지법"(日常居所地法)이라 한다]에 따르고, 일상거소를 알 수 없는 경우에는 그의 거소가 있는 국가의 법에 따른다.

③ 당사자가 지역에 따라 법을 달리하는 국가의 국적을 가질 경우에는 그 국가의 법 선택규정에 따라 지정되는 법에 따르고, 그러한 규정이 없는 경우에는 당사자와 가장 밀접한 관련이 있는 지역의 법에 따른다.

제17조(일상거소지법) 당사자의 일상거소지법에 따라야 하는 경우에 당사자의 일상거소를 알 수 없는 경우에는 그의 거소가 있는 국가의 법에 따른다.

제18조(외국법의 적용) 법원은 이 법에 따라 준거법으로 정해진 외국법의 내용을 직권으로 조사·적용하여야 하며, 이를 위하여 당사자에게 협력을 요구할 수 있다.

제19조(준거법의 범위) 이 법에 따라 준거법으로 지정되는 외국법의 규정은 공법적 성격이 있다는 이유만으로 적용이 배제되지 아니한다.

제20조(대한민국 법의 강행적 적용) 입법목적에 비추어 준거법에 관계없이 해당 법률관계에 적용되어야 하는 대한민국의 강행규정은 이 법에 따라 외국법이 준거법으로 지정되는 경우에도 적용한다.

제21조(준거법 지정의 예외) ① 이 법에 따라 지정된 준거법이 해당 법률관계와 근소한 관련이 있을 뿐이고, 그 법률관계와 가장 밀접한 관련이 있는 다른 국가의 법이 명백히 존재하는 경우에는 그 다른 국가의 법에 따른다.

② 당사자가 합의에 따라 준거법을 선택하는 경우에는 제1항을 적용하지 아니한다.

제22조(외국법에 따른 대한민국 법의 적용) ① 이 법에 따라 외국법이 준거법으로 지정된 경우에 그 국가의 법에 따라 대한민국 법이 적용되어야 할 때에는 대한민국의 법(준거법의 지정에 관한 법규는 제외한다)에 따른다.

② 다음 각 호의 어느 하나에 해당하는 경우에는 제1항을 적용하지 아니한다.

1. 당사자가 합의로 준거법을 선택하는 경우
2. 이 법에 따라 계약의 준거법이 지정되는 경우
3. 제73조에 따라 부양의 준거법이 지정되는 경우
4. 제78조제3항에 따라 유언의 방식의 준거법이 지정되는 경우
5. 제94조에 따라 선적국법이 지정되는 경우
6. 그 밖에 제1항을 적용하는 것이 이 법의 준거법 지정 취지에 반하는 경우

제23조(사회질서에 반하는 외국법의 규정) 외국법에 따라야 하는 경우에 그 규정의 적용이 대한민국의 선량한 풍속이나 그 밖의 사회질서에 명백히 위반될 때에는 그 규정을 적용하지 아니한다.

제2장 사람

제1절 국제재판관할

제24조(실종선고 등 사건의 특별관할) ① 실종선고에 관한 사건에 대해서는 다음 각 호의 어느 하나에 해당하는 경우 법원에 국제재판관할이 있다.

1. 부재자가 대한민국 국민인 경우
2. 부재자의 마지막 일상거소가 대한민국에 있는 경우
3. 부재자의 재산이 대한민국에 있거나 대한민국 법에 따라야 하는 법률관계가 있 경우. 다만, 그 재산 및 법률관계에 관한 부분으로 한정한다.
4. 그 밖에 정당한 사유가 있는 경우

② 부재자 재산관리에 관한 사건에 대해서는 부재자의 마지막 일상거소 또는 재산이 대한민국에 있는 경우 법원에 국제재판관할이 있다.

제25조(사원 등에 대한 소의 특별관할) 법원이 제3조제3항에 따른 국제재판관할을 가지는 경우 다음 각 호의 소는 법원에 제기할 수 있다.

1. 법인 또는 단체가 그 사원 또는 사원이었던 사람에 대하여 소를 제기하는 경우로서 그 소가 사원의 자격으로 말미암은 것인 경우
2. 법인 또는 단체의 사원이 다른 사원 또는 사원이었던 사람에 대하여 소를 제기하는 경우로서 그 소가 사원의 자격으로 말미암은 것인 경우
3. 법인 또는 단체의 사원이었던 사람이 법인·단체의 사원에 대하여 소를 제기하는 경우로서 그 소가 사원의 자격으로 말미암은 것인 경우

제2절 준거법

제26조(권리능력) 사람의 권리능력은 그의 본국법에 따른다.

제27조(실종과 부재) ① 실종선고 및 부재자 재산관리는 실종자 또는 부재자의 본국법에 따른다.

② 제1항에도 불구하고 외국인에 대하여 법원이 실종선고나 그 취소 또는 부재자

재산관리의 재판을 하는 경우에는 대한민국 법에 따른다.

第28條(행위능력) ① 사람의 행위능력은 그의 본국법에 따른다. 행위능력이 혼인에 의하여 확대되는 경우에도 또한 같다.

② 이미 취득한 행위능력은 국적의 변경에 의하여 상실되거나 제한되지 아니한다.

第29條(거래보호) ① 법률행위를 한 사람과 상대방이 법률행위의 성립 당시 동일한 국가에 있는 경우에 그 행위자가 그의 본국법에 따르면 무능력자이더라도 법률행위가 있었던 국가의 법에 따라 능력자인 때에는 그의 무능력을 주장할 수 없다. 다만, 상대방이 법률행위 당시 그의 무능력을 알았거나 알 수 있었을 경우에는 그러하지 아니하다.

② 제1항은 친족법 또는 상속법의 규정에 따른 법률행위 및 행위지 외의 국가에 있는 부동산에 관한 법률행위에는 이를 적용하지 아니한다.

第30條(법인 및 단체) 법인 또는 단체는 그 설립의 준거법에 따른다. 다만, 외국에서 설립된 법인 또는 단체가 대한민국에 주된 사무소가 있거나 대한민국에서 주된 사업을 하는 경우에는 대한민국 법에 따른다.

제3장 법률행위

第31條(법률행위의 방식) ① 법률행위의 방식은 그 행위의 준거법에 따른다.

② 행위지법에 따라 한 법률행위의 방식은 제1항에도 불구하고 유효하다.

③ 당사자가 계약체결 시 서로 다른 국가에 있을 때에는 그 국가 중 어느 한 국가의 법에서 정한 법률행위의 방식에 따를 수 있다.

④ 대리인에 의한 법률행위의 경우에는 대리인이 있는 국가를 기준으로 행위지법을 정한다.

⑤ 제2항부터 제4항까지의 규정은 물권이나 그 밖에 등기하여야 하는 권리를 설정하거나 처분하는 법률행위의 방식에는 적용하지 아니한다.

第32條(임의대리) ① 본인과 대리인 간의 관계는 당사자 간의 법률관계의 준거법에 따른다.

② 대리인의 행위로 인하여 본인이 제3자에 대하여 의무를 부담하는지 여부는 대리인의 영업소가 있는 국가의 법에 따르며, 대리인의 영업소가 없거나 영업소가 있더라도 제3자가 알 수 없는 경우에는 대리인이 실제로 대리행위를 한 국가의 법에 따른다.
③ 대리인이 본인과 근로계약 관계에 있고, 그의 영업소가 없는 경우에는 본인의 주된 영업소를 그의 영업소로 본다.
④ 본인은 제2항 및 제3항에도 불구하고 대리의 준거법을 선택할 수 있다. 다만, 준거법의 선택은 대리권을 증명하는 서면에 명시되거나 본인 또는 대리인이 제3자에게 서면으로 통지한 경우에만 그 효력이 있다.
⑤ 대리권이 없는 대리인과 제3자 간의 관계에 관하여는 제2항을 준용한다.

제4장 물권

제33조(물권) ① 동산 및 부동산에 관한 물권 또는 등기하여야 하는 권리는 그 동산·부동산의 소재지법에 따른다.
② 제1항에 규정된 권리의 취득·상실·변경은 그 원인된 행위 또는 사실의 완성 당시 그 동산·부동산의 소재지법에 따른다.

제34조(운송수단) 항공기에 관한 물권은 그 항공기의 국적이 소속된 국가의 법에 따르고, 철도차량에 관한 물권은 그 철도차량의 운행을 허가한 국가의 법에 따른다.

제35조(무기명증권) 무기명증권에 관한 권리의 취득·상실·변경은 그 원인된 행위 또는 사실의 완성 당시 그 무기명증권의 소재지법에 따른다.

제36조(이동 중인 물건) 이동 중인 물건에 관한 물권의 취득·상실·변경은 그 목적지가 속하는 국가의 법에 따른다.

제37조(채권 등에 대한 약정담보물권) 채권·주식, 그 밖의 권리 또는 이를 표창하는 유가증권을 대상으로 하는 약정담보물권은 담보대상인 권리의 준거법에 따른다. 다만, 무기명증권을 대상으로 하는 약정담보물권은 제35조에 따른다.

제5장 지식재산권

제1절 국제재판관할

제38조(지식재산권 계약에 관한 소의 특별관할) ① 지식재산권의 양도, 담보권 설정, 사용허락 등의 계약에 관한 소는 다음 각 호의 어느 하나에 해당하는 경우 법원에 제기할 수 있다.

1. 지식재산권이 대한민국에서 보호되거나 사용 또는 행사되는 경우
2. 지식재산권에 관한 권리가 대한민국에서 등록되는 경우

② 제1항에 따른 국제재판관할이 적용되는 소에는 제41조를 적용하지 아니한다.

제39조(지식재산권 침해에 관한 소의 특별관할) ① 지식재산권 침해에 관한 소는 다음 각 호의 어느 하나에 해당하는 경우 법원에 제기할 수 있다. 다만, 이 경우 대한민국에서 발생한 결과에 한정한다.

1. 침해행위를 대한민국에서 한 경우
2. 침해의 결과가 대한민국에서 발생한 경우
3. 침해행위를 대한민국을 향하여 한 경우

② 제1항에 따라 소를 제기하는 경우 제6조제1항을 적용하지 아니한다.

③ 제1항 및 제2항에도 불구하고 지식재산권에 대한 주된 침해행위가 대한민국에서 일어난 경우에는 외국에서 발생하는 결과를 포함하여 침해행위로 인한 모든 결과에 관한 소를 법원에 제기할 수 있다.

④ 제1항 및 제3항에 따라 소를 제기하는 경우 제44조를 적용하지 아니한다.

제2절 준거법

제40조(지식재산권의 보호) 지식재산권의 보호는 그 침해지법에 따른다.

제6장 채권

제1절 국제재판관할

제41조(계약에 관한 소의 특별관할) ① 계약에 관한 소는 다음 각 호의 어느 하나에 해당하는 곳이 대한민국에 있는 경우 법원에 제기할 수 있다.

1. 물품공급계약의 경우에는 물품인도지
2. 용역제공계약의 경우에는 용역제공지
3. 물품인도지와 용역제공지가 복수이거나 물품공급과 용역제공을 함께 목적으로 하는 계약의 경우에는 의무의 주된 부분의 이행지

② 제1항에서 정한 계약 외의 계약에 관한 소는 청구의 근거인 의무가 이행된 곳 또는 그 의무가 이행되어야 할 곳으로 계약당사자가 합의한 곳이 대한민국에 있는 경우 법원에 제기할 수 있다.

제42조(소비자계약의 관할) ① 소비자가 자신의 직업 또는 영업활동 외의 목적으로 체결하는 계약으로서 다음 각 호의 어느 하나에 해당하는 경우 대한민국에 일상거소가 있는 소비자는 계약의 상대방(직업 또는 영업활동으로 계약을 체결하는 자를 말한다. 이하 "사업자"라 한다)에 대하여 법원에 소를 제기할 수 있다.

1. 사업자가 계약체결에 앞서 소비자의 일상거소가 있는 국가(이하 "일상거소지국"이라 한다)에서 광고에 의한 거래 권유 등 직업 또는 영업활동을 행하거나 소비자의 일상거소지국 외의 지역에서 소비자의 일상거소지국을 향하여 광고에 의한 거래의 권유 등 직업 또는 영업활동을 행하고 그 계약이 사업자의 직업 또는 영업활동의 범위에 속하는 경우
2. 사업자가 소비자의 일상거소지국에서 소비자의 주문을 받은 경우
3. 사업자가 소비자로 하여금 소비자의 일상거소지국이 아닌 국가에 가서 주문을 하도록 유도한 경우

② 제1항에 따른 계약(이하 "소비자계약"이라 한다)의 경우에 소비자의 일상거소가 대한민국에 있는 경우에는 사업자가 소비자에 대하여 제기하는 소는 법원

에만 제기할 수 있다.

③ 소비자계약의 당사자 간에 제8조에 따른 국제재판관할의 합의가 있을 때 그 합의는 다음 각 호의 어느 하나에 해당하는 경우에만 효력이 있다.

1. 분쟁이 이미 발생한 후 국제재판관할의 합의를 한 경우
2. 국제재판관할의 합의에서 법원 외에 외국법원에도 소비자가 소를 제기할 수 있도록 한 경우

제43조(근로계약의 관할) ① 근로자가 대한민국에서 일상적으로 노무를 제공하거나 최후로 일상적 노무를 제공한 경우에는 사용자에 대한 근로계약에 관한 소를 법원에 제기할 수 있다. 근로자가 일상적으로 대한민국에서 노무를 제공하지 아니하거나 아니하였던 경우에 사용자가 그를 고용한 영업소가 대한민국에 있거나 있었을 때에도 또한 같다.

② 사용자가 근로자에 대하여 제기하는 근로계약에 관한 소는 근로자의 일상거소가 대한민국에 있거나 근로자가 대한민국에서 일상적으로 노무를 제공하는 경우에는 법원에만 제기할 수 있다.

③ 근로계약의 당사자 간에 제8조에 따른 국제재판관할의 합의가 있을 때 그 합의는 다음 각 호의 어느 하나에 해당하는 경우에만 효력이 있다.

1. 분쟁이 이미 발생한 경우
2. 국제재판관할의 합의에서 법원 외에 외국법원에도 근로자가 소를 제기할 수 있도록 한 경우

제44조(불법행위에 관한 소의 특별관할) 불법행위에 관한 소는 그 행위가 대한민국에서 행하여지거나 대한민국을 향하여 행하여지는 경우 또는 대한민국에서 그 결과가 발생하는 경우 법원에 제기할 수 있다. 다만, 불법행위의 결과가 대한민국에서 발생할 것을 예견할 수 없었던 경우에는 그러하지 아니하다.

제2절 준거법

제45조(당사자 자치) ① 계약은 당사자가 명시적 또는 묵시적으로 선택한 법에 따른다. 다만, 묵시적인 선택은 계약내용이나 그 밖의 모든 사정으로부터 합리적으로 인정할 수 있는 경우로 한정한다.

② 당사자는 계약의 일부에 관하여도 준거법을 선택할 수 있다.

③ 당사자는 합의에 의하여 이 조 또는 제46조에 따른 준거법을 변경할 수 있다. 다만, 계약체결 후 이루어진 준거법의 변경은 계약 방식의 유효 여부와 제3자의 권리에 영향을 미치지 아니한다.

④ 모든 요소가 오로지 한 국가와 관련이 있음에도 불구하고 당사자가 그 외의 다른 국가의 법을 선택한 경우에 관련된 국가의 강행규정은 적용이 배제되지 아니한다.

⑤ 준거법 선택에 관한 당사자 간 합의의 성립 및 유효성에 관하여는 제49조를 준용한다.

제46조(준거법 결정 시의 객관적 연결) ① 당사자가 준거법을 선택하지 아니한 경우에 계약은 그 계약과 가장 밀접한 관련이 있는 국가의 법에 따른다.

② 당사자가 계약에 따라 다음 각 호의 어느 하나에 해당하는 이행을 하여야 하는 경우에는 계약체결 당시 그의 일상거소가 있는 국가의 법(당사자가 법인 또는 단체인 경우에는 주된 사무소가 있는 국가의 법을 말한다)이 가장 밀접한 관련이 있는 것으로 추정한다. 다만, 계약이 당사자의 직업 또는 영업활동으로 체결된 경우에는 당사자의 영업소가 있는 국가의 법이 가장 밀접한 관련이 있는 것으로 추정한다.

1. 양도계약의 경우에는 양도인의 이행
2. 이용계약의 경우에는 물건 또는 권리를 이용하도록 하는 당사자의 이행
3. 위임·도급계약 및 이와 유사한 용역제공계약의 경우에는 용역의 이행

③ 부동산에 대한 권리를 대상으로 하는 계약의 경우에는 부동산이 있는 국가의 법이 가장 밀접한 관련이 있는 것으로 추정한다.

제47조(소비자계약) ① 소비자계약의 당사자가 준거법을 선택하더라도 소비자의 일상거소가 있는 국가의 강행규정에 따라 소비자에게 부여되는 보호를 박탈할 수 없다.

② 소비자계약의 당사자가 준거법을 선택하지 아니한 경우에는 제46조에도 불구하고 소비자의 일상거소지법에 따른다.

③ 소비자계약의 방식은 제31조제1항부터 제3항까지의 규정에도 불구하고 소비자의 일상거소지법에 따른다.

제48조(근로계약) ① 근로계약의 당사자가 준거법을 선택하더라도 제2항에 따라 지정되는 준거법 소속 국가의 강행규정에 따라 근로자에게 부여되는 보호를 박탈할 수 없다.

② 근로계약의 당사자가 준거법을 선택하지 아니한 경우 근로계약은 제46조에도 불구하고 근로자가 일상적으로 노무를 제공하는 국가의 법에 따르며, 근로자가 일상적으로 어느 한 국가 안에서 노무를 제공하지 아니하는 경우에는 사용자가 근로자를 고용한 영업소가 있는 국가의 법에 따른다.

제49조(계약의 성립 및 유효성) ① 계약의 성립 및 유효성은 그 계약이 유효하게 성립하였을 경우 이 법에 따라 적용되어야 하는 준거법에 따라 판단한다.

② 제1항에 따른 준거법에 따라 당사자의 행위의 효력을 판단하는 것이 모든 사정에 비추어 명백히 부당한 경우에는 그 당사자는 계약에 동의하지 아니하였음을 주장하기 위하여 그의 일상거소지법을 원용할 수 있다.

제50조(사무관리) ① 사무관리는 그 관리가 행하여진 곳의 법에 따른다. 다만, 사무관리가 당사자 간의 법률관계에 근거하여 행하여진 경우에는 그 법률관계의 준거법에 따른다.

② 다른 사람의 채무를 변제함으로써 발생하는 청구권은 그 채무의 준거법에 따른다.

제51조(부당이득) 부당이득은 그 이득이 발생한 곳의 법에 따른다. 다만, 부당이득이 당사자 간의 법률관계에 근거한 이행으로부터 발생한 경우에는 그 법률관계의 준거법에 따른다.

제52조(불법행위) ① 불법행위는 그 행위를 하거나 그 결과가 발생하는 곳의 법에 따른다.

② 불법행위를 한 당시 동일한 국가 안에 가해자와 피해자의 일상거소가 있는 경우에는 제1항에도 불구하고 그 국가의 법에 따른다.

③ 가해자와 피해자 간에 존재하는 법률관계가 불법행위에 의하여 침해되는 경우에는 제1항 및 제2항에도 불구하고 그 법률관계의 준거법에 따른다.

④ 제1항부터 제3항까지의 규정에 따라 외국법이 적용되는 경우에 불법행위로 인한 손해배상청구권은 그 성질이 명백히 피해자의 적절한 배상을 위한 것이 아

니거나 그 범위가 본질적으로 피해자의 적절한 배상을 위하여 필요한 정도를 넘을 때에는 인정하지 아니한다.

제53조(준거법에 관한 사후적 합의) 당사자는 제50조부터 제52조까지의 규정에도 불구하고 사무관리·부당이득·불법행위가 발생한 후 합의에 의하여 대한민국 법을 그 준거법으로 선택할 수 있다. 다만, 그로 인하여 제3자의 권리에 영향을 미치지 아니한다.

제54조(채권의 양도 및 채무의 인수) ① 채권의 양도인과 양수인 간의 법률관계는 당사자 간의 계약의 준거법에 따른다. 다만, 채권의 양도가능성, 채무자 및 제3자에 대한 채권양도의 효력은 양도되는 채권의 준거법에 따른다.

② 채무인수에 관하여는 제1항을 준용한다.

제55조(법률에 따른 채권의 이전) ① 법률에 따른 채권의 이전은 그 이전의 원인이 된 구(舊)채권자와 신(新)채권자 간의 법률관계의 준거법에 따른다. 다만, 이전되는 채권의 준거법에 채무자 보호를 위한 규정이 있는 경우에는 그 규정이 적용된다.

② 제1항과 같은 법률관계가 존재하지 아니하는 경우에는 이전되는 채권의 준거법에 따른다.

제7장 친족

제1절 국제재판관할

제56조(혼인관계에 관한 사건의 특별관할) ① 혼인관계에 관한 사건에 대해서는 다음 각 호의 어느 하나에 해당하는 경우 법원에 국제재판관할이 있다.

1. 부부 중 한쪽의 일상거소가 대한민국에 있고 부부의 마지막 공동 일상거소가 대한민국에 있었던 경우
2. 원고와 미성년 자녀 전부 또는 일부의 일상거소가 대한민국에 있는 경우
3. 부부 모두가 대한민국 국민인 경우

4. 대한민국 국민으로서 대한민국에 일상거소를 둔 원고가 혼인관계 해소만을 목적으로 제기하는 사건의 경우

② 부부 모두를 상대로 하는 혼인관계에 관한 사건에 대해서는 다음 각 호의 어느 하나에 해당하는 경우 법원에 국제재판관할이 있다.

1. 부부 중 한쪽의 일상거소가 대한민국에 있는 경우
2. 부부 중 한쪽이 사망한 때에는 생존한 다른 한쪽의 일상거소가 대한민국에 있는 경우
3. 부부 모두가 사망한 때에는 부부 중 한쪽의 마지막 일상거소가 대한민국에 있었던 경우
4. 부부 모두가 대한민국 국민인 경우

第57조(친생자관계에 관한 사건의 특별관할) 친생자관계의 성립 및 해소에 관한 사건에 대해서는 다음 각 호의 어느 하나에 해당하는 경우 법원에 국제재판관할이 있다.

1. 자녀의 일상거소가 대한민국에 있는 경우
2. 자녀와 피고가 되는 부모 중 한쪽이 대한민국 국민인 경우

第58조(입양관계에 관한 사건의 특별관할) ① 입양의 성립에 관한 사건에 대해서는 양자가 되려는 사람 또는 양친이 되려는 사람의 일상거소가 대한민국에 있는 경우 법원에 국제재판관할이 있다.

② 양친자관계의 존부확인, 입양의 취소 또는 파양(罷養)에 관한 사건에 관하여는 제57조를 준용한다.

第59조(부모·자녀 간의 법률관계 등에 관한 사건의 특별관할) 미성년인 자녀 등에 대한 친권, 양육권 및 면접교섭권에 관한 사건에 대해서는 다음 각 호의 어느 하나에 해당하는 경우 법원에 국제재판관할이 있다.

1. 자녀의 일상거소가 대한민국에 있는 경우
2. 부모 중 한쪽과 자녀가 대한민국 국민인 경우

第60조(부양에 관한 사건의 관할) ① 부양에 관한 사건에 대해서는 부양권리자의 일상거소가 대한민국에 있는 경우 법원에 국제재판관할이 있다.

② 당사자가 부양에 관한 사건에 대하여 제8조에 따라 국제재판관할의 합의를 하

는 경우 다음 각 호의 어느 하나에 해당하면 합의의 효력이 없다.

1. 부양권리자가 미성년자이거나 피후견인인 경우. 다만, 해당 합의에서 미성년자이거나 피후견인인 부양권리자에게 법원 외에 외국법원에도 소를 제기할 수 있도록 한 경우는 제외한다.
2. 합의로 지정된 국가가 사안과 아무런 관련이 없거나 근소한 관련만 있는 경우

③ 부양에 관한 사건이 다음 각 호의 어느 하나에 해당하는 경우에는 제9조를 적용하지 아니한다.

1. 부양권리자가 미성년자이거나 피후견인인 경우
2. 대한민국이 사안과 아무런 관련이 없거나 근소한 관련만 있는 경우

제61조(후견에 관한 사건의 특별관할) ① 성년인 사람의 후견에 관한 사건에 대해서는 다음 각 호의 어느 하나에 해당하는 경우 법원에 국제재판관할이 있다.

1. 피후견인(피후견인이 될 사람을 포함한다. 이하 같다)의 일상거소가 대한민국에 있는 경우
2. 피후견인이 대한민국 국민인 경우
3. 피후견인의 재산이 대한민국에 있고 피후견인을 보호하여야 할 필요가 있는 경우

② 미성년자의 후견에 관한 사건에 대해서는 다음 각 호의 어느 하나에 해당하는 경우 법원에 국제재판관할이 있다.

1. 미성년자의 일상거소가 대한민국에 있는 경우
2. 미성년자의 재산이 대한민국에 있고 미성년자를 보호하여야 할 필요가 있는 경우

제62조(가사조정사건의 관할) 제56조부터 제61조까지의 규정에 따라 법원에 국제재판관할이 있는 사건의 경우에는 그 조정사건에 대해서도 법원에 국제재판관할이 있다.

제2절 준거법

제63조(혼인의 성립) ① 혼인의 성립요건은 각 당사자에 관하여 그 본국법에 따른다.

② 혼인의 방식은 혼인을 한 곳의 법 또는 당사자 중 한쪽의 본국법에 따른다. 다만, 대한민국에서 혼인을 하는 경우에 당사자 중 한쪽이 대한민국 국민인 때에는 대한민국 법에 따른다.

第64條(혼인의 일반적 효력) 혼인의 일반적 효력은 다음 각 호의 법의 순위에 따른다.

1. 부부의 동일한 본국법
2. 부부의 동일한 일상거소지법
3. 부부와 가장 밀접한 관련이 있는 곳의 법

第65條(부부재산제) ① 부부재산제에 관하여는 제64조를 준용한다.

② 부부가 합의에 의하여 다음 각 호의 어느 하나에 해당하는 법을 선택한 경우 부부재산제는 제1항에도 불구하고 그 법에 따른다. 다만, 그 합의는 날짜와 부부의 기명날인 또는 서명이 있는 서면으로 작성된 경우에만 그 효력이 있다.

1. 부부 중 한쪽이 국적을 가지는 법
2. 부부 중 한쪽의 일상거소지법
3. 부동산에 관한 부부재산제에 대해서는 그 부동산의 소재지법

③ 대한민국에서 행한 법률행위 및 대한민국에 있는 재산에 관하여는 외국법에 따른 부부재산제로써 선의의 제3자에게 대항할 수 없다. 이 경우 외국법에 따를 수 없을 때에 제3자와의 관계에서 부부재산제는 대한민국 법에 따른다.

④ 제3항에도 불구하고 외국법에 따라 체결된 부부재산계약을 대한민국에서 등기한 경우에는 제3자에게 대항할 수 있다.

第66條(이혼) 이혼에 관하여는 제64조를 준용한다. 다만, 부부 중 한쪽이 대한민국에 일상거소가 있는 대한민국 국민인 경우 이혼은 대한민국 법에 따른다.

第67條(혼인 중의 부모·자녀관계) ① 혼인 중의 부모·자녀관계의 성립은 자녀의 출생 당시 부부 중 한쪽의 본국법에 따른다.

② 제1항의 경우에 남편이 자녀의 출생 전에 사망한 때에는 남편의 사망 당시 본국법을 그의 본국법으로 본다.

第68條(혼인 외의 부모·자녀관계) ① 혼인 외의 부모·자녀관계의 성립은 자녀의 출생 당시 어머니의 본국법에 따른다. 다만, 아버지와 자녀 간의 관계의 성립

은 자녀의 출생 당시 아버지의 본국법 또는 현재 자녀의 일상거소지법에 따를 수 있다.

② 인지는 제1항에서 정하는 법 외에 인지 당시 인지자의 본국법에 따를 수 있다.

③ 제1항의 경우에 아버지가 자녀의 출생 전에 사망한 때에는 사망 당시 본국법을 그의 본국법으로 보고, 제2항의 경우에 인지자가 인지 전에 사망한 때에는 사망 당시 본국법을 그의 본국법으로 본다.

제69조(혼인 외의 출생자) ① 혼인 외의 출생자가 혼인 중의 출생자로 그 지위가 변동되는 경우에 관하여는 그 요건인 사실의 완성 당시 아버지 또는 어머니의 본국법 또는 자녀의 일상거소지법에 따른다.

② 제1항의 경우에 아버지 또는 어머니가 그 요건인 사실이 완성되기 전에 사망한 때에는 아버지 또는 어머니의 사망 당시 본국법을 그의 본국법으로 본다.

제70조(입양 및 파양) 입양 및 파양은 입양 당시 양부모의 본국법에 따른다.

제71조(동의) 제68조부터 제70조까지의 규정에 따른 부모·자녀관계의 성립에 관하여 자녀의 본국법이 자녀 또는 제3자의 승낙이나 동의 등을 요건으로 할 때에는 그 요건도 갖추어야 한다.

제72조(부모·자녀 간의 법률관계) 부모·자녀 간의 법률관계는 부모와 자녀의 본국법이 모두 동일한 경우에는 그 법에 따르고, 그 외의 경우에는 자녀의 일상거소지법에 따른다.

제73조(부양) ① 부양의 의무는 부양권리자의 일상거소지법에 따른다. 다만, 그 법에 따르면 부양권리자가 부양의무자로부터 부양을 받을 수 없을 때에는 당사자의 공통 본국법에 따른다.

② 대한민국에서 이혼이 이루어지거나 승인된 경우에 이혼한 당사자 간의 부양의무는 제1항에도 불구하고 그 이혼에 관하여 적용된 법에 따른다.

③ 방계혈족 간 또는 인척 간의 부양의무와 관련하여 부양의무자는 부양권리자의 청구에 대하여 당사자의 공통 본국법에 따라 부양의무가 없다는 주장을 할 수 있으며, 그러한 법이 없을 때에는 부양의무자의 일상거소지법에 따라 부양의무가 없다는 주장을 할 수 있다.

④ 부양권리자와 부양의무자가 모두 대한민국 국민이고, 부양의무자가 대한민국

에 일상거소가 있는 경우에는 대한민국 법에 따른다.

第74条(그 밖의 친족관계) 친족관계의 성립 및 친족관계에서 발생하는 권리의무에 관하여 이 법에 특별한 규정이 없는 경우에는 각 당사자의 본국법에 따른다.

第75条(후견) ① 후견은 피후견인의 본국법에 따른다.

② 법원이 제61조에 따라 성년 또는 미성년자인 외국인의 후견사건에 관한 재판을 하는 때에는 제1항에도 불구하고 다음 각 호의 어느 하나에 해당하는 경우 대한민국 법에 따른다.

1. 피후견인의 본국법에 따른 후견개시의 원인이 있더라도 그 후견사무를 수행할 사람이 없거나, 후견사무를 수행할 사람이 있더라도 후견사무를 수행할 수 없는 경우
2. 대한민국에서 후견개시의 심판(임의후견감독인선임 심판을 포함한다)을 하였거나 하는 경우
3. 피후견인의 재산이 대한민국에 있고 피후견인을 보호하여야 할 필요가 있는 경우

제8장 상속

제1절 국제재판관할

第76条(상속 및 유언에 관한 사건의 관할) ① 상속에 관한 사건에 대해서는 다음 각 호의 어느 하나에 해당하는 경우 법원에 국제재판관할이 있다.

1. 피상속인의 사망 당시 일상거소가 대한민국에 있는 경우. 피상속인의 일상거소가 어느 국가에도 없거나 이를 알 수 없고 그의 마지막 일상거소가 대한민국에 있었던 경우에도 또한 같다.
2. 대한민국에 상속재산이 있는 경우. 다만, 그 상속재산의 가액이 현저하게 적은 경우에는 그러하지 아니하다.

② 당사자가 상속에 관한 사건에 대하여 제8조에 따라 국제재판관할의 합의를 하는 경우에 다음 각 호의 어느 하나에 해당하면 합의의 효력이 없다.

1. 당사자가 미성년자이거나 피후견인인 경우. 다만, 해당 합의에서 미성년자이거나 피후견인인 당사자에게 법원 외에 외국법원에도 소를 제기하는 것을 허용하는 경우는 제외한다.
2. 합의로 지정된 국가가 사안과 아무런 관련이 없거나 근소한 관련만 있는 경우

③ 상속에 관한 사건이 다음 각 호의 어느 하나에 해당하는 경우에는 제9조를 적용하지 아니한다.

1. 당사자가 미성년자이거나 피후견인인 경우
2. 대한민국이 사안과 아무런 관련이 없거나 근소한 관련만 있는 경우

④ 유언에 관한 사건은 유언자의 유언 당시 일상거소가 대한민국에 있거나 유언의 대상이 되는 재산이 대한민국에 있는 경우 법원에 국제재판관할이 있다.

⑤ 제1항에 따라 법원에 국제재판관할이 있는 사건의 경우에는 그 조정사건에 관하여도 법원에 국제재판관할이 있다.

제2절 준거법

제77조(상속) ① 상속은 사망 당시 피상속인의 본국법에 따른다.

② 피상속인이 유언에 적용되는 방식에 의하여 명시적으로 다음 각 호의 어느 하나에 해당하는 법을 지정할 때에는 상속은 제1항에도 불구하고 그 법에 따른다.

1. 지정 당시 피상속인의 일상거소지법. 다만, 그 지정은 피상속인이 사망 시까지 그 국가에 일상거소를 유지한 경우에만 효력이 있다.
2. 부동산에 관한 상속에 대해서는 그 부동산의 소재지법

제78조(유언) ① 유언은 유언 당시 유언자의 본국법에 따른다.

② 유언의 변경 또는 철회는 그 당시 유언자의 본국법에 따른다.

③ 유언의 방식은 다음 각 호의 어느 하나의 법에 따른다.

1. 유언자가 유언 당시 또는 사망 당시 국적을 가지는 국가의 법
2. 유언자의 유언 당시 또는 사망 당시 일상거소지법
3. 유언 당시 행위지법
4. 부동산에 관한 유언의 방식에 대해서는 그 부동산의 소재지법

제9장 어음·수표

제1절 국제재판관할

제79조(어음·수표에 관한 소의 특별관할) 어음·수표에 관한 소는 어음·수표의 지급지가 대한민국에 있는 경우 법원에 제기할 수 있다.

제2절 준거법

제80조(행위능력) ① 환어음, 약속어음 및 수표에 의하여 채무를 부담하는 자의 능력은 그의 본국법에 따른다. 다만, 그 국가의 법이 다른 국가의 법에 따르도록 정한 경우에는 그 다른 국가의 법에 따른다.

② 제1항에 따르면 능력이 없는 자라 할지라도 다른 국가에서 서명을 하고 그 국가의 법에 따라 능력이 있을 때에는 그 채무를 부담할 수 있는 능력이 있는 것으로 본다.

제81조(수표지급인의 자격) ① 수표지급인이 될 수 있는 자의 자격은 지급지법에 따른다.

② 지급지법에 따르면 지급인이 될 수 없는 자를 지급인으로 하여 수표가 무효인 경우에도 동일한 규정이 없는 다른 국가에서 한 서명으로부터 생긴 채무의 효력에는 영향을 미치지 아니한다.

제82조(방식) ① 환어음·약속어음의 어음행위 및 수표행위의 방식은 서명지법에 따른다. 다만, 수표행위의 방식은 지급지법에 따를 수 있다.

② 제1항에서 정한 법에 따를 때 행위가 무효인 경우에도 그 후 행위지법에 따라 행위가 적법한 때에는 그 전 행위의 무효는 그 후 행위의 효력에 영향을 미치지 아니한다.

③ 대한민국 국민이 외국에서 한 환어음·약속어음의 어음행위 및 수표행위의 방식이 행위지법에 따르면 무효인 경우에도 대한민국 법에 따라 적법한 때에는 다른 대한민국 국민에 대하여 효력이 있다.

第83조(효력) ① 환어음의 인수인과 약속어음의 발행인의 채무는 지급지법에 따르고, 수표로부터 생긴 채무는 서명지법에 따른다.

② 제1항에 규정된 자 외의 자의 환어음·약속어음에 의한 채무는 서명지법에 따른다.

③ 환어음, 약속어음 및 수표의 상환청구권을 행사하는 기간은 모든 서명자에 대하여 발행지법에 따른다.

第84조(원인채권의 취득) 어음의 소지인이 그 발행의 원인이 되는 채권을 취득하는지 여부는 어음의 발행지법에 따른다.

第85조(일부인수 및 일부지급) ① 환어음의 인수를 어음 금액의 일부로 제한할 수 있는지 여부 및 소지인이 일부지급을 수락할 의무가 있는지 여부는 지급지법에 따른다.

② 약속어음의 지급에 관하여는 제1항을 준용한다.

第86조(권리의 행사·보전을 위한 행위의 방식) 환어음, 약속어음 및 수표에 관한 거절증서의 방식, 그 작성기간 및 환어음, 약속어음 및 수표상의 권리의 행사 또는 보전에 필요한 그 밖의 행위의 방식은 거절증서를 작성하여야 하는 곳 또는 그 밖의 행위를 행하여야 하는 곳의 법에 따른다.

第87조(상실·도난) 환어음, 약속어음 및 수표의 상실 또는 도난의 경우에 수행하여야 하는 절차는 지급지법에 따른다.

第88조(수표의 지급지법) 수표에 관한 다음 각 호의 사항은 수표의 지급지법에 따른다.

1. 수표가 일람출급(一覽出給)이 필요한지 여부, 일람 후 정기출급으로 발행할 수 있는지 여부 및 선일자수표(先日字手標)의 효력
2. 제시기간
3. 수표에 인수, 지급보증, 확인 또는 사증을 할 수 있는지 여부 및 그 기재의 효력
4. 소지인이 일부지급을 청구할 수 있는지 여부 및 일부지급을 수락할 의무가 있는지 여부
5. 수표에 횡선을 표시할 수 있는지 여부 및 수표에 "계산을 위하여"라는 문구

또는 이와 동일한 뜻이 있는 문구의 기재의 효력. 다만, 수표의 발행인 또는 소지인이 수표면에 "계산을 위하여"라는 문구 또는 이와 동일한 뜻이 있는 문구를 기재하여 현금의 지급을 금지한 경우에 그 수표가 외국에서 발행되고 대한민국에서 지급하여야 하는 것은 일반횡선수표의 효력이 있다.

6. 소지인이 수표자금에 대하여 특별한 권리를 가지는지 여부 및 그 권리의 성질
7. 발행인이 수표의 지급위탁을 취소할 수 있는지 여부 및 지급정지를 위한 절차를 수행할 수 있는지 여부
8. 배서인, 발행인, 그 밖의 채무자에 대한 상환청구권 보전을 위하여 거절증서 또는 이와 동일한 효력을 가지는 선언이 필요한지 여부

제10장 해상

제1절 국제재판관할

第89条(선박소유자등의 책임제한사건의 관할) 선박소유자·용선자(傭船者)·선박관리인·선박운항자, 그 밖의 선박사용인(이하 "선박소유자등"이라 한다)의 책임제한사건에 대해서는 다음 각 호의 어느 하나에 해당하는 곳이 대한민국에 있는 경우에만 법원에 국제재판관할이 있다.

1. 선박소유자등의 책임제한을 할 수 있는 채권(이하 "제한채권"이라 한다)이 발생한 선박의 선적(船籍)이 있는 곳
2. 신청인인 선박소유자등에 대하여 제3조에 따른 일반관할이 인정되는 곳
3. 사고발생지(사고로 인한 결과 발생지를 포함한다)
4. 사고 후 사고선박이 최초로 도착한 곳
5. 제한채권에 의하여 선박소유자등의 재산이 압류 또는 가압류된 곳(압류에 갈음하여 담보가 제공된 곳을 포함한다. 이하 "압류등이 된 곳"이라 한다)
6. 선박소유자등에 대하여 제한채권에 근거한 소가 제기된 곳

第90条(선박 또는 항해에 관한 소의 특별관할) 선박소유자등에 대한 선박 또는 항

해에 관한 소는 선박이 압류등이 된 곳이 대한민국에 있는 경우 법원에 제기할 수 있다.

제91조(공동해손에 관한 소의 특별관할) 공동해손(共同海損)에 관한 소는 다음 각 호의 어느 하나에 해당하는 곳이 대한민국에 있는 경우 법원에 제기할 수 있다.

1. 선박의 소재지
2. 사고 후 선박이 최초로 도착한 곳
3. 선박이 압류등이 된 곳

제92조(선박충돌에 관한 소의 특별관할) 선박의 충돌이나 그 밖의 사고에 관한 소는 다음 각 호의 어느 하나에 해당하는 곳이 대한민국에 있는 경우 법원에 제기할 수 있다.

1. 가해 선박의 선적지 또는 소재지
2. 사고 발생지
3. 피해 선박이 사고 후 최초로 도착한 곳
4. 가해 선박이 압류등이 된 곳

제93조(해난구조에 관한 소의 특별관할) 해난구조에 관한 소는 다음 각 호의 어느 하나에 해당하는 곳이 대한민국에 있는 경우 법원에 제기할 수 있다

1. 해난구조가 있었던 곳
2. 구조된 선박이 최초로 도착한 곳
3. 구조된 선박이 압류등이 된 곳

제2절 준거법

제94조(해상) 해상에 관한 다음 각 호의 사항은 선적국법에 따른다.

1. 선박의 소유권 및 저당권, 선박우선특권, 그 밖의 선박에 관한 물권
2. 선박에 관한 담보물권의 우선순위
3. 선장과 해원(海員)의 행위에 대한 선박소유자의 책임범위
4. 선박소유자등이 책임제한을 주장할 수 있는지 여부 및 그 책임제한의 범위
5. 공동해손

6. 선장의 대리권

제95조(선박충돌) ① 개항(開港)·하천 또는 영해에서의 선박충돌에 관한 책임은 그 충돌지법에 따른다.

② 공해에서의 선박충돌에 관한 책임은 각 선박이 동일한 선적국에 속하는 경우에는 그 선적국법에 따르고, 각 선박이 선적국을 달리하는 경우에는 가해선박의 선적국법에 따른다.

제96조(해난구조) 해난구조로 인한 보수청구권은 그 구조행위가 영해에서 있는 경우에는 행위지법에 따르고, 공해에서 있는 때에는 구조한 선박의 선적국법에 따른다.

CISG

제1편 적용범위와 총칙

제1장 적용범위

제1조 (1) 이 협약은 다음의 경우에, 영업소가 서로 다른 국가에 있는 당사자간의 물품매매계약에 적용된다.

(가) 해당 국가가 모두 체약국인 경우, 또는

(나) 국제사법 규칙에 의하여 체약국법이 적용되는 경우

(2) 당사자가 서로 다른 국가에 영업소를 가지고 있다는 사실은, 계약으로부터 또는 계약체결 전이나 그 체결 시에 당사자 간의 거래나 당사자에 의하여 밝혀진 정보로부터 드러나지 아니하는 경우에는 고려되지 아니한다.

(3) 당사자의 국적 또는 당사자나 계약의 민사적·상사적 성격은 이 협약의 적용여부를 결정하는 데에 고려되지 아니한다.

제2조 이 협약은 다음의 매매에는 적용되지 아니한다.

(가) 개인용·가족용 또는 가정용으로 구입된 물품의 매매
다만, 매도인이 계약체결 전이나 그 체결시에 물품이 그와 같은 용도로 구입된 사실을 알지 못하였고, 알았어야 했던 것도 아닌 경우에는 그러하지 아니하다.

(나) 경매에 의한 매매

(다) 강제집행 그 밖의 법령에 의한 매매

(라) 주식, 지분, 투자증권, 유통증권 또는 통화의 매매

(마) 선박, 소선(小船), 부선(浮船), 또는 항공기의 매매

(바) 전기의 매매

제3조 (1) 물품을 제조 또는 생산하여 공급하는 계약은 이를 매매로 본다. 다만, 물품을 주문한 당사자가 그 제조 또는 생산에 필요한 재료의 중요한 부분을 공급하는 경우에는 그러하지 아니하다.

(2) 이 협약은 물품을 공급하는 당사자의 의무의 주된 부분이 노무 그 밖의 서비스의 공급에 있는 계약에는 적용되지 아니한다.

제4조 이 협약은 매매계약의 성립 및 그 계약으로부터 발생하는 매도인과 매수인의 권리의무만을 규율한다. 이 협약에 별도의 명시규정이 있는 경우를 제외하고, 이 협약은 특히 다음과 관련이 없다.

(가) 계약이나 그 조항 또는 관행의 유효성

(나) 매매된 물품의 소유권에 관하여 계약이 미치는 효력

제5조 이 협약은 물품으로 인하여 발생한 사람의 사망 또는 상해에 대한 매도인의 책임에는 적용되지 아니한다.

제6조 당사자는 이 협약의 적용을 배제할 수 있고, 제12조에 따를 것을 조건으로 하여 이 협약의 어떠한 규정에 대하여도 그 적용을 배제하거나 효과를 변경할 수 있다.

제2장 총칙

제7조 (1) 이 협약의 해석에는 그 국제적 성격 및 적용상의 통일과 국제거래상의 신의 준수를 증진할 필요성을 고려하여야 한다.

(2) 이 협약에 의하여 규율되는 사항으로서 협약에서 명시적으로 해결되지 아니하는 문제는, 이 협약이 기초하고 있는 일반원칙, 그 원칙이 없는 경우에는 국제사법 규칙에 의하여 적용되는 법에 따라 해결되어야 한다.

제8조 (1) 이 협약의 적용상, 당사자의 진술 그 밖의 행위는 상대방이 그 당사자의 의도를 알았거나 모를 수 없었던 경우에는 그 의도에 따라 해석되어야 한다.

(2) 제1항이 적용되지 아니하는 경우에 당사자의 진술 그 밖의 행위는, 상대방과 동일한 부류의 합리적인 사람이 동일한 상황에서 이해하였을 바에 따라 해석

되어야 한다.

(3) 당사자의 의도 또는 합리적인 사람이 이해하였을 바를 결정함에 있어서는 교섭, 당사자간에 확립된 관례, 관행 및 당사자의 후속 행위를 포함하여 관련된 모든 사항을 적절히 고려하여야 한다.

제9조 (1) 당사자는 합의한 관행과 당사자간에 확립된 관례에 구속된다.

(2) 별도의 합의가 없는 한, 당사자가 알았거나 알 수 있었던 관행으로서 국제거래에서 당해 거래와 동종의 계약을 하는 사람에게 널리 알려져 있고 통상적으로 준수되고 있는 관행은 당사자의 계약 또는 그 성립에 묵시적으로 적용되는 것으로 본다.

제10조 이 협약의 적용상,

(가) 당사자 일방이 둘 이상의 영업소를 가지고 있는 경우에는, 계약체결 전이나 그 체결시에 당사자 쌍방에 알려지거나 예기된 상황을 고려하여 계약 및 그 이행과 가장 밀접한 관련이 있는 곳이 영업소로 된다.

(나) 당사자 일방이 영업소를 가지고 있지 아니한 경우에는 그의 상거소를 영업소로 본다.

제11조 매매계약은 서면에 의하여 체결되거나 입증될 필요가 없고, 방식에 관한 그 밖의 어떠한 요건도 요구되지 아니한다. 매매계약은 증인을 포함하여 어떠한 방법에 의하여도 입증될 수 있다.

제12조 매매계약, 합의에 의한 매매계약의 변경이나 종료, 청약·승낙 그 밖의 의사표시를 서면 이외의 방법으로 할 수 있도록 허용하는 이 협약 제11조, 제29조 또는 제2편은 당사자가 이 협약 제96조에 따라 유보선언을 한 체약국에 영업소를 가지고 있는 경우에는 적용되지 아니한다. 당사자는 이 조를 배제하거나 그 효과를 변경할 수 없다.

제13조 이 협약의 적용상 『서면』에는 전보와 텔렉스가 포함된다.

제2편 계약의 성립

제14조 (1) 1인 또는 그 이상의 특정인에 대한 계약체결의 제안은 충분히 확정적이고, 승낙시 그에 구속된다는 청약자의 의사가 표시되어 있는 경우에 청약이 된다. 제안이 물품을 표시하고, 명시적 또는 묵시적으로 수량과 대금을 지정하거나 그 결정을 위한 조항을 두고 있는 경우에, 그 제안은 충분히 확정적인 것으로 한다.

(2) 불특정 다수인에 대한 제안은 제안자가 반대 의사를 명확히 표시하지 아니하는 한, 단지 청약의 유인으로 본다.

제15조 (1) 청약은 상대방에게 도달한 때에 효력이 발생한다.

(2) 청약은 철회될 수 없는 것이더라도, 회수의 의사표시가 청약의 도달 전 또는 그와 동시에 상대방에게 도달하는 경우에는 회수될 수 있다.

제16조 (1) 청약은 계약이 체결되기까지는 철회될 수 있다. 다만, 상대방이 승낙의 통지를 발송하기 전에 철회의 의사표시가 상대방에게 도달되어야 한다.

(2) 그러나 다음의 경우에는 청약은 철회될 수 없다.

(가) 승낙기간의 지정 그 밖의 방법으로 청약이 철회될 수 없음이 청약에 표시되어 있는 경우, 또는

(나) 상대방이 청약이 철회될 수 없음을 신뢰하는 것이 합리적이고, 상대방이 그 청약을 신뢰하여 행동한 경우

제17조 청약은 철회될 수 없는 것이더라도, 거절의 의사표시가 청약자에게 도달한 때에는 효력을 상실한다.

제18조 (1) 청약에 대한 동의를 표시하는 상대방의 진술 그 밖의 행위는 승낙이 된다. 침묵 또는 부작위는 그 자체만으로 승낙이 되지 아니한다.

(2) 청약에 대한 승낙은 동의의 의사표시가 청약자에게 도달하는 시점에 효력이 발생한다. 동의의 의사표시가 청약자가 지정한 기간 내에, 기간의 지정이 없는 경우에는 청약자가 사용한 통신수단의 신속성 등 거래의 상황을 적절히 고

려하여 합리적인 기간 내에 도달하지 아니하는 때에는, 승낙은 효력이 발생하지 아니한다. 구두의 청약은 특별한 사정이 없는 한 즉시 승낙되어야 한다.

(3) 청약에 의하여 또는 당사자 간에 확립된 관례나 관행의 결과로 상대방이 청약자에 대한 통지없이, 물품의 발송이나 대금지급과 같은 행위를 함으로써 동의를 표시할 수 있는 경우에는, 승낙은 그 행위가 이루어진 시점에 효력이 발생한다. 다만, 그 행위는 제2항에서 정한 기간 내에 이루어져야 한다.

제19조 (1) 승낙을 의도하고 있으나, 부가, 제한 그 밖의 변경을 포함하는 청약에 대한 응답 은 청약에 대한 거절이면서 또한 새로운 청약이 된다.

(2) 승낙을 의도하고 있고, 청약의 조건을 실질적으로 변경하지 아니하는 부가적 조건 또는 상이한 조건을 포함하는 청약에 대한 응답은 승낙이 된다. 다만, 청약자가 부당한 지체없이 그 상위(相違)에 구두로 이의를 제기하거나 그러한 취지의 통지를 발송하는 경우에는 그러하지 아니하다. 청약자가 이의를 제기하지 아니하는 경우에는 승낙에 포함된 변경이 가하여진 청약 조건이 계약 조건이 된다.

(3) 특히 대금, 대금지급, 물품의 품질과 수량, 인도의 장소와 시기, 당사자 일방의 상대방에 대한 책임범위 또는 분쟁해결에 관한 부가적 조건 또는 상이한 조건은 청약 조건을 실질적으로 변경하는 것으로 본다.

제20조 (1) 청약자가 전보 또는 서신에서 지정한 승낙기간은 전보가 발송을 위하여 교부된 시점 또는 서신에 표시되어 있는 일자, 서신에 일자가 표시되지 아니한 경우에는 봉투에 표시된 일자로부터 기산한다. 청약자가 전화, 텔렉스 그 밖의 동시적(同時的) 통신수단에 의하여 지정한 승낙기간은 청약이 상대방에게 도달한 시점으로부터 기산한다.

(2) 승낙기간중의 공휴일 또는 비영업일은 기간의 계산에 산입한다. 다만, 기간의 말일이 청약자의 영업소 소재지의 공휴일 또는 비영업일에 해당하여 승낙의 통지가 기간의 말일에 청약자에게 도달될 수 없는 경우에는, 기간은 그 다음의 최초 영업일까지 연장된다.

제21조 (1) 연착된 승낙은 청약자가 상대방에게 지체 없이 승낙으로서 효력을 가진다는 취지를 구두로 통고하거나 그러한 취지의 통지를 발송하는 경우에는 승낙으로서의 효력이 있다.

(2) 연착된 승낙이 포함된 서신 그 밖의 서면에 의하여, 전달이 정상적이었다면 기간 내에 청약자에게 도달되었을 상황에서 승낙이 발송되었다고 인정되는 경우에는, 그 연착된 승낙은 승낙으로서의 효력이 있다. 다만, 청약자가 상대방에게 지체 없이 청약이 실효되었다는 취지를 구두로 통고하거나 그러한 취지의 통지를 발송하는 경우에는 그러하지 아니하다.

제22조 승낙은 그 효력이 발생하기 전 또는 그와 동시에 회수의 의사표시가 청약자에게 도달하는 경우에는 회수될 수 있다.

제23조 계약은 청약에 대한 승낙이 이 협약에 따라 효력을 발생하는 시점에 성립된다.

제24조 이 협약 제2편의 적용상, 청약, 승낙 그 밖의 의사표시는 상대방에게 구두로 통고된 때 또는 그 밖의 방법으로 상대방 본인, 상대방의 영업소나 우편주소에 전달된 때, 상대방이 영업소나 우편주소를 가지지 아니한 경우에는 그의 상거소에 전달된 때에 상대방에게 "도달"된다.

제3편 물품의 매매

제1장 총칙

제25조 당사자 일방의 계약위반은, 그 계약에서 상대방이 기대할 수 있는 바를 실질적으로 박탈할 정도의 손실을 상대방에게 주는 경우에 본질적인 것으로 한다. 다만, 위반 당사자가 그러한 결과를 예견하지 못하였고, 동일한 부류의 합리적인 사람도 동일한 상황에서 그러한 결과를 예견하지 못하였을 경우에는 그러하지 아니하다.

제26조 계약해제의 의사표시는 상대방에 대한 통지로 행하여진 경우에만 효력이 있다.

제27조 이 협약 제3편에 별도의 명시규정이 있는 경우를 제외하고, 당사자가 이 협약 제3편에 따라 상황에 맞는 적절한 방법으로 통지, 청구 그 밖의 통신을 한 경우에, 당사자는 통신의 전달 중에 지연이나 오류가 있거나 또는 통신이 도달되지 아니하더라도 그 통신을 주장할 권리를 상실하지 아니한다.

제28조 당사자 일방이 이 협약에 따라 상대방의 의무이행을 요구할 수 있는 경우에도, 법원은 이 협약이 적용되지 아니하는 유사한 매매계약에 관하여 자국법에 따라 특정이행을 명하는 판결을 하여야 하는 경우가 아닌 한, 특정이행을 명하는 판결을 할 의무가 없다.

제29조 (1) 계약은 당사자의 합의만으로 변경 또는 종료될 수 있다.

(2) 서면에 의한 계약에 합의에 의한 변경 또는 종료는 서면에 의하여야 한다는 규정이 있는 경우에, 다른 방법으로 합의 변경 또는 합의 종료될 수 없다. 다만, 당사자는 상대방이 자신의 행동을 신뢰한 한도까지는 그러한 규정을 원용할 수 없다.

제2장 매도인의 의무

제30조 매도인은 계약과 이 협약에 따라 물품을 인도하고, 관련 서류를 교부하며 물품의 소유권을 이전하여야 한다.

제1절 물품의 인도와 서류의 교부

제31조 매도인이 물품을 다른 특정한 장소에서 인도할 의무가 없는 경우에, 매도인의 인도의무는 다음과 같다.

(가) 매매계약에 물품의 운송이 포함된 경우에는, 매수인에게 전달하기 위하여 물품을 제1운송인에게 교부하는 것

(나) (가)호에 해당되지 아니하는 경우로서 계약이 특정물에 관련되거나 또는 특정한 재고품에서 인출되는 불특정물이나 제조 또는 생산되는 불특정물에 관련되어 있고, 당사자 쌍방이 계약 체결 시에 그 물품이 특정한 장소에 있거나 그 장소에서 제조 또는 생산되는 것을 알고 있었던 경우에는, 그 장소에서 물품을 매수인의 처분 하에 두는 것

(다) 그 밖의 경우에는, 계약 체결 시에 매도인이 영업소를 가지고 있던 장소에서 물품을 매수인의 처분 하에 두는 것

제32조 (1) 매도인이 계약 또는 이 협약에 따라 물품을 운송인에게 교부한 경우에, 물품이 하인(荷印), 선적서류 그 밖의 방법에 의하여 그 계약의 목적물로서 명확히 특정되어 있지 아니한 때에는, 매도인은 매수인에게 물품을 특정하는 탁송통지를 하여야 한다.

(2) 매도인이 물품의 운송을 주선하여야 하는 경우에, 매도인은 상황에 맞는 적절한 운송수단 및 그 운송에서의 통상의 조건으로, 지정된 장소까지 운송하는데 필요한 계약을 체결하여야 한다.

(3) 매도인이 물품의 운송에 관하여 부보(附保)할 의무가 없는 경우에도, 매도인은 매수인의 요구가 있으면 매수인이 부보하는데 필요한 모든 가능한 정보를 매수인에게 제공하여야 한다.

제33조 매도인은 다음의 시기에 물품을 인도하여야 한다.

(가) 인도기일이 계약에 의하여 지정되어 있거나 확정될 수 있는 경우에는 그 기일

(나) 인도기간이 계약에 의하여 지정되어 있거나 확정될 수 있는 경우에는 그 기간 내의 어느 시기. 다만, 매수인이 기일을 선택하여야 할 사정이 있는 경우에는 그러하지 아니하다.

(다) 그 밖의 경우에는 계약 체결후 합리적인 기간 내

제34조 매도인이 물품에 관한 서류를 교부하여야 하는 경우에, 매도인은 계약에서 정한 시기, 장소 및 방식에 따라 이를 교부하여야 한다. 매도인이 교부하여야 할 시기 전에 서류를 교부한 경우에는, 매도인은 매수인에게 불합리한 불편 또는 비용을 초래하지 아니하는 한, 계약에서 정한 시기까지 서류상의 부적합을 치유할 수 있다. 다만, 매수인은 이 협약에서 정한 손해배상을 청구할 권리를 보유한다.

제2절 물품의 적합성과 제3자의 권리주장

제35조 (1) 매도인은 계약에서 정한 수량, 품질 및 종류에 적합하고, 계약에서 정한 방법으로 용기에 담겨지거나 포장된 물품을 인도하여야 한다.

(2) 당사자가 달리 합의한 경우를 제외하고, 물품은 다음의 경우에 계약에 적합하지 아니한 것으로 한다.

(가) 동종 물품의 통상 사용목적에 맞지 아니한 경우

(나) 계약 체결시 매도인에게 명시적 또는 묵시적으로 알려진 특별한 목적에 맞지 아니한 경우. 다만, 그 상황에서 매수인이 매도인의 기술과 판단을 신뢰하지 아니하였거나 또는 신뢰하는 것이 불합리하였다고 인정되는 경우에는 그러하지 아니하다.

(다) 매도인이 견본 또는 모형으로 매수인에게 제시한 물품의 품질을 가지고 있지 아니한 경우

(라) 그러한 물품에 대하여 통상의 방법으로, 통상의 방법이 없는 경우에는 그 물품을 보존하고 보호하는 데 적절한 방법으로 용기에 담겨지거나 포장

되어 있지 아니한 경우

(3) 매수인이 계약 체결시에 물품의 부적합을 알았거나 또는 모를 수 없었던 경우에는, 매도인은 그 부적합에 대하여 제2항의 (가)호 내지 (라)호에 따른 책임을 지지 아니한다.

제36조 (1) 매도인은 위험이 매수인에게 이전하는 때에 존재하는 물품의 부적합에 대하여, 그 부적합이 위험 이전 후에 판명된 경우라도, 계약과 이 협약에 따라 책임을 진다.

(2) 매도인은 제1항에서 정한 때보다 후에 발생한 부적합이라도 매도인의 위무위반에 기인하는 경우에는 그 부적합에 대하여 책임을 진다. 이 의무위반에는 물품이 일정기간 통상의 목적이나 특별한 목적에 맞는 상태를 유지한다는 보증 또는 특정한 품질이나 특성을 유지한다는 보증에 위반한 경우도 포함된다.

제37조 매도인이 인도기일 전에 물품을 인도한 경우에는, 매수인에게 불합리한 불편 또는 비용을 초래하지 아니하는 한, 매도인은 그 기일까지 누락분을 인도하거나 부족한 수량을 보충하거나 부적합한 물품에 갈음하여 물품을 인도하거나 또는 물품의 부적합을 치유할 수 있다. 다만, 매수인은 이 협약에서 정한 손해배상을 청구할 권리를 보유한다.

제38조 (1) 매수인은 그 상황에서 실행가능한 단기간 내에 물품을 검사하거나 검사하게 하여야 한다.

(2) 계약에 물품의 운송이 포함되는 경우에는, 검사는 물품이 목적지에 도착한 후까지 연기될 수 있다.

(3) 매수인이 검사할 합리적인 기회를 가지지 못한 채 운송중에 물품의 목적지를 변경하거나 물품을 전송(轉送)하고, 매도인이 계약 체결시에 그 변경 또는 전송의 가능성을 알았거나 알 수 있었던 경우에는, 검사는 물품이 새로운 목적지에 도착한 후까지 연기될 수 있다.

제39조 (1) 매수인이 물품의 부적합을 발견하였거나 발견할 수 있었던 때로부터 합리적인 기간 내에 매도인에게 그 부적합한 성질을 특정하여 통지하지 아니한 경우에는, 매수인은 물품의 부적합을 주장할 권리를 상실한다.

(2) 매수인은 물품이 매수인에게 현실로 교부된 날부터 늦어도 2년 내에 매도인

에게 제1항의 통지를 하지 아니한 경우에는, 물품의 부적합을 주장할 권리를 상실한다. 다만, 이 기간제한이 계약상의 보증기간과 양립하지 아니하는 경우에는 그러하지 아니하다.

제40조 물품의 부적합이 매도인이 알았거나 모를 수 없었던 사실에 관한 것이고, 매도인이 매수인에게 이를 밝히지 아니한 경우에는, 매도인은 제38조와 제39조를 원용할 수 없다.

제41조 매수인이 제3자의 권리나 권리주장의 대상이 된 물품을 수령하는 데 동의한 경우를 제외하고, 매도인은 제3자의 권리나 권리주장의 대상이 아닌 물품을 인도하여야 한다. 다만, 그러한 제3자의 권리나 권리주장이 공업소유권 그 밖의 지적재산권에 기초하는 경우에는, 매도인의 의무는 제42조에 의하여 규율된다.

제42조 (1) 매도인은, 계약 체결시에 자신이 알았거나 모를 수 없었던 공업소유권 그 밖의 지적재산권에 기초한 제3자의 권리나 권리주장의 대상이 아닌 물품을 인도하여야 한다. 다만, 제3자의 권리나 권리주장이 다음 국가의 법에 의한 공업소유권 그 밖의 지적재산권에 기초한 경우에 한한다.

(가) 당사자 쌍방이 계약 체결시에 물품이 어느 국가에서 전매되거나 그 밖의 방법으로 사용될 것을 예상하였던 경우에는, 물품이 전매되거나 그 밖의 방법으로 사용될 국가의 법

(나) 그 밖의 경우에는 매수인이 영업소를 가지는 국가의 법

(2) 제1항의 매도인의 의무는 다음의 경우에는 적용되지 아니한다.

(가) 매수인이 계약 체결시에 그 권리나 권리주장을 알았거나 모를 수 없었던 경우

(나) 그 권리나 권리주장이 매수인에 의하여 제공된 기술설계, 디자인, 방식 그 밖의 지정에 매도인이 따른 결과로 발생한 경우

제43조 (1) 매수인이 제3자의 권리나 권리주장을 알았거나 알았어야 했던 때로부터 합리적인 기간 내에 매도인에게 제3자의 권리나 권리주장의 성질을 특정하여 통지하지 아니한 경우에는, 매수인은 제41조 또는 제42조를 원용할 권리를 상실한다.

(2) 매도인이 제3자의 권리나 권리주장 및 그 성질을 알고 있었던 경우에는 제1항을 원용할 수 없다.

제44조 제39조 제1항과 제43조 제1항에도 불구하고, 매수인은 정하여진 통지를 하지 못한 데에 합리적인 이유가 있는 경우에는 제50조에 따라 대금을 감액하거나 이익의 상실을 제외한 손해배상을 청구할 수 있다.

제3절 매도인의 계약위반에 대한 구제

제45조 (1) 매도인이 계약 또는 이 협약상의 의무를 이행하지 아니하는 경우에 매수인은 다음을 할 수 있다.

(가) 제46조 내지 제52조에서 정한 권리의 행사

(나) 제74조 내지 제77조에서 정한 손해배상의 청구

(2) 매수인이 손해배상을 청구하는 권리는 다른 구제를 구하는 권리를 행사함으로써 상실되지 아니한다.

(3) 매수인이 계약위반에 대한 구제를 구하는 경우에, 법원 또는 중재판정부는 매도인에게 유예기간을 부여할 수 없다.

제46조 (1) 매수인은 매도인에게 의무의 이행을 청구할 수 있다. 다만, 매수인이 그 청구와 양립하지 아니하는 구제를 구한 경우에는 그러하지 아니하다.

(2) 물품이 계약에 부적합한 경우에, 매수인은 대체물의 인도를 청구할 수 있다. 다만, 그 부적합이 본질적 계약위반을 구성하고, 그 청구가 제39조의 통지와 동시에 또는 그 후 합리적인 기간 내에 행하여진 경우에 한한다.

(3) 물품이 계약에 부적합한 경우에, 매수인은 모든 상황을 고려하여 불합리한 경우를 제외하고, 매도인에게 수리에 의한 부적합의 치유를 청구할 수 있다. 수리 청구는 제39조의 통지와 동시에 또는 그 후 합리적인 기간 내에 행하여져야 한다.

제47조 (1) 매수인은 매도인의 의무이행을 위하여 합리적인 부가기간을 정할 수 있다.

(2) 매도인으로부터 그 부가기간 내에 이행을 하지 아니하겠다는 통지를 수령한 경우를 제외하고, 매수인은 그 기간중 계약위반에 대한 구제를 구할 수 없다.

다만, 매수인은 이행지체에 대한 손해배상을 청구할 권리를 상실하지 아니한다.

제48조 (1) 제49조를 따를 것을 조건으로, 매도인은 인도기일 후에도 불합리하게 지체하지 아니하고 매수인에게 불합리한 불편 또는 매수인의 선급 비용을 매도인으로부터 상환받는 데 대한 불안을 초래하지 아니하는 경우에는, 자신의 비용으로 의무의 불이행을 치유할 수 있다. 다만, 매수인은 이 협약에서 정한 손해배상을 청구할 권리를 보유한다.

(2) 매도인이 매수인에게 이행의 수령 여부를 알려 달라고 요구하였으나 매수인이 합리적인 기간 내에 그 요구에 응하지 아니한 경우에는, 매도인은 그 요구에서 정한 기간 내에 이행을 할 수 있다. 매수인은 그 기간중에는 매도인의 이행과 양립하지 아니하는 구제를 구할 수 없다.

(3) 특정한 기간 내에 이행을 하겠다는 매도인의 통지는 매수인이 그 결정을 알려야 한다는 제2항의 요구를 포함하는 것으로 추정한다.

(4) 이 조 제2항 또는 제3항의 매도인의 요구 또는 통지는 매수인에 의하여 수령되지 아니하는 한 그 효력이 발생하지 아니한다.

제49조 (1) 매수인은 다음의 경우에 계약을 해제할 수 있다.

(가) 계약 또는 이 협약상 매도인의 의무 불이행이 본질적 계약위반으로 되는 경우

(나) 인도 불이행의 경우에는, 매도인이 제47조 제1항에 따라 매수인이 정한 부가기간 내에 물품을 인도하지 아니하거나 그 기간 내에 인도하지 아니하겠다고 선언한 경우.

(2) 그러나 매도인이 물품을 인도한 경우에는, 매수인은 다음의 기간 내에 계약을 해제하지 아니하는 한 계약해제권을 상실한다.

(가) 인도지체의 경우, 매수인이 인도가 이루어진 것을 안 후 합리적인 기간 내

(나) 인도지체 이외의 위반의 경우, 다음의 시기로부터 합리적인 기간 내

(1) 매수인이 그 위반을 알았거나 또는 알 수 있었던 때

(2) 매수인이 제47조 제1항에 따라 정한 부가기간이 경과한 때 또는 매도인이 그 부가기간 내에 의무를 이행하지 아니하겠다고 선언한 때.

(3) 매도인이 제48조 제2항에 따라 정한 부가기간이 경과한 때 또는 매수인이 이

행을 수령하지 아니하겠다고 선언한 때

제50조 물품이 계약에 부적합한 경우에, 대금의 지급 여부에 관계없이 매수인은 현실로 인도된 물품이 인도시에 가지고 있던 가액이 계약에 적합한 물품이 그 때에 가지고 있었을 가액에 대하여 가지는 비율에 따라 대금을 감액할 수 있다. 다만, 매도인이 제37조나 제48조에 따라 의무의 불이행을 치유하거나 매수인이 동 조항에 따라 매도인의 이행 수령을 거절한 경우에는 대금을 감액할 수 없다.

제51조 (1) 매도인이 물품의 일부만을 인도하거나 인도된 물품의 일부만이 계약에 적합한 경우에, 제46조 내지 제50조는 부족 또는 부적합한 부분에 적용된다.

(2) 매수인은 인도가 완전하게 또는 계약에 적합하게 이루어지지 아니한 것이 본질적 계약위반으로 되는 경우에 한하여 계약 전체를 해제할 수 있다.

제52조 (1) 매도인이 이행기 전에 물품을 인도한 경우에, 매수인은 이를 수령하거나 거절할 수 있다.

(2) 매도인이 계약에서 정한 것보다 다량의 물품을 인도한 경우에, 매수인은 초과분을 수령하거나 이를 거절할 수 있다. 매수인이 초과분의 전부 또는 일부를 수령한 경우에는 계약대금의 비율에 따라 그 대금을 지급하여야 한다.

제3장 매수인의 의무

제53조 매수인은 계약과 이 협약에 따라, 물품의 대금을 지급하고 물품의 인도를 수령하여야 한다.

제1절 대금의 지급

제54조 매수인의 대금지급의무에는 그 지급을 위하여 계약 또는 법령에서 정한 조치를 취하고 절차를 따르는 것이 포함된다.

제55조 계약이 유효하게 성립되었으나 그 대금을 명시적 또는 묵시적으로 정하고 있지 아니하거나 이를 정하기 위한 조항을 두지 아니한 경우에는, 당사자는 반대의 표시가 없는 한, 계약 체결시에 당해 거래와 유사한 상황에서 매도되는 그러한 종류의 물품에 대하여 일반적으로 청구되는 대금을 묵시적으로 정한 것으로 본다.

제56조 대금이 물품의 중량에 따라 정하여지는 경우에, 의심이 있는 때에는 순중량에 의하여 대금을 결정하는 것으로 한다.

제57조 (1) 매수인이 다른 특정한 장소에서 대금을 지급할 의무가 없는 경우에는, 다음의 장소에서 매도인에게 이를 지급하여야 한다.

(가) 매도인의 영업소, 또는

(나) 대금이 물품 또는 서류의 교부와 상환하여 지급되어야 하는 경우에는 그 교부가 이루어지는 장소

(2) 매도인은 계약 체결후에 자신의 영업소를 변경함으로써 발생하는 대금지급에 대한 부수비용의 증가액을 부담하여야 한다.

제58조 (1) 매수인이 다른 특정한 시기에 대금을 지급할 의무가 없는 경우에는, 매수인은 매도인이 계약과 이 협약에 따라 물품 또는 그 처분을 지배하는 서류를 매수인의 처분하에 두는 때에 대금을 지급하여야 한다. 매도인은 그 지급을 물품 또는 서류의 교부를 위한 조건으로 할 수 있다.

(2) 계약에 물품의 운송이 포함되는 경우에는, 매도인은 대금의 지급과 상환하여서만 물품 또는 그 처분을 지배하는 서류를 매수인에게 교부한다는 조건으로 물품을 발송할 수 있다.

(3) 매수인은 물품을 검사할 기회를 가질 때까지는 대금을 지급할 의무가 없다. 다만, 당사자간에 합의된 인도 또는 지급절차가 매수인이 검사 기회를 가지는 것과 양립하지 아니하는 경우에는 그러하지 아니하다.

제59조 매수인은 계약 또는 이 협약에서 지정되거나 확정될 수 있는 기일에 대금을 지급하여야 하며, 이 경우 매도인의 입장에서는 어떠한 요구를 하거나 절차를 따를 필요가 없다.

제2절 인도의 수령

제60조 매수인의 수령의무는 다음과 같다.

(가) 매도인의 인도를 가능하게 하기 위하여 매수인에게 합리적으로 기대될 수 있는 모든 행위를 하는 것, 및

(나) 물품을 수령하는 것

제3절 매수인의 계약위반에 대한 구제

제61조 (1) 매수인이 계약 또는 이 협약상의 의무를 이행하지 아니하는 경우에 매도인은 다음을 할 수 있다.

(가) 제62조 내지 제65조에서 정한 권리의 행사

(나) 제74조 내지 제77조에서 정한 손해배상의 청구

(2) 매도인이 손해배상을 청구하는 권리는 다른 구제를 구하는 권리를 행사함으로써 상실되지 아니한다.

(3) 매도인이 계약위반에 대한 구제를 구하는 경우에, 법원 또는 중재판정부는 매수인에게 유예기간을 부여할 수 없다.

제62조 매도인은 매수인에게 대금의 지급, 인도의 수령 또는 그 밖의 의무의 이행을 청구할 수 있다. 다만, 매도인이 그 청구와 양립하지 아니하는 구제를 구한 경우에는 그러하지 아니하다.

제63조 (1) 매도인은 매수인의 의무이행을 위하여 합리적인 부가기간을 정할 수 있다.

(2) 매수인으로부터 그 부가기간 내에 이행을 하지 아니하겠다는 통지를 수령한 경우를 제외하고, 매도인은 그 기간중 계약위반에 대한 구제를 구할 수 없다. 다만, 매도인은 이행지체에 대한 손해배상을 청구할 권리를 상실하지 아니한다.

제64조 (1) 매도인은 다음의 경우에 계약을 해제할 수 있다.

(가) 계약 또는 이 협약상 매수인의 의무 불이행이 본질적 계약위반으로 되는 경우

(나) 매수인이 제63조 제1항에 따라 매도인이 정한 부가기간 내에 대금지급 또는 물품수령 의무를 이행하지 아니하거나 그 기간 내에 그러한 의무를 이행하지 아니하겠다고 선언한 경우.

(2) 그러나 매수인이 대금을 지급한 경우에는, 매도인은 다음의 기간 내에 계약을 해제하지 아니하는 한 계약해제권을 상실한다.

(가) 매수인의 이행지체의 경우, 매도인이 이행이 이루어진 것을 알기 전

(나) 매수인의 이행지체 이외의 위반의 경우, 다음의 시기로부터 합리적인 기간 내

(3) 매도인이 그 위반을 알았거나 또는 알 수 있었던 때

(4) 매도인이 제63조 제1항에 따라 정한 부가기간이 경과한 때 또는 매수인이 그 부가기간 내에 의무를 이행하지 아니하겠다고 선언한 때.

제65조 (1) 계약상 매수인이 물품의 형태, 규격 그 밖의 특징을 지정하여야 하는 경우에, 매수인이 합의된 기일 또는 매도인으로부터 요구를 수령한 후 합리적인 기간 내에 그 지정을 하지 아니한 경우에는, 매도인은 자신이 보유하는 다른 권리를 해함이 없이, 자신이 알고 있는 매수인의 필요에 따라 스스로 지정할 수 있다.

(2) 매도인은 스스로 지정하는 경우에 매수인에게 그 상세한 사정을 통고하고, 매수인이 그와 다른 지정을 할 수 있도록 합리적인 기간을 정하여야 한다. 매수인이 그 통지를 수령한 후 정하여진 기간 내에 다른 지정을 하지 아니하는 경우에는, 매도인의 지정이 구속력을 가진다.

제4장 위험의 이전

제66조 위험이 매수인에게 이전된 후에 물품이 멸실 또는 훼손되더라도 매수인은 대금지급의무를 면하지 못한다. 다만, 그 멸실 또는 훼손이 매도인의 작위 또는 부작위로 인한 경우에는 그러하지 아니하다.

제67조 (1) 매매계약에 물품의 운송이 포함되어 있고, 매도인이 특정한 장소에서 이를 교부할 의무가 없는 경우에, 위험은 매매계약에 따라 매수인에게 전달하

기 위하여 물품이 제1운송인에게 교부된 때에 매수인에게 이전한다. 매도인이 특정한 장소에서 물품을 운송인에게 교부하여야 하는 경우에는, 위험은 그 장소에서 물품이 운송인에게 교부될 때까지 매수인에게 이전하지 아니한다. 매도인이 물품의 처분을 지배하는 서류를 보유할 권한이 있다는 사실은 위험의 이전에 영향을 미치지 아니한다.

(2) 제1항에도 불구하고 위험은 물품이 하인(荷印), 선적서류, 매수인에 대한 통지 그 밖의 방법에 의하여 계약상 명확히 특정될 때까지 매수인에게 이전하지 아니한다.

제68조 운송중에 매도된 물품에 관한 위험은 계약 체결시에 매수인에게 이전한다. 다만, 특별한 사정이 있는 경우에는, 위험은 운송계약을 표창하는 서류를 발행한 운송인에게 물품이 교부된 때부터 매수인이 부담한다. 그럼에도 불구하고, 매도인이 매매계약의 체결시에 물품이 멸실 또는 훼손된 것을 알았거나 알았어야 했고, 매수인에게 이를 밝히지 아니한 경우에는, 그 멸실 또는 훼손은 매도인의 위험으로 한다.

제69조 (1) 제67조와 제68조가 적용되지 아니하는 경우에, 위험은 매수인이 물품을 수령한 때, 매수인이 적시에 이를 수령하지 아니한 경우에는 물품이 매수인의 처분 하에 놓여지고 매수인이 이를 수령하지 아니하여 계약을 위반하는 때에 매수인에게 이전한다.

(2) 매수인이 매도인의 영업소 이외의 장소에서 물품을 수령하여야 하는 경우에는, 위험은 인도기일이 도래하고 물품이 그 장소에서 매수인의 처분 하에 놓여진 것을 매수인이 안 때에 이전한다.

(3) 불특정물에 관한 계약의 경우에, 물품은 계약상 명확히 특정될 때까지 매수인의 처분하에 놓여지지 아니한 것으로 본다.

제70조 매도인이 본질적 계약위반을 한 경우에는, 제67조, 제68조 및 제69조는 매수인이 그 위반을 이유로 구할 수 있는 구제를 방해하지 아니한다.

제5장 매도인과 매수인의 의무에 공통되는 규정

제1절 이행이전의 계약위반과 분할인도계약

제71조 (1) 당사자는 계약체결 후 다음의 사유로 상대방이 의무의 실질적 부분을 이행하지 아니할 것이 판명된 경우에는, 자신의 의무 이행을 정지할 수 있다.

(가) 상대방의 이행능력 또는 신용도의 중대한 결함

(나) 계약의 이행 준비 또는 이행에 관한 상대방의 행위

(2) 제1항의 사유가 명백하게 되기 전에 매도인이 물품을 발송한 경우에는, 매수인이 물품을 취득할 수 있는 증권을 소지하고 있더라도 매도인은 물품이 매수인에게 교부되는 것을 저지할 수 있다. 이 항은 매도인과 매수인간의 물품에 관한 권리에 대하여만 적용된다.

(3) 이행을 정지한 당사자는 물품의 발송 전후에 관계없이 즉시 상대방에게 그 정지를 통지하여야 하고, 상대방이 그 이행에 관하여 적절한 보장을 제공한 경우에는 이행을 계속하여야 한다.

제72조 (1) 계약의 이행기일 전에 당사자 일방이 본질적 계약위반을 할 것이 명백한 경우에는, 상대방은 계약을 해제할 수 있다.

(2) 시간이 허용하는 경우에는, 계약을 해제하려고 하는 당사자는 상대방이 이행에 관하여 적절한 보장을 제공할 수 있도록 상대방에게 합리적인 통지를 하여야 한다.

(3) 제2항의 요건은 상대방이 그 의무를 이행하지 아니하겠다고 선언한 경우에는 적용되지 아니한다.

제73조 (1) 물품을 분할하여 인도하는 계약에서 어느 분할부분에 관한 당사자 일방의 의무 불이행이 그 분할부분에 관하여 본질적 계약위반이 되는 경우에는, 상대방은 그 분할부분에 관하여 계약을 해제할 수 있다.

(2) 어느 분할부분에 관한 당사자 일방의 의무 불이행이 장래의 분할부분에 대한 본질적 계약위반의 발생을 추단하는 데에 충분한 근거가 되는 경우에는, 상대방은 장래에 향하여 계약을 해제할 수 있다. 다만, 그 해제는 합리적인 기간

내에 이루어져야 한다.

(3) 어느 인도에 대하여 계약을 해제하는 매수인은, 이미 행하여진 인도 또는 장래의 인도가 그 인도와의 상호 의존관계로 인하여 계약 체결시에 당사자 쌍방이 예상했던 목적으로 사용될 수 없는 경우에는, 이미 행하여진 인도 또는 장래의 인도에 대하여도 동시에 계약을 해제할 수 있다.

제2절 손해배상액

제74조 당사자 일방의 계약위반으로 인한 손해배상액은 이익의 상실을 포함하여 그 위반의 결과 상대방이 입은 손실과 동등한 금액으로 한다. 그 손해배상액은 위반 당사자가 계약 체결시에 알았거나 알 수 있었던 사실과 사정에 비추어, 계약위반의 가능한 결과로서 발생할 것을 예견하였거나 예견할 수 있었던 손실을 초과할 수 없다.

제75조 계약이 해제되고 계약해제 후 합리적인 방법으로, 합리적인 기간 내에 매수인이 대체물을 매수하거나 매도인이 물품을 재매각한 경우에, 손해배상을 청구하는 당사자는 계약대금과 대체거래대금과의 차액 및 그 외에 제74조에 따른 손해액을 배상받을 수 있다.

제76조 (1) 계약이 해제되고 물품에 시가가 있는 경우에, 손해배상을 청구하는 당사자는 제75조에 따라 구입 또는 재매각하지 아니하였다면 계약대금과 계약해제시의 시가와의 차액 및 그 외에 제74조에 따른 손해액을 배상받을 수 있다. 다만, 손해배상을 청구하는 당사자가 물품을 수령한 후에 계약을 해제한 경우에는, 해제시의 시가에 갈음하여 물품 수령시의 시가를 적용한다.

(2) 제1항의 적용상, 시가는 물품이 인도되었어야 했던 장소에서의 지배적인 가격, 그 장소에 시가가 없는 경우에는 물품 운송비용의 차액을 적절히 고려하여 합리적으로 대체할 수 있는 다른 장소에서의 가격을 말한다.

제77조 계약위반을 주장하는 당사자는 이익의 상실을 포함하여 그 위반으로 인한 손실을 경감하기 위하여 그 상황에서 합리적인 조치를 취하여야 한다. 계약위반을 주장하는 당사자가 그 조치를 취하지 아니한 경우에는, 위반 당사자는 경감되었어야 했던 손실액만큼 손해배상액의 감액을 청구할 수 있다.

제3절 이자

제78조 당사자가 대금 그 밖의 연체된 금액을 지급하지 아니하는 경우에, 상대방은 제74조에 따른 손해배상청구권을 해함이 없이, 그 금액에 대한 이자를 청구할 수 있다.

제4절 면책

제79조 (1) 당사자는 그 의무의 불이행이 자신이 통제할 수 없는 장애에 기인하였다는 것과 계약 체결시에 그 장애를 고려하거나 또는 그 장애나 그로 인한 결과를 회피하거나 극복하는 것이 합리적으로 기대될 수 없었다는 것을 증명하는 경우에는, 그 의무불이행에 대하여 책임이 없다.

(2) 당사자의 불이행이 계약의 전부 또는 일부의 이행을 위하여 사용한 제3자의 불이행으로 인한 경우에는, 그 당사자는 다음의 경우에 한하여 그 책임을 면한다.

(가) 당사자가 제1항의 규정에 의하여 면책되고, 또한

(나) 당사자가 사용한 제3자도 그에게 제1항이 적용된다면 면책되는 경우

(3) 이 조에 규정된 면책은 장애가 존재하는 기간 동안에 효력을 가진다.

(4) 불이행 당사자는 장애가 존재한다는 것과 그 장애가 자신의 이행능력에 미치는 영향을 상대방에게 통지하여야 한다. 불이행 당사자가 장애를 알았거나 알았어야 했던 때로부터 합리적인 기간 내에 상대방이 그 통지를 수령하지 못한 경우에는, 불이행 당사자는 불수령으로 인한 손해에 대하여 책임이 있다.

(5) 이 조는 어느 당사자가 이 협약에 따라 손해배상 청구권 이외의 권리를 행사하는 것을 방해하지 아니한다.

제80조 당사자는 상대방의 불이행이 자신의 작위 또는 부작위에 기인하는 한, 상대방의 불이행을 주장할 수 없다.

제5절 해제의 효력

제81조 (1) 계약의 해제는 손해배상의무를 제외하고 당사자 쌍방을 계약상의 의

무로부터 면하게 한다. 해제는 계약상의 분쟁해결조항 또는 해제의 결과 발생하는 당사자의 권리의무를 규율하는 그 밖의 계약조항에 영향을 미치지 아니한다.

(2) 계약의 전부 또는 일부를 이행한 당사자는 상대방에게 자신이 계약상 공급 또는 지급한 것의 반환을 청구할 수 있다. 당사자 쌍방이 반환하여야 하는 경우에는 동시에 반환하여야 한다.

제82조 (1) 매수인이 물품을 수령한 상태와 실질적으로 동일한 상태로 그 물품을 반환할 수 없는 경우에는, 매수인은 계약을 해제하거나 매도인에게 대체물을 청구할 권리를 상실한다.

(2) 제1항은 다음의 경우에는 적용되지 아니한다.

(가) 물품을 반환할 수 없거나 수령한 상태와 실질적으로 동일한 상태로 반환할 수 없는 것이 매수인의 작위 또는 부작위에 기인하지 아니한 경우

(나) 물품의 전부 또는 일부가 제38조에 따른 검사의 결과로 멸실 또는 훼손된 경우

(다) 매수인이 부적합을 발견하였거나 발견하였어야 했던 시점 전에, 물품의 전부 또는 일부가 정상적인 거래과정에서 매각되거나 통상의 용법에 따라 소비 또는 변형된 경우

제83조 매수인은, 제82조에 따라 계약해제권 또는 대체물인도청구권을 상실한 경우에도, 계약과 이 협약에 따른 그 밖의 모든 구제권을 보유한다.

제84조 (1) 매도인은 대금을 반환하여야 하는 경우에, 대금이 지급된 날부터 그에 대한 이자도 지급하여야 한다.

(2) 매수인은 다음의 경우에는 물품의 전부 또는 일부로부터 발생된 모든 이익을 매도인에게 지급하여야 한다.

(가) 매수인이 물품의 전부 또는 일부를 반환하여야 하는 경우

(나) 물품의 전부 또는 일부를 반환할 수 없거나 수령한 상태와 실질적으로 동일한 상태로 전부 또는 일부를 반환할 수 없음에도 불구하고, 매수인이 계약을 해제하거나 매도인에게 대체물의 인도를 청구한 경우

제6절 물품의 보관

제85조 매수인이 물품 인도의 수령을 지체하거나 또는 대금지급과 물품 인도가 동시에 이루어져야 함에도 매수인이 대금을 지급하지 아니한 경우로서, 매도인이 물품을 점유하거나 그 밖의 방법으로 그 처분을 지배할 수 있는 경우에는, 매도인은 물품을 보관하기 위하여 그 상황에서 합리적인 조치를 취하여야 한다. 매도인은 매수인으로부터 합리적인 비용을 상환 받을 때까지 그 물품을 보유할 수 있다.

제86조 (1) 매수인이 물품을 수령한 후 그 물품을 거절하기 위하여 계약 또는 이 협약에 따른 권리를 행사하려고 하는 경우에는, 매수인은 물품을 보관하기 위하여 그 상황에서 합리적인 조치를 취하여야 한다. 매수인은 매도인으로부터 합리적인 비용을 상환받을 때까지 그 물품을 보유할 수 있다.

(2) 매수인에게 발송된 물품이 목적지에서 매수인의 처분하에 놓여지고, 매수인이 그 물품을 거절하는 권리를 행사하는 경우에, 매수인은 매도인을 위하여 그 물품을 점유하여야 한다. 다만, 대금 지급 및 불합리한 불편이나 경비소요 없이 점유할 수 있는 경우에 한한다. 이 항은 매도인이나 그를 위하여 물품을 관리하는 자가 목적지에 있는 경우에는 적용되지 아니한다. 매수인이 이 항에 따라 물품을 점유하는 경우에는, 매수인의 권리와 의무에 대하여는 제1항이 적용된다.

제87조 물품을 보관하기 위한 조치를 취하여야 하는 당사자는 그 비용이 불합리하지 아니하는 한, 상대방의 비용으로 물품을 제3자의 창고에 임치할 수 있다.

제88조 (1) 제85조 또는 제86조에 따라 물품을 보관하여야 하는 당사자는 상대방이 물품을 점유하거나 반환받거나 또는 대금이나 보관비용을 지급하는 데 불합리하게 지체하는 경우에는, 상대방에게 매각의사를 합리적으로 통지하는 한, 적절한 방법으로 물품을 매각할 수 있다.

(2) 물품이 급속히 훼손되기 쉽거나 그 보관에 불합리한 경비를 요하는 경우에는, 제85조 또는 제86조에 따라 물품을 보관하여야 하는 당사자는 물품을 매각하기 위하여 합리적인 조치를 취하여야 한다. 이 경우에 가능한 한도에서 상대방에게 매각의사가 통지되어야 한다.

(3) 물품을 매각한 당사자는 매각대금에서 물품을 보관하고 매각하는 데 소요된 합리적인 비용과 동일한 금액을 보유할 권리가 있다. 그 차액은 상대방에게 반환되어야 한다.

제4편 최종 규정

제89조 국제연합 사무총장은 이 협약의 수탁자가 된다.

제90조 이미 발효하였거나 또는 앞으로 발효하게 될 국제협정이 이 협약이 규율하는 사항에 관하여 규정을 두고 있는 경우에, 이 협약은 그러한 국제협정에 우선하지 아니한다. 다만, 당사자가 그 협정의 당사국에 영업소를 가지고 있는 경우에 한한다.

제91조 (1) 이 협약은 국제물품매매계약에 관한 국제연합회의의 최종일에 서명을 위하여 개방되고, 뉴욕의 국제연합 본부에서 1981년 9월 30일까지 모든 국가에 의한 서명을 위하여 개방된다.

(2) 이 협약은 서명국에 의하여 비준, 수락 또는 승인되어야 한다.

(3) 이 협약은 서명을 위하여 개방된 날부터 서명하지 아니한 모든 국가의 가입을 위하여 개방된다.

(4) 비준서, 수락서, 승인서 또는 가입서는 국제연합 사무총장에게 기탁되어야 한다.

제92조 (1) 체약국은 서명, 비준, 수락, 승인 또는 가입 시에 이 협약 제2편 또는 제3편에 구속되지 아니한다는 취지의 선언을 할 수 있다.

(2) 제1항에 따라 이 협약 제2편 또는 제3편에 관하여 유보선언을 한 체약국은, 그 선언이 적용되는 편에 의하여 규율되는 사항에 관하여는 이 협약 제1조 제1항에서 말하는 체약국으로 보지 아니한다.

제93조 (1) 체약국이 그 헌법상 이 협약이 다루고 있는 사항에 관하여 각 영역마다 다른 법체계가 적용되는 2개 이상의 영역을 가지고 있는 경우에, 그 국가는 서명, 비준, 수락, 승인 또는 가입 시에 이 협약을 전체 영역 또는 일부영역에만 적용한다는 취지의 선언을 할 수 있으며, 언제든지 새로운 선언을 함으로써 전의 선언을 수정할 수 있다.

(2) 제1항의 선언은 수탁자에게 통고하여야 하며, 이 협약이 적용되는 영역을 명시하여야 한다.

(3) 이 조의 선언에 의하여 이 협약이 체약국의 전체영역에 적용되지 아니하고 하나 또는 둘 이상의 영역에만 적용되며 또한 당사자의 영업소가 그 국가에 있는 경우에는, 그 영업소는 이 협약의 적용상 체약국에 있지 아니한 것으로 본다. 다만, 그 영업소가 이 협약이 적용되는 영역에 있는 경우에는 그러하지 아니하다.

(4) 체약국이 제1항의 선언을 하지 아니한 경우에 이 협약은 그 국가의 전체영역에 적용된다.

제94조 (1) 이 협약이 규율하는 사항에 관하여 동일하거나 또는 밀접하게 관련된 법규를 가지는 둘 이상의 체약국은, 양당사자의 영업소가 그러한 국가에 있는 경우에 이 협약을 매매계약과 그 성립에 관하여 적용하지 아니한다는 취지의 선언을 언제든지 행할 수 있다. 그러한 선언은 공동으로 또는 상호간에 단독으로 할 수 있다.

(2) 이 협약이 규율하는 사항에 관하여 하나 또는 둘 이상의 비체약국과 동일하거나 또는 밀접하게 관련된 법규를 가지는 체약국은 양 당사자의 영업소가 그러한 국가에 있는 경우에 이 협약을 매매계약과 그 성립에 대하여 적용하지 아니한다는 취지의 선언을 언제든지 행할 수 있다.

(3) 제2항에 의한 선언의 대상이 된 국가가 그 후 체약국이 된 경우에, 그 선언은 이 협약이 새로운 체약국에 대하여 효력이 발생하는 날부터 제1항의 선언으로서 효력을 가진다. 다만, 새로운 체약국이 그 선언에 가담하거나 또는 상호간에 단독으로 선언하는 경우에 한한다.

제95조 어떤 국가든지 비준서, 수락서, 승인서 또는 가입서를 기탁할 때, 이 협약 제1조 제1항 (나)호에 구속되지 아니한다는 취지의 선언을 행할 수 있다.

제96조 그 국가의 법률상 매매계약의 체결 또는 입증에 서면을 요구하는 체약국은 제12조에 따라 매매계약, 합의에 의한 매매계약의 변경이나 종료, 청약, 승낙 기타의 의사표시를 서면 이외의 방법으로 하는 것을 허용하는 이 협약 제11조, 제29조 또는 제2편의 어떠한 규정도 당사자 일방이 그 국가에 영업소를 가지고 있는 경우에는 적용하지 아니한다는 취지의 선언을 언제든지 행할 수 있다.

제97조 (1) 서명 시에 이 협약에 따라 행한 선언은 비준, 수락 또는 승인 시 다시 확인되어야 한다.

(2) 선언 및 선언의 확인은 서면으로 하여야 하고, 또한 정식으로 수탁자에게 통고하여야 한다.

(3) 선언은 이를 행한 국가에 대하여 이 협약이 발효함과 동시에 효력이 생긴다. 다만, 협약의 발효 후 수탁자가 정식으로 통고를 수령한 선언은 수탁자가 이를 수령한 날부터 6월이 경과된 다음 달의 1일에 효력이 발생한다. 제94조에 따른 상호간의 단독선언은 수탁자가 최후의 선언을 수령한 후 6월이 경과한 다음 달의 1일에 효력이 발생한다.

(4) 이 협약에 따라 선언을 행한 국가는 수탁자에게 서면에 의한 정식의 통고를 함으로써 언제든지 그 선언을 철회할 수 있다. 그러한 철회는 수탁자가 통고를 수령한 날부터 6월이 경과된 다음 달의 1일에 효력이 발생한다.

(5) 제94조에 따라 선언이 철회된 경우에는 그 철회의 효력이 발생하는 날부터 제94조에 따라 다른 국가가 행한 상호간의 선언의 효력이 상실된다.

제98조 이 협약에 의하여 명시적으로 인정된 경우를 제외하고는 어떠한 유보도 허용되지 아니한다.

제99조 (1) 이 협약은 제6항의 규정에 따를 것을 조건으로, 제92조의 선언을 포함하고 있는 문서를 포함하여 10번째의 비준서, 수락서, 승인서 또는 가입서가 기탁된 날부터 12월이 경과된 다음달의 1일에 효력이 발생한다.

(2) 10번째의 비준서, 수락서, 승인서 또는 가입서가 기탁된 후에 어느 국가가 이 협약을 비준, 수락, 승인 또는 가입하는 경우에, 이 협약은 적용이 배제된 편을 제외하고 제6항에 따를 것을 조건으로 하여 그 국가의 비준서, 수락서, 승인서 또는 가입서가 기탁된 날부터 12월이 경과된 다음달의 1일에 그 국가에 대하여 효력이 발생한다.

(3) 1964년 7월 1일 헤이그에서 작성된 『국제물품매매계약의 성립에 관한 통일법』(1964년 헤이그성립협약)과 『국제물품매매계약에 관한 통일법』(1964년 헤이그매매협약)중의 하나 또는 모두의 당사국이 이 협약을 비준, 수락, 승인 또는 이에 가입하는 경우에는 네덜란드 정부에 통고함으로써 1964년 헤이그매매협약 및/또는 1964년 헤이그성립협약을 동시에 폐기하여야 한다.

(4) 1964년 헤이그매매협약의 당사국으로서 이 협약을 비준, 수락, 승인 또는 가입하는 국가가 제92조에 따라 이 협약 제2편에 구속되지 아니한다는 뜻을 선언하거나 또는 선언한 경우에, 그 국가는 이 협약의 비준, 수락, 승인 또는 가입 시에 네덜란드 정부에 통고함으로써 1964년 헤이그매매협약을 폐기하여야 한다.

(5) 1964년 헤이그성립협약의 당사국으로서 이 협약을 비준, 수락, 승인 또는 가입하는 국가가 제92조에 따라 이 협약 제3편에 구속되지 아니한다는 뜻을 선언하거나 또는 선언한 경우에, 그 국가는 이 협약의 비준, 수락, 승인 또는 가입시 네덜란드정부에 통고함으로서 1964년 헤이그성립협약을 폐기하여야 한다.

(6) 이 조의 적용상, 1964년 헤이그성립협약 또는 1964년 헤이그매매협약의 당사국에 의한 이 협약의 비준, 수락, 승인 또는 가입은 이들 두 협약에 관하여 당사국에게 요구되는 폐기의 통고가 효력을 발생하기까지 그 효력이 발생하지 아니한다. 이 협약의 수탁자는 이에 관한 필요한 상호조정을 확실히 하기 위하여 1964년 협약들의 수탁자인 네덜란드 정부와 협의하여야 한다.

제100조 (1) 이 협약은 제1조 제1항 (가)호 또는 (나)호의 체약국에게 협약의 효력이 발생한 날 이후에 계약체결을 위한 제안이 이루어진 경우에 한하여 계약의 성립에 대하여 적용된다.

(2) 이 협약은 제1조 제1항 (가)호 또는 (나)호의 체약국에게 협약의 효력이 발생한 날 이후에 체결된 계약에 대하여만 적용된다.

제101조 (1) 체약국은 수탁자에게 서면에 의한 정식의 통고를 함으로써 이 협약 또는 이 협약 제2편 또는 제3편을 폐기할 수 있다.

(2) 폐기는 수탁자가 통고를 수령한 후 12월이 경과한 다음달의 1일에 효력이 발생한다. 통고에 폐기의 발효에 대하여 보다 장기간이 명시된 경우에 폐기는 수탁자가 통고를 수령한 후 그 기간이 경과되어야 효력이 발생한다.

(3) 1980년 4월 11일에 비엔나에서 동등하게 정본인 아랍어, 중국어, 영어, 프랑스어, 러시아어 및 스페인어로 각 1부가 작성되었다.

(4) 그 증거로서 각국의 전권대표들은 각국의 정부로부터 정당하게 위임을 받아 이 협약에 서명하였다.